Daniel Shapiro

# 不妥协的谈判

## 哈佛大学
## 经典谈判心理课

[美] 丹尼尔 · 夏皮罗◎著

赵磊◎译

NEGOTIATING THE NONNEGOTIABLE

How to Resolve Your

Most Emotionally Charged Conflicts

中信出版集团 | 北京

图书在版编目（CIP）数据

不妥协的谈判：哈佛大学经典谈判心理课 /（美）丹尼尔·夏皮罗著；赵磊译 . -- 北京：中信出版社，2019.4（2025.7重印）

书名原文：Negotiating the Nonnegotiable

ISBN 978-7-5086-9335-4

I. ①不… II. ①丹… ②赵… III. ①谈判学—社会心理学—通俗读物 IV. ① C912.35-49

中国版本图书馆 CIP 数据核字（2018）第 182132 号



不妥协的谈判——哈佛大学经典谈判心理课

著　　者：[美] 丹尼尔·夏皮罗

译　　者：赵　磊

出版发行：中信出版集团股份有限公司

（北京市朝阳区东三环北路 27 号嘉铭中心　邮编　100020）

承 印 者：北京通州皇家印刷厂

开　　本：880mm×1230mm　1/32　　印　　张：13.5　　字　　数：345 千字

版　　次：2019 年 4 月第 1 版　　印　　次：2025 年 7 月第 25 次印刷

京权图字：01-2018-5243

书　　号：ISBN 978-7-5086-9335-4

定　　价：68.00 元



服务热线：400-600-8099

投稿邮箱：author@citicpub.com

送给米娅、

诺厄、扎卡里、利亚姆、

妈妈、爸爸、麦迪、迈克、史蒂夫、希拉、

玛格丽特、贝齐、彼得和苏珊，

感谢你们教会我

生命之无价之宝：爱。

## 挑　战

每一代人都相信，
他们比前辈们
更进步，更成熟，更“现代”。

然而无论社会前进的脚步有多快，
冲突中的人们还是，而且永远都是，人。

当最基本的价值观受到威胁，
如何架起消除隔阂的桥梁，
就成为摆在我们面前的挑战。

你又如何，
完成不妥协的谈判？

# 目　录

# 前言　为何撰写本书

《不妥协的谈判》为化解冲突提供了一个新的范式，这是一种“晓之以理”与“动之以情”兼而并重的范式。科学家们已经发现物质世界的内在运作规律，而我对化解冲突领域的研究也揭示了导致人们发生冲突的情感力量。这些力量看不见，摸不着，但它们的影响却让人们产生切肤之痛：它们可以让最亲密的朋友割袍断义，让最恩爱的夫妻形同陌路，让一个企业的前途灰飞烟灭，让宗教暴力的野火四处蔓延。如果我们不能学会遏制这种力量，就会一而再再而三地重演令人沮丧的冲突，吞下同样令人沮丧的苦果。这本书为人们提供了必要的工具，来克服这种消极力量，培养合作关系，把感情色彩最为强烈的冲突，也就是本书所讲的高度情绪化冲突（emotionally charged conflicts），转化为互利共赢的机会。

我第一次深切地感受到建立一种新范式的必要性，还是 25 年前在已经开始分崩离析的南斯拉夫。当时，我刚刚完成一个为期一周的研讨会项目，该项目旨在帮助塞尔维亚、波斯尼亚穆斯林和克罗地亚的青少年学会化解冲突。我们几个人坐在一个咖啡馆里，讨论着南斯拉夫和美国的生活差异。[1]那时，枪炮声还在这些孩子的脑海里回响，而我们却在风暴的中心，喝着土耳其咖啡，侃着足球，聊着培训班上谁对谁有意思的八卦。我们当中有一位名叫韦罗妮卡的17岁姑娘，长发碧眼，但总是双眼直勾勾地盯着正前方，那股劲头让人感觉很不舒服。她在我们班上很少说话，所以那天当她在聊天出现短暂沉默的间隙突然开口说话时，着实让我感到意外。

“事情发生在9个月前，”她开始讲述自己的故事，眼睛盯着面前的盘子，“我男朋友和我在他家吃午饭。忽然有人敲门，接着就闯进来三个拿枪的男人。”她抬起头，拿不准是否要继续说下去。“他们把我男朋友按在墙上。他奋起还击，但那些人打得更狠了。我想叫，但叫不出声。我想跑出去求救，或者做点儿什么，却无法移动半步。”

她那本来就不带任何感情的声音变得更加平淡，眼睛睁得大大的。

“他们抓住我的肩膀，按住我不让我动，然后把他的头拽到我面前。我看到他眼中的恐惧。他拼命挣扎想摆脱他们，但他们把他抓得死死的。”

她顿了顿，接着说：“其中一人掏出一把刀，我就看着他们割开了他的喉咙。”

咖啡馆里嘈杂的人声恍若隔世。我看着她，目瞪口呆，感觉好像我已经被钉在椅子上。我想安慰她，给她一点儿支持，但我不知道该说些什么。然后，突然被那个恐怖时刻唤醒的韦罗妮卡又突然陷入了沉默。

那是我的同事和我在南斯拉夫的最后一个晚上，黎明时分，我们就将乘火车前往布达佩斯。离开研讨会的学员们让我感觉有点儿难过，因为这些孩子特别讨人喜欢，也因为在这个战争肆虐的噩梦之地，他们愿意信任我们，与我们分享他们的秘密。而比伤感更让人难受的是，我产生了一种负罪感：我会回到舒适而安全的美国，而他们还要继续在绝望中挣扎。

当我们的车第二天一早抵达火车站时，我的心猛地一跳。我们研讨会上的全部 24 个孩子都站在站台上，冲我们挥着手。韦罗妮卡也在其中。她走上前来与我们告别。

"不要像其他那些来帮忙的人一样，"她说，"不要说你会记得我们，然后又把我们忘了。"

我认真地答应了她。

## 失落的拼图

是什么原因驱使人类陷入毁灭性的冲突？我们是否先天存在一遍又一遍重复这些悲剧的心理倾向，哪怕一次又一次收获灾难性的后果也在所不惜？我们又该如何在我们最值得珍视的信仰和价值观受到威胁时，解决这些被情感左右的冲突？解答这些最为关键的问题，就是我工作的核心。

虽然你可能从来没有陷入韦罗妮卡那样的惨境中，但你一样避免不了高度情绪化的冲突。这是人性的一部分。你会怨恨你的爱人，忌妒某位同事，对不断恶化的种族关系感到绝望……导致这些冲突的环境因素不可胜数，以下只是罗列了其中一部分。

## 高度情绪化冲突示例

- 一对**夫妻**为了二人世界应该怎么过而纠缠不休。他们该如何协商和化解在财政大权、家庭分工乃至政治问题上的分歧?
- **父母**防范子女与家族之外不同宗教、阶层或种族的人通婚。谁要敢尝试这么做，哪怕只是动一动念头，都会遭到拒绝和排斥。
- 一个**工作团队**因文化背景不同而势不两立，在谁该领导这个团队的问题上明争暗斗，内部关系极为紧张。双方互不信任，各自躲在小黑屋里非议对方，团队士气低落，气氛压抑。
- **公司高层**在预算分配的问题上陷入僵局，对于哪些价值观最能代表公司也各执一词。他们应该优先解决哪些问题，短期利润?长期声誉?还是服务社会?
- **邻里**关系因当地的一桩纠纷而出现裂痕，居民则以自己所属的种族或人种划分为两派。一派老百姓基本不与另一派说话，同时大家心里都害怕暴力升级。
- 一个**社区**发现自己正在被更强势的“全球文化”吞噬，当地民风习俗和价值观正在受到威胁。
- 一个**政治团体**将资源竞争视为追求建立自身集体认同的途径；他们拿起武器，为了自己的权利而战斗。
- 一个**国家**面对外国文化、宗教和世俗影响的涌入，国家认同不断受到侵蚀，引发了一场关于价值取向的大辩论。

如果不从源头找原因，你是解决不了这类冲突的。而冲突的源头，既非缺乏理智，也非情感冲动，而是比理智与情感潜伏得更深，直指你做人的核心：你的身份认同。陷入争执的各方都会在潜意识中把自己的身份认同设定为另一方的对立面：我对你，我们对他们。我们横加指责，推卸责任，固执己见，“这是你的错”。但这种身份的碰撞只会使冲突升级。更好的办法是协作解决问题，化解分歧：大大方方地表达每个人的利益，致力于达成对双方都有效的协议。然而，在高度情绪化的冲突中，无论是两口子吵架还是国家之间的冲突，协作解决问题的办法往往很难取得成效。为什么会是这样？

首先，你控制不了情感。让自己不受愤怒或羞辱感的左右，与解一道数学题完全是两码事。情感是每个人独有的特质，你不可能用数学公式准确算出对方会做出何种反应。给你的另一半道个歉，今天也许仍会被骂得狗血喷头，但明天你们可能就雨过天晴、和好如初了。

其次，即使理智要求你与你的配偶或者上司修补关系，情感上的冲动也往往会刺激你继续斗下去。在高度情绪化的冲突中，总有一些内在因素阻止你通过合作去解决问题，比如一小段过节，或者直觉认为对方就是冲着你来的，要不然就是总有个声音在你耳边窃窃私语：“别相信他。”无论和你发生冲突的是你的爱人还是你的仇人，总有一种抗拒合作的内在冲动，阻挠问题的解决。

最后，你也不可能以为一股脑儿接受对方的主张就算万事大吉了。在冲突加剧的过程中，你的身份已成众矢之的，但身份又不是你能随便买卖的廉价商品；你是什么人，就还是什么人，江山易改，禀性难移。

那么，你该怎么做才能解决高度情绪化的冲突呢？

对这个问题，我已经进行了几十年的调查研究。一路走来，也有了一些重要的发现。这本书就是我这几十年研究心血的结晶。在剑桥，在我全球研究之旅的各个城市夜晚的咖啡馆里——从开罗到圣保罗，从苏黎世到达累斯萨拉姆，从悉尼到天津，从东京到新德里，我勤耕不辍，终成此书。《不妥协的谈判》开启了一条化解冲突的新路，让那些人们本来已经感觉无药可救的高度情绪化冲突最终得到解决。而所有这一切，都源自一个信念：不要让韦罗妮卡遭受的苦难再落到任何人的身上。

## 方　法

我已经研究出一套切实可行的方法，能够弥合最为严重的情感分歧。这种方法利用了冲突的一项较为独特，但长期以来一直被人忽视的特征：冲突双方之间的空间。我们一般把冲突看作一种二元矛盾——我对你，我们对他们，并把关注的焦点放在实现我们各自的利益上。但是冲突其实存在于我们之间，即我们的关系中，在这个空间里进行着复杂的情感运动，阻碍合作的形成。在学会如何将高度情绪化的冲突转化为互利互惠的机会之前，你首先需要学会如何有效地游走于这一空间。

我的目标是对争执双方之间的空间进行解构，设计流程，帮助他们克服决不妥协的情绪，压制分道扬镳的冲动，摆脱相互冲突的信仰的束缚。这便有了我称为“关系身份理论”（relational identity theory）的一套方法。通过切实可行的步骤来产生动态效果，这个过程好比是通过几个简单的必要动作，点燃一小堆木柴和易燃物，最终产生火的动态效果。

化解冲突的最大障碍是一种我称为“部落效应”（tribes effect）的分裂心态，在这种心态的驱使下，你和另一方成为不可避免的对手。只要你一直沉湎于这种心态之中，你就永远摆脱不了冲突的命运。走出这种心态的办法，是克服《部落心态的五种诱惑》（*Five Lures of the Tribal Mind*）中所描述的五种把你拉进冲突的潜藏力量 [illegible] 通过发挥“合力作用”（integrative dynamics），培养积极的关系。在这个过程中，你会不可避免地面临关系的紧张——所谓的“关系辩证法”理论（relational dialectics）——让你感觉自己在冲突中必败无疑。而这本书则要告诉你如何找到自己的出路，绕开这些显然无法通过谈判来解决的障碍。

这套方法的形成绝非一夕之功。我进行了很多次实验室实验，阅读了数千份研究论文，咨询过众多政治和商界领袖，辅导过许多打得不可开交的家庭和夫妻，也采访过上百位专家人士，既有政治谈判家，也有公民运动活动家，上至国家元首，下到企业高管。我还成立并主持了哈佛国际谈判课程（Harvard International Negotiation Program），并将其发展成为一个研究冲突的情感和身份根源，进而化解冲突的研究和教育基地。

这些经历令我获益匪浅，在《不妥协的谈判》这本书中，我也会与大家分享这些体会和感悟。[2] 虽然本书的主要目的是帮助你解决你所遇到的最棘手的分歧，但它也是我信守诺言的一次尝试。我希望通过这种方式，向韦罗妮卡，向研讨会上的其他 23 个孩子表达我的敬意，并告诉他们以及全世界所有身陷冲突、为身份所累的人们，我相信会有更好的办法来化解冲突，化解分歧。我相信，一定有。

本书为鉴，此愿成真。

丹尼尔·L. 夏皮罗

于马萨诸塞州剑桥市

# 第一部分　为什么我们会陷入冲突而不能自拔

# 第 1 章

# 难以化解的高度情绪化冲突

我们都曾挣扎于高度情绪化的冲突。在家庭、工作乃至各种社交圈子里，我们都会遭遇高度情绪化冲突，令我们备受打击，备感挫折，甚至让我们付出惨重的代价。夫妻反目，家庭分裂，企业被有害无益的办公室政治和大小诉讼搞到分崩离析，国家四分五裂，沦为暴力口中的猎物。这些冲突的力量是如此强大，不但能够左右我们的生活，让我们在压力下原形毕露，更给人一种难以解决的感觉。但是，它们是可以解决的，而这本书就是以心理学以及冲突化解领域的诸多创新为依托，指引你走出一条弥合分歧的新路。

高度情绪化冲突会让我们感到极度沮丧，因为面对冲突我们似乎无计可施。坚持己见，就会遭到对方的反驳，争端就此升级；而屈从于对方的要求，又会让我们感到愤愤不平。哪怕我们避免在一起讨论分歧，冲突也会由明争转为暗斗。甚至解决一些简单问题的努力都会付诸东流。我们有多少次尝试去解决与家人或同事间的冲突？又有多少次徒劳无功，空耗精力？

于是我们努力寻找能够治愈人际关系创伤的捷径，好像世界上真有什么仙丹妙药，能够让我们的问题瞬间消散。然而事实并非如此。让我们的人际关系功能失调的习惯模式早已根深蒂固，挣脱这种束缚获得解放，必须要花费一些时间和精力。

本书提供了一种普遍适用的方法，可以直抵我们冲突的核心，成功化解冲突。我们必须洞悉那些实实在在的问题——金钱、政治、资源背后的因素，了解身份在人际互动中发挥的作用。只要我们在我们是谁、我们的立场是什么方面感觉受到威胁，一股巨大的情感力量就会喷涌而出，把我们拖入冲突的旋涡。我们会陷入相互敌视的心态中不可自拔。面对冲突的诱惑，如果我们奋起反抗，就会为自己开辟新的情感空间，帮助我们化解恩怨，重建连接。

在后面的论述中，我们会详细介绍这种方法。每一章都以前一章为基础，其主要内容都以一张个人应用工作表为总结，为如何应用这些工具提供切实可行的指引。这些工作表对于整个改变进程至关重要，通过与框架本身相结合，最终形成一套全面综合、能够化解最紧张关系的方法。

现在，我们先来通过案例了解一下“身份”对我们所有人的强大控制力。也许案例的情景有点儿古怪，但事态的发展却很正常。在你阅读事件经过时，请反思这一案例如何折射出在你自己的生活中乃至我们这个动荡不安的世界里各种各样的冲突。

# 第 2 章
# 超乎认知的身份问题

我在达沃斯“炸”过一回地球。

那是几年前的事了。当时，我去这个雪山环绕的瑞士小镇参加世界经济论坛年会，在各路媒体的眼皮底下，我悄悄找了间小会议室，召开了一次有 45 位全球领导者参加的会议。这些领导者个个都是谈判高手，处理过很多全球最具挑战性的冲突，但他们谁也没有准备好应对我给他们出的难题——那是一次最奇特的谈判，它的意义远远超出峰会大厅里讨论的内容，直指我们所有人的内心深处。[1]

故事的开头特别简单。领导者们鱼贯而入，走进会议室。一名年轻的工作人员递给他们每个人一条彩色围巾，并把他们引领到布置了同样颜色的桌布和台灯的圆桌前坐好。屋里一共摆放了 6 张圆桌，桌布和台灯的颜色各不相同。我看着一家《财富》世界 50 强企业的首席执行官找到自己的座位，与跟在他身后的某个国家的首脑人物礼貌地点头示意，互致问候。一所著名大学的校长挨着一位安全专家坐下，在他们旁边的桌上，一位艺术大师与身边的教授相谈甚欢。在柔和的背景音乐衬托下，会议室里的气氛轻松而惬意。

时钟敲响一下，音乐停止，我走到屋子中央。“大家好。”我有点儿紧张地说，打量着这群名流显贵，而他们也用期待的眼神看着我。“非常荣幸，今天能在这里与大家见面。”

我后面的大屏幕显示出“部落”这个词，会议就此开始。“我们的世界正在变得越来越像一个部落世界。在不断加深的全球相互依存度以及科技进步的共同作用下，我们有了更多的机会与更多的人联系交往。然而，也正是这样一种联系——这种新兴的全球社区——开始让我们迷失自我，丧失本性。这时，缩回到原来我们所在的部落中寻找安全感和延续性，往往就成为我们再自然不过的反应。”[2]

看到大家的好奇心被调动起来，我继续讲下去。“我们所有人都属于不同的部落。部落可以是任何一种小团体，身在其中的我们都有着某个部落的共同点，要么是宗教，要么是种族，有时甚至不过是我们的工作场所。我们感觉整个部落就像一家人一样，我们对自己的部落都倾注了感情。从这个意义上说，一个宗教社团，一个国家，感觉就像是一个部落。而一个家庭，因为家人的关系如此亲密，也可以感觉像是一个部落。在我们的周围，部落无处不在。

“今天，我们就来探索部落的力量。您，和坐在同一桌的其他人将有机会相互熟悉，相互了解——每桌为一组，建立你们自己的部落。大家有 50 分钟的时间来回答几个挑战性的问题，借此来界定你们这个部落的标志性特点。请注意，所有这些问题，要等你们达成共识之后再来回答，不是投票表决，少数服从多数，而是一致同意，而且一定不能违反你自己的三观。”

大家对我的要求似乎没什么意见，直到我把写着问题的工作表分发给大家。教授猛地举起了手，“你要我们在这些问题上达成共识再回答？在 50 分钟之内？得了吧！”

看得出来他很恼火。他感到恼火也确实情有可原，因为我要求与会人士回答的这些问题在道德判断上的分歧实在太大了：

- 你的部落是否赞成死刑？
- 你的部落是否赞成堕胎？
- 你的部落最重要的三个价值取向是什么？

“这个练习我已经引导其他人完成过十几次了，”我赶忙安抚教授，“大家最后总能完成它。所以竭尽全力努力去做就好了，但一定要保证在时间结束时对每个问题做出回答。”他勉强点点头，大家开始忙活起来。一个部落花了将近 30 分钟的时间来确定本部落的价值取向并排出先后次序，另一个部落则在死刑是否合法的问题上陷入僵局。远处角落里的一个部落乐得哈哈的，像酒吧里的朋友一样相互打趣；而边上的一桌人则完全沉浸在这项工作中几近忘我。

50 分钟时间到。突然，会议室的灯全灭了，室内一片漆黑。一段阴森诡异的音乐响起，管风琴奏出一连串低沉的、幽冥般的音符。“出了什么事？”一位 85 岁高龄的风投资本家嘀咕道。他转过头，有人咚咚砸着某个侧门，然后咣的一声大响。屋里的所有人都愣住了，搞不清楚接下来会发生什么。一个外星人闯了进来，皮肤是淡绿色的，一双苍蝇眼睛又黑又大。它穿过会议桌，经过目瞪口呆的风投资本家，在教授身边放慢速度，用它那长长的绿色触角捋了捋教授的头发。“你们这些可怜的地球人，”外星人咆哮着，“我是来毁灭地球的！”

“我可以给你们一次机会，拯救地球免于毁灭，”外星人用一种嘲弄的口气说，“你们必须从这6个部落中选出一个能够代表在座所有人的部落。你们每一个人都必须接受这个部落的价值观，不能改变这个部落的任何价值取向。你们只能进行三轮谈判，如果之后还不能完全达成一致，”外星人吼道，“世界将被毁……灭……！”那家伙张开双臂，高高举起，尖声大笑着离开了会议室。

灯又亮了，大家都一脸困惑地面面相觑。几声窃笑之后，所有人突然活跃起来，挤在各自的桌子上为即将开始的谈判制定策略。

每个部落派出一名代表，坐在屋子中央的6把高脚凳上。我宣布开始第一轮谈判，各部落派出自己的代表进行谈判。这一轮谈判的气氛相当友好，6个部落首先要熟悉其他部落的主要特点。

几分钟之后，一家迪拜公司的首席执行官说：“我们必须先讨论一下谈判流程。在这儿我们该怎么做决策？”这是一个明智的好问题，属于所有谈判顾问基本上都会建议应该讨论的那类问题。然而来自快乐部落的一名杂志编辑抢去了首席执行官的风头，他显然是觉得必须要宣传一下自己的部落，抱怨道：“为什么没有人听一听我们部落的意见？”

“有你说话的时候。”都市部落的代表回答道。但没等杂志编辑还嘴，第一轮谈判结束了。

第二轮谈判，人们的情绪激动起来，会议室里火气渐旺。这些领导者决心拯救地球。魅力十足的彩虹部落代表，一位衣着光鲜的商界高管大声宣布道：“我们接受所有肤色，所有性别，所有种族。来我们的部落吧！我们欢迎你们所有人！”他张开双臂，做了一个欢迎的姿势，两个部落马上和他站到了一起。但一位风投资本家抱着双臂，瞪着彩虹部落的代表抱怨说：“如果我们都是平等的，为什么你不加入我们的部落？”

到了第三轮谈判，屋子里的气氛已近白热化。这一轮的谈判代表有五位男士和一位女士，为了“人道主义”和“同情心”哪个应该算是更重要的核心价值取向吵得不亦乐乎。五个大老爷们儿互相嚷作一团，连对女士都出言不逊。结果女士一怒之下，拍凳而起，戟指大吼：“这就是男性竞争行为的又一例证！你们都要来我的部落！”只有一个部落同意加入她。

片刻之后，地球“爆炸”了。

## 冲突的基本动力

用生花妙笔把达沃斯的那些领导者在“部落练习”中的表现写得如何如何不同凡响，自然是一件很有诱惑力的事，但其实他们的本能反应基本上与你我没有什么不同。在过去 20 年里，我组织过几十次这样的练习，参与者既有法律、商业、心理和政治专业的学生，也有欧洲、中东、北美、澳大利亚和亚洲的重量级政商领袖。除了少数几次练习之外，地球都“毁灭”了。[3] 这种“部落游戏”的吸引力如此之强，以致参与者为了仅仅在50分钟内形成的身份认同，就能把他们拯救地球的使命丢到脑后，弃若敝屣。

我的国际性研究使我认识到，“部落练习”激发了真实世界冲突所固有的情感动力。想想看，不管是闹离婚的夫妻，相互竞争的业务部门，还是彼此对立的政治派系，他们的世界崩塌是多么容易的一件事。那么当我们的世界共同面对安全、气候变化以及世界贸易等诸多危机的时候，部落式的画地为牢、故步自封，又将使整个人类面临多么大的风险！

但是，我们往往身陷其中而难以注意到这些潜在动力的影响。“部落练习”之后，一位国际知名的犹太教拉比特别惭愧地向我承认：“我的父母和我差点儿就成为大屠杀的牺牲品。我曾经发誓‘绝不让悲剧重演’。然而就在这里，面对练习的限定，我竟然连一句抗议的话都没有，直到事情变得不可挽回。”一位学者评论说：“我本来应该领导大家团结起来，要不然也应该鼓动大家打破这个游戏的规则。然而我什么也没做，忘记了历史，也辜负了人性。”

## 化解冲突的主要维度

本书为化解高度情绪化冲突提供了至关重要的建议。[4] 如果达沃斯的领导者解决了平息冲突的关键维度问题，即理性、情感和身份，世界本来是可以被拯救的。① 尽管学者们往往认为这些维度是相互独立的，但神经科学的研究表明它们之间是相互关联的。[5] 只有解决了这三大维度问题，我们才可能寄希望于高度情绪化的冲突得到令人满意的解决。

## 理性人

化解冲突的第一个维度是将人视为理性行为者，遵循“理性人”（homo cconomicus）的人类行为模式。这种模型认为，人的主要动机是让自己的利益尽可能得到有效的满足。如果在满足自己利益的同时，又能满足对方的利益，那就更好了。这种范式的显著特征是寻求达成协议，实现互利最大化，或者至少在不损害对方利益的情况下满足自己的利益。

尽管这个模型的诉求简单明了，但达沃斯的经历揭示了它的局限性。参加“部落练习”的全球领导者掌握着所有理性工具而且任由其使用，同时还拥有丰富的危机时刻的领导经验，以及由此形成的非比寻常的集体智慧。正如那位迪拜公司的首席执行官在敦促各部落确定谈判流程时所表现的那样，他们想方设法让道理对自己有利。当然，他们也有强烈的动机去拯救世界，同时又能避免因为失败而遭到公开的嘲笑。但是，无论这些领导者通过

---

① 我对“化解冲突”的定义是从不和到和谐的过程。也就是说，化解冲突包括从国际调解到给爱人一个拥抱的所有形式。化解（resolve）一词源自拉丁文 *re* 和 *solvere*。解决（slove）即为松开，好比某种溶剂溶解另一种物质。化解则意味着消解、解除和释放。这才是我认为真正需要在化解高度情绪化冲突时实现的效果。我们需要打开那些毒害彼此关系的心结，消除矛盾，为建立自然的和谐关系铺平道路。我认为，这种和谐才是人性的基石。

理性的手段拯救世界的概率有多高，他们最终仍然只能眼睁睁地看着世界毁灭，而且实际上正是他们自己的言行毁灭了地球。

## 感性人

最新的研究成果表明，化解冲突的第二个维度是情感。[6]你不仅是一个理性的决策者，在理性之外还要受情感的左右，正是情感让你的行动和思想充满生气。换句话说，你也可以称为感性人（homo emoticus）。根据这一模型，情感能够推动冲突的化解，但前提是你必须要倾听情感的诉求。正如饥饿感会让你渴求食物，情感也会使你发现自己还有未能实现的心理需求。例如，挫折感使你意识到前进道路上存在障碍，负罪感驱使你纠正错误。情感是传递消息的媒介，会向你发出信号，告诉你形势是否在向着对你有利的方向发展。如何运用这些信号，根据需要调整你的方向，完全取决于你自己。

但是，情感也会阻碍冲突的化解。在达沃斯，领导者希望通过情感诉求吸引其他人加入自己的部落，但这些努力都失败了。愤怒、骄傲以及憎恨的情绪放大了部落之间的差异性，使谈判最终陷入僵局。[7]世界“毁灭”之后，我曾问整个小组：“你们有多少人认为这次练习中别人的行为不理性？”几乎所有人都举起了手。一位国家领导人对小组培训过程中涌现出来的新问题进行了很好的总结：“我们生活在一个部落世界。如果我们不能建设性地处理情感问题，我们就完了。”

## 身份人

为了理解为什么达沃斯的世界会毁灭，为什么你自己的生活会毁灭，你就必须把眼界放开，超越理性，甚至还要超越情感，直抵身份王国的境界。这第三个人类行为维度就是我称之为身份人（homo identicus）的人类行为模式，根植于人类寻求其存在意义的理念和本质。

高度情绪化冲突之所以变得“高度情绪化”，是因为这种冲突触及了你身份的基本层面：你是谁，你认为哪些东西是重要的，以及你如何看待自己的人生意义。换句话说，这种冲突威胁到了你。

虽然高度情绪化冲突通常起源于宗教、政治或家族忠诚这一类本身在价值取向上就存在差异的问题，但人们也会对任何事物倾注强烈的情感，赋予其极为重要的意义。请再一次反思达沃斯的教训：这些领导者只用了区区 50 分钟的时间，就对一个刚刚构建的身份赋予了如此强烈的认同，以致他们不惜牺牲整个世界也要捍卫自己的身份。那么，在现实世界中，当长期恪守与秉持的信仰和价值观受到威胁时，想让人们以合作的态度进行谈判，又该是一件多么困难的事情。举例来说，如果一家跨国公司在中国、德国、南非和美国都有当地员工为公司工作，每个国家的员工都在试图使公司的文化更能体现当地习俗，那么这家跨国公司应该如何处理不同国家员工之间的文化冲突？一位肯尼亚籍的联合国调解人又该如何在耶路撒冷的政治冲突中发挥最具建设性的协助作用，让比邻而居的伊斯兰社区和犹太社区化解纷争？如果不考虑身份的意识问题，这些冲突基本上都是不可能消除的。

身份人涉及的不仅是你的个人身份，还涉及你和另一方之间的空间。你们的关系的本质是什么？如果丈夫和妻子争吵不断，他们之间的空间就会让人感觉紧张，朋友们很快就会注意到并且会问："他俩之间出事儿了吧？"这种空间关系可以变得很冷漠，很堵心，但也可以变得很热情，很温馨；而牵扯其中的情感互动可以让你和另一方分道扬镳，也可以让你们如胶似漆。在宇宙中，两颗闪烁的星星之间的空间并非空无一物——引力作用决定了它们的关系。[8] 与此类似，你和另一方之间的情感空间决定了你们的关系是敌是友，是爱人还是叛徒。

## 释放身份的力量

这本书介绍了一种能够在身份认同这个复杂环境中自如穿行的好办法。你可以非常有把握地厘清客观事实，但你永远不可能完全了解自己。通过反思了解自我是最好的办法。反思得越多，你知道得就越多。[9] 所以在你阅读本书时，最好也思考一下在你遇到的最棘手的冲突中，身份都发挥了怎样的作用。你会看到身份背后隐藏的力量如何让破坏性关系更加激化，又如何为冲突的化解提供新的可能。

在达沃斯，领导者们也反思了自己，但这个过程并不顺利。世界"爆炸"之后，他们都陷入了沉默。我问道："你们感觉怎么样？"他们看上去都是一副垂头丧气的样子，只有一个人除外：那位教授。他站起来，脸涨得通红，指着我大吼："这是你的错！你给我们设套儿，让地球毁灭——用你这些我们必须要回答的问题，还有你强加给我们的那么短的时间！”他摇着头，又重复了句“这都是你的错”，然后坐下来，抱着胳膊瞪着我。

我已经想到小组中会有人把地球毁灭的责任归咎于我。拿我出气实在太容易了，而且从很多方面来说，还是一个很公平的发泄对象。但是，教授的怒火比我预期的还要强烈。所有人都把目光转向我。

“你说得没错，”我说，“我是尽我最大的能力，用尽一切办法设计了这次练习，为的就是让世界毁灭。我给你们提供的问题基本上是不可能达成一致的。我给你们谈判的时间也非常有限。我还让外星人强迫你们一定要选一个部落出来。所以没错，你说得对。”

看到我没有逃避责任，教授的表情缓和了一些，他把端着的胳膊放下了。

“但是，”我继续说道，放慢了我的语速，“说一千道一万，你们最后还是有选择的。你们本来可以达成一致。你们本来可以质疑我，反对这些规则。你们本来可以做这些事。但你们没有。你们……本来……有……选择。”

教授点点头，他的脸红了。我点破了他不愿意面对的事实：他，还有其他领导者，都拥有充分的权力可以拯救世界，却没能成功。他们把自己锁死在身份的狭隘定义里，任由整个世界沦为一片火海。冲突从来都不是不可避免的，即使感觉事态已经无法挽回。

# 第3章
# 身份可以谈判吗?

在刘易斯·卡罗尔那本天马行空的《爱丽丝漫游奇境》(*Alice's Adventures in Wonderland*)中，迷人的小爱丽丝遇到了一条高深莫测、抽水烟的毛毛虫。毛毛虫问了她一个看似简单的问题："你是谁？"

爱丽丝挺不好意思地回答说："我……眼下，很难说，先生……至少今天起床时，我还知道我是谁，但从那时起，我就已经变过好几回了。"①

爱丽丝在无意之中绕过了身份认同这个棘手的问题。她是谁，她怎样变成现在的她，还有她怎么知道她就是她以为的那个她？她琢磨自己从早晨起床以后已经变过好几回了，这说明她相信身份是可变的。但是让可怜的爱丽丝感到烦恼的是，尽管她认为身份可以变化，但她感觉自己的生活体验还是一成不变。她知道自

---

① 此处《爱丽丝漫游奇境》的翻译参考了 http://bilinguis.com/book/alice/zh/en/c5/。——译者注

己已经变了，但感觉没变。

这种矛盾正好点到了化解冲突的核心要害。如果身份认同是完全固定不变的，那么化解冲突的唯一出路就是在你自己的身份问题上做出让步，要不然就要说服对方在他们的身份上妥协。冲突因此变成一种非输即赢的零和游戏。然而，如果身份是完全可变的，你将没有办法保证任何一方会信守约定。如果你今天已经变了一个人，你又怎么可能为你昨天做过的事负责？

## 出路：身份的双重本质

爱丽丝帮助我们破解了这个谜题，她对我们的启发对于化解冲突极为必要：她的身份认同有一部分变了，同时其他部分没有变。她的身份认同既是可变的，也是不变的。[1]

不过，在冲突中，人们很容易忽视这个事实。当你的身份受到威胁，你马上就会采取一种固守防御的姿态，把自己的身份视为神圣不可动摇的统一整体，我称之为固化身份误区（fixed-identity fallacy）。也正因为陷入了这个误区，你会要求另一方接受你的视角、你的是非标准、你的价值观。如果另一方也持有相同的以自我为中心的假定，那么你们双方就会陷入日趋严重的僵局之中，直到你们之间的冲突成为解不开的死结。

但其实这是一种错觉。假如从一开始你就假定冲突无解，那么也就彻底埋葬了本来就深藏地下，需要深入挖掘才能找到的和解可能性。尽管高度情绪化冲突很难化解，但把注意力转向你能够施加影响的那部分身份，而不是那些看起来难以改变的身份，也不失为一种有效得多的办法。实际上，你的身份的所有部分都有某种程度的可变性，只不过有些部分的变化比其他部分容易得多罢了。[2]

本章为全书奠定了论述基础，向读者提供了克服固化身份误区的基本工具。虽然身份的影响无处不在，但其实争论各方很少有人知道身份的本质，也不清楚该如何解决这个问题。因此，本章提供了一个框架，可以帮助大家对冲突背后的身份因素进行探索，发现和利用身份那些隐藏最深的重要特征来化解冲突。

## 你是谁?

你的身份包含了能够全方位描述你这个人的所有变与不变的特征。[3] 从发肤身体到精神思想，从神经系统到社会地位，从下意识的反应到有意识的思考，从经年累月的为人处世到平日里的言谈举止，所有这些特征集合在一起，就构成了你这个人，形成了一个统一的整体。

尽管这些特征能够表现出你是一个什么样的人，但你同样也能决定这都是一些什么样的特征。你既是接受分析的客体，同时也是进行分析的主体。这样一种互反关系，在 M. C. 埃舍尔的素描《手画手》（*Drawing Hands*）中得到了生动的体现。在这幅画中，一位艺术家的双手正在自己画自己。当我问 6 岁的儿子扎卡里对这幅画有何看法时，他答道：“他在画自己！”身份也是一样，画出你这个人的，就是你自己。

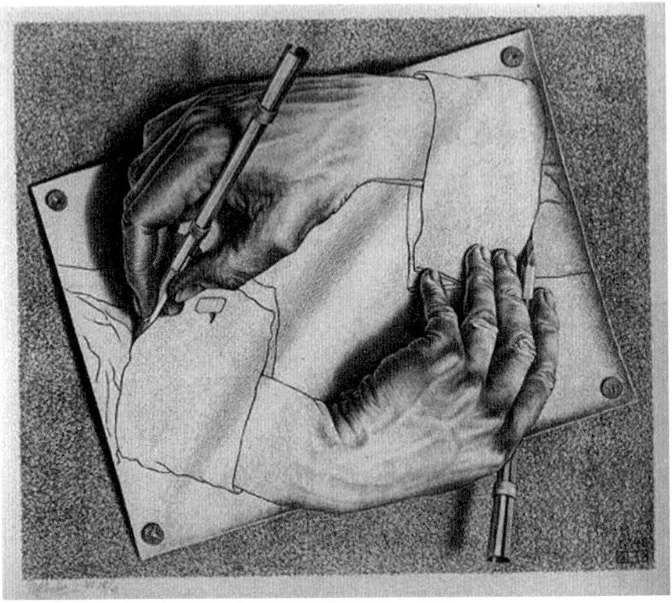

**图 1　埃舍尔的名作《手画手》**

正是认识到这种“自我指涉性”（self-referential quality），谈判领域的部分学者提出，一个人的身份乃是“自己告诉自己自己是谁”。[4] 这个定义非常深刻，但并不完整。你不仅要“告诉”自己是谁，也要通过其他方式去“感受”自己是谁。你不仅本身就是这个“谁”，同时也是具体描述这个“谁”的人。[5] 心理学先驱威廉·詹姆斯将自己告诉自己的这个“谁”称为“主我”，也就是宾格的“我”（me），把你的具象化体验（embodied experience）称为“客我”，也就是主格的“我”（I）。[6] 你在冲突中经历的一切——羞耻感、希望逃避的急迫感或者大喊大叫的冲动——不仅是你的实时体验和感受，也会由你自己充当旁白者，实时讲给你自己听。

身份有两个方面对于化解高度情绪化冲突具有至关重要的作

用：核心身份和关系身份。在下面的章节中，我会描述这两方面的内容，阐述如何利用它们来化解冲突。

## 认识你的核心身份

你的核心身份是指那些决定你或你们作为个体或集体的特征。核心身份包含了从你的身体特征、性格特点、工作职业到精神信仰以及文化习俗等的一切内容。[7]如果大家丢掉了自己的核心身份，比如国家没有了宪法或者国旗，企业没有了品牌，人们也没有了姓名或个性，这个世界恐怕就要一团糟了。你的核心身份是一个平台，在这个平台上，你把自己的经历合成为连贯的自我意识，既与过去一脉相承，又对未来有明确的理想。如果你对自己的核心身份感到困惑，搞不清楚你是谁或者你为了什么而活，那所有的决策就全乱套了。

### 身份的多重性

你的核心身份包括你的个人喜好、个性特点以及你在社会团体中的身份标志。你自认为是美国人，还是日本人、黎巴嫩人或者西班牙人？是清教徒、穆斯林，还是犹太教徒、印度教徒或者无神论者？是学生、父母还是高管？是自由派，还是保守派？因为你会同时属于许多团体，所以你会有多重社会身份。比如，一个人可以是华裔美国人、清教徒、教师和保守派人士。

在冲突中，你需要决定把哪个社会身份放在优先考虑的位置。[8]你会发现对信仰、种族、政治理念以及国家公民权的忠诚存在相互冲突和竞争。也许你觉得自己的宗教身份对你最重要，但你为了与邻居和睦相处，又不得不强调自己的国民身份。即使在和朋友闲聊天时，你也必须要考虑是不是要讨论政治、宗教或者工作的问题，而你所做的每一项决定，都会更加清晰地勾勒出自己的身份特点。

你会把自己的身份定义为某个特定团体的成员，和你一样，别人也会对你进行类别划分。如果在讨论文化多元性的公司会议上，你是唯一一位华裔美籍高管，同事们或许会让你对自己的身份产生更加强烈的认知；而当你和好友在咖啡馆见面时，你又会完全意识不到自己的这一身份。不过，对于这种社会标签，你不是无能为力只能被动接受。亨利·塔杰菲尔教授在二战期间领悟到了这一点。作为社会身份理论的提出者，塔杰菲尔曾在法国求学，战争爆发后又加入法军参战。但是，他其实是一名波兰犹太人。当兵一年后，他被德军俘虏，然后辗转于各地战俘营，直到五年之后战争结束。在此期间，德国人反复审讯塔杰菲尔，问他是不是犹太人，从哪里来？他坦白了自己的犹太人身份，因为他相信这帮家伙肯定会发现这一点。但是，塔杰菲尔又意识到，即使是犹太人的身份，也有三六九等的划分，而非一概而论。他决定伪装成“法国犹太人”生存下去。如果德国人发现他的社会身份是一名“波兰犹太人”，他恐怕早就埋骨异乡了。[9]

核心身份有五项最有意义的内容，我将它们称为“身份的五大支柱”：信仰（beliefs）、仪式（rituals）、忠诚（allegiances）、价值观（values）以及情感上的重要经历（emotionally meaningful experiences）。这五大支柱构成了判断高度情绪化冲突对哪里产生威胁的基础框架。对这五大支柱的任何威胁，都会引发生存危机，因为你最重要的那一部分核心身份感觉到了危险。

身份的主要功能不仅仅是个体的生存和繁衍后代，更是寻找人生的意义。[10] 人生于世，能否重于泰山，全靠五大支柱的力挺。就好比人活着离不开大脑、心脏和肺，身份的存续也离不开五大支柱。在“部落练习”中，为什么世界会一次又一次地毁灭？这也要从五大支柱中寻找原因：练习的参与者们更加关心的不是他们能不能保卫地球，而是能不能捍卫他们视为真谛的本部落价值观。

你越早意识到自己的五大支柱受到了威胁，就越容易解决那些漏洞并把关注焦点重新放回到化解冲突上。把身份的五大支柱的英文首字母挑出来，就拼成了另一个词——勇敢（BRAVE）。

---

## 身份的五大支柱

1. **信仰，**指你的信念、原则和道德。

2. **仪式，**包括重要的生活习俗和仪式性行为，无论是节日、成人礼、定期祈祷，还是与家人吃一顿晚餐。

3. **忠诚，**指的是你对家庭成员、朋友、权威人物、祖先、国家、部落或任何其他个人、组织的强烈忠诚感。

4. **价值观，**是你的指导原则和至高理想，通常用几个词来表达，例如公正、同情、自由。

5. **情感上的重要经历，**是一些刺激性很强的事件，不管是积极的还是消极的，都影响到了你某一部分的身份认同。这些事件囊括了生活的全部，从你结婚那一日到你第一个宝宝出生那一刻，从你爸妈抽你一嘴巴的瞬间，到你们这一拨人遭遇大规模暴力的痛苦记忆。

---

当你遭遇高度情绪化冲突时，请逐一审视身份的五大支柱，找到感觉受到威胁的地方。看看是你的核心信仰出现了危机，还是对方影响了你对家庭或宗教的忠诚？在对自己的支柱进行评估之后，再设想一下对方可能受到影响的地方。无论是你，还是和你发生冲突的人，都不太可能在个人身份的重要支柱受到威胁的情况下达成一致，取得共识。

## 核心身份并非完全一成不变

我 10 岁的儿子诺厄在前不久的一场足球比赛中就体会到了这一点。他已经为本队得到了 7 分，而对方尚且一分未得，所以当比赛还剩下一分钟就要结束时，教练决定把他换到另一队去。诺厄又为对方打进两球，然后以 2：7 的总比分“输”掉了比赛。诺厄一晚上都感到难过，因为只不过几秒钟的时间，他所效忠的球队就从这边换到了那边。

但是诺厄的核心身份并没有遭到彻底的颠覆。这只是他在夏令营的经历，他对哪支球队都没有很强的归属感。如果他在世界杯的比赛上被调换到对方球队，那他肯定要经历巨大的心理挣扎才能重新明确自己效忠的对象。核心身份有一定程度的易变性，但身份最深层次的那些支柱绝对是根深蒂固、坚不可破的。

一个团体的核心身份同样会发生变化。[11] 公司可以是“同一家”公司，但它的指导价值观能够重新确定；政党也可以是“同一个”政党，但政党的基本信仰可以调整。实际上，每个团体都会不停地通过协商调整自己身份的边界，决定谁“进”谁“出”，甚至决定所谓“进”的含义。[12] 就好像用一个圈子来表示整个集体，属于这个圈子的价值观、信仰和仪式，由身在其中的成员通过协商来确定。政治、宗教和社会团体通常都会保持自己的传统社会标签不变，但会重新界定其基本理念。

尽管你的核心身份往往抗拒变革，但另一方面的身份却更具可塑性，为化解高度情绪化冲突提供了一条有力的途径，哪怕是情绪化程度最为激烈的冲突。

## 认识关系身份的力量

关系身份是指决定你与某一特定个人或团体的关系的特征。[13] 当与配偶互动时，你是感到疏远还是亲近？是压抑本性还是释放自我无拘无束？[14] 当你的核心身份在寻求存在的意义时，你的关系身份则在寻求共存（coexistence）的意义。[15] 关系身份会随着你对关系本质的界定不停地变化，这意味着你拥有巨大的力量来塑造它。[16]

为了更加形象地说明关系身份的概念，请看图 2。在继续读下去之前，请先决定哪个方块颜色更深，A 还是 B？

公布答案：它们的颜色相同。尽管感觉上方块 A 的颜色比方块 B 要深，但其实它们是完全一样的（如果你还是不信，请把其他所有方块都盖住，只留下 A 和 B）。之所以会产生这种视觉上的错觉，是因为你的感觉并不是这些方块的客观现实，而是各个方块相对于其他方块的颜色对比关系。

关系身份肯定是存在差异性的，而在这种差异性的认识上，同样存在上面所说的认知错觉。你有着与众不同的核心身份，但是在调解冲突时起作用的不仅是你的核心身份，还有你的关系身份——你在与别人的关系中如何看待你自己，别人在他们与你的关系中又如何看待他们自己。

**图 2　方块 A 还是方块 B 颜色更深？**

再来看看达沃斯。在“部落练习”中，部落之间会进行谈判，因为大家都渴望拯救地球免于毁灭。但是每个部落与其他部落的友好关系很快都瓦解了，而且不断加剧的紧张关系其实与各个部落在核心身份上的差异一点儿关系也没有。快乐部落认为自己在第一轮谈判中遭到排斥，结果导致他们试图主导后续的两轮谈判。彩虹部落的代表吸引另外两个部落加盟组成一个紧密的联合阵线。困扰每个部落的核心问题是：我们感觉与谁更亲近，又感觉与谁更疏远？

我们没有量化手段能够准确测量你与另一方关系的密切程度，充其量不过是知道你对任何既定关系的感觉如何。界定核心身份的特征往往是具体的（“我是一位心理学家，我最看重的是真实性”），而界定关系身份的特征则要抽象得多（“我感觉我们的关系似乎越来越淡了”）。[17]

虽然关系身份可能有点儿水无常形，难以把握，但实际上它还是有两个具体维度的：亲和性与自主权。[18] 认识它们，了解它们的作用，可以帮助你构建合作关系，即使是高度情绪化冲突也不怕。[19]

## 建立亲和性

亲和性表示的是你与某个人或某个团体的情感交往关系。稳定的、富有建设性的交往关系往往会产生积极的情感作用与合作的愿望，即使是在战争期间也不例外。[20] 我采访过 H. R. 麦克马斯特中将，他曾任第三装甲骑兵团上校，驻防伊拉克的塔尔阿法地区。根据他的报告，在稳定伊拉克当地局势这项工作上做得最成功的、效果最好的，往往都是那些与伊拉克民众建立亲和关系的能力最强的部队。[21] 他描述自己如何实施一项培训计划，教导士兵在获取所需要的情报信息之前，先要坐下来与当地居民聊聊家常，一起喝喝茶，问问题的时候要尊重当地的文化习惯。[22] 这些表达亲和性的小手段看似简单，但从双方相互支持、共享信息、相互合作确保共同安全的程度来看，效果还是相当大的。

亲和的反面是排斥。如果经理召集你的同事举行一次重要的内部会议，却单单没有叫你参加——尽管你一直是相关课题的权威专家——你肯定会感到不满。你会想自己到底做错了什么，导致在这个内部的小圈子里失去了自己的地位；也会担心所有人已经弃你而去。无论在职场还是别的地方，这种被人排斥的痛苦都令人难以忍受。如果你的所有亲属都收到邀请，参加某个家庭的节日派对，唯独你被晾在一边，你不感到郁闷才怪。

神经科学家已经发现，被社会排斥的痛苦感会被大脑的前扣带皮层（anterior cingulate cortex）记录下来，而这也是大脑处理生理疼痛的区域。[23] 你的大脑对遭人排斥的反应与肚子上挨了一拳差不多：挨打了，就要反抗，就要抗拒合作，哪怕这样做牺牲了你的合理权益也在所不惜，结果就使化解冲突的尝试变得更加困难。[24]

## 尊重自主权，或者当心它

自主权是指你践行个人意愿的能力，即能够在多大程度上让自己的思想、感受、行动和为人处世体现真实的自我，不被外界强加的不当干涉扭曲。前不久，我在一个咖啡馆里目睹了一对夫妻的争吵。“冷静一下！”丈夫恶声恶气地说。妻子毫不示弱地瞪回去，吼道：“别跟我说什么冷静！你冷静一下！”不管两个人因为什么事儿吵起来，他们之间的冲突现在已经发展成为争夺自主权的战斗。谁也不想让对方告诉自己什么该做，什么不该做。只要你感到有人侵犯了你的自主权，马上就会怒火中烧，一定要以牙还牙。[25]

自主权的概念有助于解释为什么像一个国家的国名这种特别初级的事儿也会导致严重的国际冲突。在南斯拉夫解体的过程中，六个闹分家的共和国里有一个宣布以“马其顿共和国”的名义独立，导致紧张局势升级。因为这个国名捅了邻国希腊的马蜂窝。希腊北部地区长期以来一直被称为马其顿，那里有大约 300 万老百姓号称自己是古代马其顿人的后裔，只有他们才配使用“马其顿”这个名字。

某位希腊领导人这样评论这次冲突：“我们的邻居正在他们的主要广场上竖立亚历山大大帝等人的雕像，这让我们感觉他们是在篡夺我们的文化遗产。这些都是具有历史意义的希腊象征。他们正在试图窃取我们的文化，我们的灵魂。”但邻国的一位高级领导人争辩说：“我们有权决定自己的名字和命运。难道这不是每一个国家应有的权利吗？我们没有强加给希腊。恰恰相反，我们的文化尊重所有文化，我们的族群包容所有族群。特蕾莎修女曾经生活在这里，就在斯科普里（Skopje），仅仅 30 米开外，就有教堂、清真寺和犹太教堂。我们为自己的多元文化传统而欢呼、自豪。”[26]

从关系身份的角度观察，一方的表态可以理解为：“你们在广场上竖立亚历山大大帝的塑像，把‘马其顿’当国名，这是在挑战我们的自主权！”另一方则坚持：“要求我们更改国名，改变我们尊重多元文化的传统，你们才是在侵犯我们的自主权！”请注意，这场冲突的核心不再仅仅局限于物质性的内容，而已成为争夺在地理疆域、历史、文化以及国家主权这类问题上的自主权的斗争。

无论是马其顿的国名争端，还是在我们的日常生活中对于拥有多少自主权才算合适，或者期望获得多少自主权，人们的看法总会存在差异，就跟人们在能够接受多大程度的亲和性上存在差异一样。赛车手希望在普通道路上开出 160 千米的时速，因为他热爱那种狂野的速度感；但住在附近的居民却希望车开得慢一点，要小心驾驶。女孩子想戴上头巾上学，教务处则要求所有学生统一穿校服。为了统一人们的身份而制定的法律、政策和规范，有时恰恰会把人们的身份撕成碎片，形成弗洛伊德所说的“文明的缺憾”。

“部落练习”再一次提供了恰当的例子。达沃斯的练习过去几年后，我又在埃及开罗为一批商界高管和政界领袖安排了一次练习。六名代表坐在屋子中央，商讨他们应该拥抱哪个部落，大家都清楚地意识到犹豫不决必将导致世界毁灭。到了三轮谈判的第二轮，一位名叫穆罕默德的企业高管说：“我们留出时间倾听每个人介绍部落价值观，然后再达成共识做决定，这样做是行不通的。让我们从帽子里抽签，随机决定一个部落，然后大家都加入那个部落吧。”另一位企业高管法迪点头同意。穆罕默德把一张纸撕成六片，写下每个部落的名字，然后把纸条放进一个咖啡杯里，从中抽了一张出来。非常巧合的是，纸上写的恰恰是他的部落。他和法迪感到很满意，回到自己的座位上。他们已经拯救了地球……或者，他们自以为是这样。

我转向其他仍然坐在屋子中央的谈判者，问道：“你们都同意加入穆罕默德的部落吗？”

他们摇摇头。一个人说：“不！”

“那你什么意思？你不接受我的部落吗？”穆罕默德喊道，“这是一个公平的程序！”

“你操纵了这个程序！”另一位代表叫道。

“不，我没有！”穆罕默德回击道，把所有的纸条都取了出来拿给大家看。

“这不重要！”一位政界领袖坚持道，“谁给了你决定程序的权力?”

这个小组现在已经完全失控，在第二轮谈判剩下的时间里乃至整个第三轮谈判，大家一直争论不休。但是，他们辩论的内容，已经与部落的信仰体系以及他们的核心身份毫无关系，也没有人讨论应该遵循怎样的程序来决定如何拯救地球。他们争论的是法迪和穆罕默德是否有独断流程的权力。整个培训班都开始反对这两人，因为他们的单方面决策已经让其他部落感到自主权受到了威胁，以至于到了他们必须抵制约定的程度。开罗的“地球”也爆炸了。

## 底线：合二为一

在冲突中，最核心的关系挑战——无论是家庭纠纷还是民族冲突——是找到一条出路，能够满足你与另一方相吸（亲和性）同时又相斥（自主权）的愿望。说白了就是，你如何做到既是“两个”，又是“一对”，并让它们和谐共存?

对任何关系来说，自主权与亲和性都是固有本质。你能否使它们保持平衡状态，对于建立和谐关系有着至关重要的作用。[27] 例如，孩子们小时候都很乖，父母说什么是什么，但长大以后，他们就会表达自己的独立意见。浪漫的夫妇在培养夫妻感情的同时，也会尝试给双方留一些“独处的时间”。在企业合并中，高级管理层寻求建立单一的组织体系，而每个部门则会竭力保持文化和政策上的自主性。从更广泛的意义上看，甚至像联合国这样的国际组织也在致力于促进全球和平精神的同时，保持对各会员国独特价值的尊重。

讲得再深一些，能否超越自主权与亲和性之间的张力，才是人生最核心的道德挑战，而在这一点上，孔子理解得更为透彻。根据记载，他以天、地、人为大道一统，是为“天人合一”。孔子认为，人活一世，每个人都有机会经历生活境界的提升。最低级的层次是在自然界生存，完全由本能所支配。一旦我们开始发现自我，就意识到自己拥有自主权，可以巩固在世界上的地位，达到“自我实现”的境界。接下来，我们不再满足于对自我的认知和实现，开始追求建立更大范围的社会秩序，这就进入了“道德境界”，我们开始体会到“仁爱”的必要性。最后，我们认识到社会秩序本身也是“天人合一”的一部分，超越自主权与亲和性的局限，达到追求大爱至善的最高境界。[28]

## 小　结

难怪爱丽丝在向抽水烟的毛毛虫解释她是谁时感到如此困惑。身份认同是一个繁杂的问题，既有一成不变的内容，也有倏忽易变的内容；既是一个心理学问题，也是一个社会学问题；既是有意识的，也是无意识的。就像爱丽丝在仙境中迷失了自我一样，你自己的身份也会被高度情绪化的冲突干扰。更好地了解各方的核心身份是如何陷入危机的，有助于你克服固化身份误区，揭示不满情绪的根本原因，发现那些隐藏于背后的希望和恐惧。[29]同时，重塑自己的关系身份，以合作式的关系身份建立更加密切的人际联系。

但是，即便如此，身份认同仍被证明更像是负担，而不是宝贵的财富，除非你知道如何在冲突中防备那些摧毁身份的黑暗原力。本书的其他章节将介绍一种切实可行的方法，帮助你应对这一挑战。

## 个人应用工作表

认知（Awareness）对于从根本上化解冲突具有至关重要的作用。请回忆自己人生中一次棘手的冲突并对以下问题进行思考。

1. 对你来说，冲突让你个人的哪些方面感觉受到威胁？例如：你的信仰、仪式、忠诚、价值观以及情感上的重要经历。

2. 对另一方来说，冲突又让对方个人的哪些方面感觉受到威胁？

3. 你在多大程度上感觉受到排斥，为什么？

1　2　3　4　5　6　7　8　9　10

（轻微排斥感）　（严重排斥感）

4. 另一方在多大程度上感觉受到排斥，为什么？

1　2　3　4　5　6　7　8　9　10

（轻微排斥感）　（严重排斥感）

5. 另一方可能会在哪些地方感觉你在对他们做出决策的能力施加影响？

## 第4章

# 如何避免陷入冲突的旋涡

为人所不敢为，方能成人所不能成。

我想它是放在我的地下室里了……容我上楼看一看。

——M. C. 埃舍尔

心态很重要。如果你认为冲突是可以通过谈判解决的，你就给了自己与对方沟通的机会，从而找出创造性的解决之道，化解冲突。但是，对身份的威胁往往会导致一种心态上的离间，使本来可以解决的问题转化成看似难以逾越的障碍。[1] 我把这种心态称为部落效应。本章的目的，就是提醒大家对部落效应的主要特点及其诱使人们堕入其中的情感力量有所了解，以求避免屈服于部落效应。通过研究这种心态的变化过程，你就可以不受其左右，欣然接受合作心态，在不做根本性转变的情况下促成根本性转变。

## 谨防部落效应

对身份的威胁会引发部落效应。这是一种对抗性的心态，让你的身份与另一方势不两立：有我没你，不是我们，就是他们。[2] 最有可能出现这种心态的场合，是帮助集体保护本族人免受外部威胁。但是现在，两个人的冲突也特别容易激发这种心态，无论是兄弟姐妹、配偶还是外交官。

在部落效应的刺激下，你会盲目贬低别人的观点，仅仅就因为那是他们的观点。而且，这还不是瞬间做出的“战斗或逃跑”反应那么简单。作为一种心态，它会让你被极端情绪控制，持续几个小时、几天乃至几年都有可能。通过学习、模仿和宣讲，这种心态甚至会传递给几代人，顽固拒绝任何改变。[3]

部落效应的目的在于保护你的身份免受伤害，但其实往往会让你反受其害。随着你扎紧自己的心理防线，进入自我保护状态，你也就失去了协作互助的可能。[4] 恐惧驱使你将短期私利凌驾于长期合作之上，导致如果你和对方都接受了这种心态，就形成了两套自我强化的系统，陷入无休无止的冲突而不能自拔。双方本来致力于化解冲突，现在却成为强化冲突的共谋。而这正是部落效应的核心悖论所在。

### 如何知道自己陷入部落效应的心态

部落效应基本上是一种对抗性的、自以为是的封闭心态。[5]

## 对 抗

部落效应导致我们从对抗的角度看待我们与另一方的关系，放大了双方之间的差异性，却把相似性降至最低。[6] 即使我们感觉与对方很亲近，部落效应也会唆使人们患上关系健忘症，把人际关系中好的一面全部抛到脑后，想起来的全是坏的一面。例如，达沃斯的领导者们在步入会议室时还都是有着无数共性的同行，但转眼工夫就成为对手，各持己见，互不相让。哲学家马丁·布伯将这种变化描述为由“我—你”关系向“我—它”关系的转变。对方不再是人的同类，而是野蛮的“它”。

## 自以为是

部落效应助长了一种自以为是的执念，即我们的观点不仅正确，而且在道德上也是高人一等的。我们是合法的，是正统，因此我们要理直气壮地捍卫它。[7] 即使战争一方犯下屠杀一类的暴行，“屠夫们也往往意识清醒，在听到他们被描述为罪犯时表示惊讶”。[8] 事实上，在“部落练习”中我也经常看到各个小组轻蔑地指着别人责备说：“你怎么能只顾你的部落，不顾地球的生存？”这些部落几乎都不会正视自己在把世界引向毁灭的过程中产生的祸首作用。挑别人身上的毛病很容易，但让我们指摘自己的行为就不那么痛快了。

## 封 闭

部落效应把我们的身份塑造成一个固定的主体。在这个封闭的系统中，我们把自己和对方的身份、主张等特性全部固化。我们不是倾听对方的意见，了解对方的关切，而是批评他们的观点，谴责他们的特性。但是，我们不敢批评我们自己的观点，因为我们害怕背叛自己的身份。[9]

## 引发部落效应的原因是什么

当我们的身份感觉受到威胁时，我们往往会以一套刚性的行为做出反应，神经系统科学家将其称为“威胁反应”。[10] 这种反应既可以很简单，比如当我们看见一条蛇在我们眼前爬过时，我们就会本能地后退几步；也可以很复杂，比如部落效应本身，其目的不仅是要保护我们的身体，也要保护我们的思想和精神。[11]

当我们感觉身份的某一重要方面受到威胁时，就会引发部落效应。这意味着即使看似微不足道的分歧也会引起强烈的情绪反应。弗洛伊德将这种心理变化称为“微小差异的自恋”。[12] 我们的关系越亲密，无论是兄弟姐妹、邻里乡亲还是宗教兄弟，我们就越会拿自己去和别人比，然后因为一些小小的差异就感觉受到威胁。[13] 例如达沃斯的那六位代表争论“人道主义”和“同情心”哪一个是更重要的核心价值，尽管旁观者可能认为这中间的区别无关紧要，但局内人却视其为事关生死存亡的威胁。向另一个部落低头，就是对本部落重要性的贬低。

正是在这样一种心理变化的驱使下，两口子在结婚之后会因为一些“鸡毛蒜皮”的小事儿长期拉锯，互不相让，就像内战期间兄弟之间反目成仇一样。一个小小的差异被赋予了太多的重要意义，以致人性中本来无限的共性力量也显得苍白无力。[14] 总之，事情虽小，但闹出来的动静可不小。

对身份的威胁可以引发部落效应，对身份的尊重也会创造和谐关系。[15] 我们感受着释放真我的自由，享受着与他人的情感互动。但当我们的自主权与亲和性感觉受到威胁，保护性的情感力量就会乘虚而入，让自我保护的心态压倒合作，占据上风。[16]

## 抵制部落心态的五大诱惑

想要克服部落效应，需要采取一种非常类似于希腊英雄奥德修斯曾经使用过的策略。历经特洛伊战争的十年沙场征战，奥德修斯终于得以驾船返乡。途中，他遇到了女巫喀耳刻。女巫警告他旅途中将会遭遇危险：美丽的女妖将会用动人的歌喉迷惑水手，诱使他们驾船驶向女妖之岛，让海船在岸边尖利的岩石上撞得粉碎，留下“累累白骨”。于是，奥德修斯在起航前命令水手们用蜡将耳朵堵上，并把自己绑在桅杆上。如果他乞求松绑，水手们一定要拒绝他的命令，而且要将他绑得更紧。经过周密计划，奥德修斯和他的手下得以安全通过塞壬之海。

部落效应就像女妖一样，诱惑你投入它的怀抱。你在它的情感怀抱中沉溺越深，就越难抗拒它的吸引力。在高度情绪化冲突中，这种吸引力来自一组强烈的情感动力，我将它们称为部落心态的五大诱惑，[17] 列出如下。

---

### 部落心态的五大诱惑

1. **眩晕：**一种扭曲的意识状态，吞噬你的情感能量。

2. **强迫性重复**：一种自己跟自己过不去的行为模式，你总有一种逼着自己重复做某事的感觉。

3. **禁忌**：阻碍合作关系的社会禁忌。

4. **渎神辱圣**：对你身份最重要的支柱进行攻击。

5. **身份政治**：操纵你的身份，为他人的政治利益服务。

---

五大诱惑是导致你四面树敌的情感力量，引诱你受到部落效应的影响，或者使你更加沉湎其中而不能自拔。它们用自以为是的主观感受侵蚀你的觉悟，让你觉得无意识的盲从并不是一件坏事，进而鼓动更多的对立行为。它们往往还会在冲突过程中时不时地影响你的人际关系。在五大诱惑中，有些起到煽风点火的作用，刺激冲突的爆发，比如身份政治；有些本身就是冲突的导火索，比如禁忌；还有一些则是冲突对人类心理产生的不良后果，比如眩晕。

尽管五大诱惑的目的是保护你的身份免受责难、改变乃至被利用，但这些诱惑的最终结果一般都会适得其反。与部落效应本身类似，这些诱惑强化了自我保护的心态，丧失了协作的前景。[18] 图 3 描述了我称为关系矩阵的两股力量的互动关系，显示了五大诱惑如何将你拖入部落效应的陷阱，同时另一股力量——合力作用——则将你拉向更具建设性的心态。如果你不能小心避开五大诱惑的干扰，它们就会把你拖入部落效应的深渊，使你与那些无法抗拒女妖歌声的水手一样，遭遇毁灭的命运。

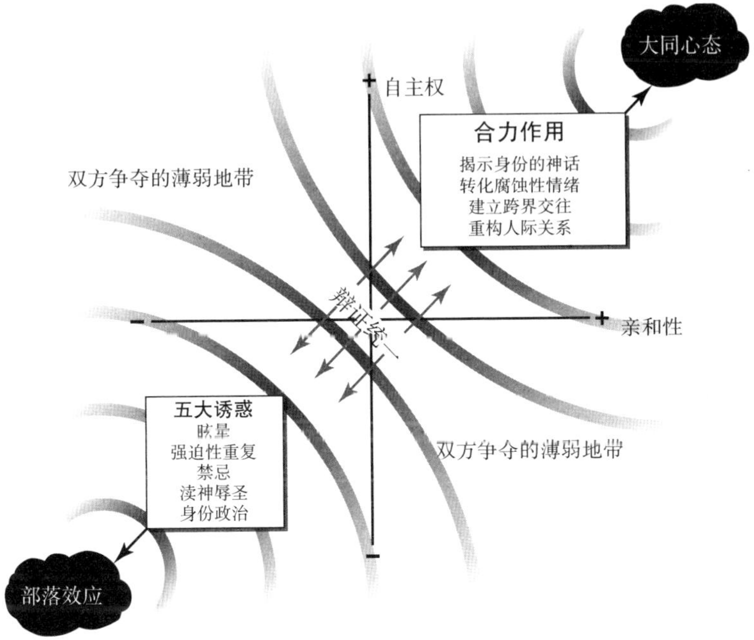


**图 3　关系矩阵**

# 小　结

最近，我与孩子们又看了一遍《星球大战》，结果发现我自己被片中表达的主题深深吸引——这个主题直指那些在高度情绪化冲突中起作用的因素。绝地武士欧比旺 · 肯诺比师傅将“原力”描述为一种能量场，它的创造者是将整个星系联结为一体的所有生命。原力有黑暗面，也有光明面。黑暗面寄生在仇恨、愤怒和恐惧的情绪之中，而光明面则以慈悲爱心为动力。这两股能量处于“恒定张力”之中，永远不停地将星系中的生灵拉向自己一方。

当你感觉自己的身份受到威胁时，你是可以选择如何应对的。部落效应引诱你滑向黑暗面，使关系极端化，形成势不两立的态势；而“大同心态”则把你带向光明面，寻求在不断的交流融合中建立更加紧密的关系。[19] 在本书的第二部分中，我们将探讨如何克服部落心态的五大诱惑，避免陷入滑向冲突黑暗面的关系互动。尽管这些诱惑往往在你不经意的时候发挥作用，但你还是能够使自己摆脱这些诱惑的魔力。在第 5 章 ~ 第 9 章中，你会看到如何实现这一目标，而后面的章节则会提供一些建议，帮助你积极主动地培养交流融合的关系环境，最终走向光明。

# 第二部分　如何摆脱冲突的困扰

# 第5章

# 及时停止眩晕

我上大学一年级的时候，一位性格孤僻的英语教授跟我说过他和妻子吵架的事，为了要不要买一条价格昂贵的花床单，他们二人在商场里大吵了一架。

“它和我们的卧室实在太配了！”妻子兴奋地喊道。

“我们已经有床单了。”教授提醒说。

“你没看见那条多旧了吗？”她说。

“我每天晚上都睡在上面，挺好的啊！”

“哼！”她有点儿生气了，“是不是每件事都得跟你干一架才行？”

“你又来了，”他叹气，“每次我们吵架，都是我的错喽？”

“我不过想买床单！”她抱怨道，“你就不能支持我一回？”

教授心里嘀咕着，为什么她的控制欲这么强？他看着妻子的眼睛不动声色地说：“我真想不出整个世界还有什么比买这条床单更缺心眼儿的事儿了。”

这句话一出口，现场气氛马上升级。“我真不知道当初为什么要嫁给你！”她愤然还击。

就在教授即将暴发的时候，他注意到旁边已经围了一圈看热闹的人。尴尬不已的教授瞟了一眼手表，结果又把自己吓了一跳：20分钟已经过去了，而他本来以为这次争吵只不过持续了几分钟。他跟妻子说了下时间，两个人的怒火马上转为不安，因为他们现在快要赶不上与朋友一起吃午饭了。他们急忙往餐馆走，一边走一边茫然地摇头：关于一条花床单值不值得买的争论，怎么就演变成一次在公共场所看谁嗓门大的比赛了？

## 眩晕的迷幻世界

将教授和他的妻子拖入部落效应的就是被我称为“眩晕”的心理力量：一种吞噬你情感能量的扭曲的意识状态。[1] 陷入“眩晕”的两口子就像被催眠了一样，两人都偏执于对方的激愤之词，下定决心不是要解决争吵，而是要在争吵中打败对方。[2]

“眩晕”一词的英文“vertigo”源自拉丁文 *vertere*，意思是“旋转”。可能你也知道，阿尔弗雷德·希区柯克（Alfred Hitchcock）就拍过一部名叫《眩晕》① 的电影，将眩晕描述为因恐高症而引发的头晕。现代医学对于导致人们产生晕眩感的各种疾病进行了严格的划分。[3] 而我借用这个术语，是为了描述被困在令人晕眩的负面关系中的人们所体会到的那种独一无二的状态。[4]

① 《眩晕》又名《迷魂记》。——译者注

教授和妻子之间的争吵在刚开始的时候还是相当良性的，但随着自尊心受挫，两个人都在情绪上过了头，陷入了螺旋加剧的眩晕状态。[5]

我们可以把眩晕想象为环绕在你和对方身边的一场龙卷风。旋转的气流形成了一堵墙，不让你看到冲突关系以外的任何东西，就像教授和他妻子除了两人之间疯狂的争吵外什么也不知道一样。[6]一阵阵狂风吹向你和另一方，令双方情绪不断激化，生气变成狂怒，伤心变成绝望。站在风暴中心，向上看，是头顶的一片蓝天，你对未来的最大恐惧全都生动地写在那里；向下看，足脚下狼藉的土地，埋藏着你不堪回首的往昔。这场龙卷风能够让你困在部落效应中几个小时、几天乃至几个世代。

在这一章中，我会阐述眩晕的诱惑魔力，告诉大家为什么它能造成如此巨大的破坏力，你又能如何打破眩晕的束缚，实现心态的解放。

## 障　碍

有几项因素导致克服眩晕变得非常困难。

### 眩晕对你的折磨是潜移默化的，你根本意识不到

眩晕是一股格外强大的力量，这是因为它能够欺骗你，让你误以为眩晕实际上没有影响你的行为。你在眩晕的情绪风暴中沉溺得如此之深，以致根本不会注意到它才是煽动你进行对抗的真正魔手。[7]你会一直觉得自己很理性，头脑很冷静。在你看来，逐

渐失去控制的是你身边的这个外部世界，而不是你自己的内心世界。

在眩晕的影响下，看似无伤大雅的事儿也会很容易激化。一场关于床单的口角居然会发展成一个人的扪心自问：“我那口子是不是打算像这样永远控制我？”以及另一半历数过往的种种不是：“是不是每件事都要跟你干一架？”

虽然眩晕看似可以缓解，但其实它阴魂不散，难以根除。眩晕的影响时强时弱，也许过段时间，你就不去注意它了。[8]虽然眩晕逐渐淡出你的视线，但是它仍然在慢慢毒化你的人际关系，为你和另一方的情感空间笼罩上一层阴云。

## 眩晕瓦解你的自我反思能力

作为一个人，你不仅有思考和感受能力，还能对这些思考和感受进行反思。由于眩晕消耗了你的情感能量，你的自我反思能力也会受到严重削弱，迫使你只能依靠行为习惯和思维定式来揣测对方的言行，由此带来三大显著后果。[9]

第一，你会糊里糊涂地反复上演冲突的戏码。教授的妻子并不认为在商场里争吵是一次孤立事件，相反，在她看来，这是丈夫因为一件鸡毛蒜皮的小事儿就跟她吵架的又一例证。因此，她马上习惯性地做出本能反应，表达以前曾经反复表达过的挫折感。

陷入事与愿违的冲突实在太容易了。在对一些军官进行谈判培训时，我发现他们对这种倾向有着极为深刻的认识。一位陆军高级军官告诉我发生在他身上的一件事。在伊拉克经历了9个月日复一日的生死考验后，他回到家乡。一天晚上，他听到父母在为看哪部电影吵架。这位军人简直无法相信他们为一部电影也能吵起来，于是冲进屋子喊道："谁他妈在乎我们看什么电影啊！"然后甩门而去。有那么5分钟的时间，他气得精神都有点儿恍惚了。但他还是平静了下来，向父母道了歉。他后来意识到，在与死神相伴那么久，身经百战见惯战友生死之后，他已经太习惯于持续的眩晕状态了，以致哪怕是相对无害的冲突都会引起他特别极端的反应。冲突的剧本已经深深嵌入他的思想之中，现在不过是随意轻松地一遍又一遍重放而已，只是那种轻松实在让人难以轻松。

第二，你的自我意识情绪会逐渐消失。眩晕另一个不幸的后果是，你的自我意识情绪，诸如负罪感或羞耻感，会被削弱。[10] 例如，在上面那个故事中，那位军人在愤怒地面对父母时，并没有感到太多痛苦。因为一般只有当"你认为别人怎么看你"和"你想让别人怎么看你"这两者之间出现差异时，才会产生自我意识情绪。但是，由于军人的反应完全是一种"预制脚本"的行为，也就是说残酷的战场已经使他在面对这类情况时自然而然地做出上述行为，因此他根本注意不到当时的具体场合，也无法顾及自己的行为是否礼貌得体，合乎道德规范。一旦眩晕消退，他就会禁不住问自己：我这是怎么了？我真的是那种人吗？

第三，你会用刻板印象去套另外一方。眩晕不仅会瓦解你对自身行为的反思能力，也会削弱你看清别人的能力。苏珊·菲斯克博士和史蒂文·纽伯格博士发现，每个人都会自然而然地形成一些刻板印象：不管你是否意识到这一点，你都会根据年龄、性别、种族以及其他显而易见的简单标准，把周围的人分门别类。[11] 虽然在没有威胁的环境中，你会对这些假设进行重新审视，判断它们到底对不对、有多准，但在眩晕状态中，你只会把最少的精力放在评估刻板印象是否准确上。[12]

当那位教授和妻子吵架时，他们眼中的另一半完全变成了过于简单的脸谱化人物。她，是挥霍无度、控制欲超强的妻子；他，则是好斗、抠门儿的丈夫。经过多年共同生活而累积下来的有关对方嗜好、习惯、价值观、心愿和恐惧的了解及认识，全都被他们抛到脑后——实际上，被抛到脑后的正是他们相濡以沫的爱。他们不是去试图发现对方意图的合理性，而是想方设法去证明对方的不合理，哪怕这样做的结果是在人来人往的商场里大嚷大叫也在所不惜。脸谱化的刻板印象强化了他们自以为是的观点。

“刻板印象”（stereotype）这个词源自希腊语 *stereos*，也就是“刻板”，以及 *tupos*，意思是“印象”。刻板印象把一个人宏大的性格交响乐缩减成了一个单音符。如果你死抱着对方的负面印象不放，把一个三维立体的人简化成一维的画片儿，拒绝品味人性的复杂和细微，或者不愿意质疑自己的假设是否合理，你就会把自己禁闭在眩晕的旋涡中，永远也走不出来。

菲斯克和纽伯格对“刻板印象”进行了更加深入的研究。他们发现，当你把别人归类定性之后，就会去寻找相应的证据，来支持自己的观点，从而对任何不一致的、可能挑战固有印象的信息统统视而不见。[13] 教授的妻子在记忆的数据库里翻箱倒柜，寻找丈夫抠门儿的事例，一旦坐实了那么一两件铁证，马上就用来证明自己的判断是多么正确。同时，教授与妻子一样，竭力搜索妻子以前乱花钱的证据。结果，很多教授不抠门儿、妻子没有乱花钱的往事全都被忽略掉了，因为这些事例并不支持双方业已形成的刻板印象，所以一概自动删除。[14]

## 眩晕制约了你对时间和空间的感知

用特别文绉绉的话说，眩晕扭曲了你的时间感和空间感。你的关注焦点完全集中在眼前这点事儿上，其他的一概不管，而你自己甚至都意识不到这种变化。[15] 教授和妻子在冲突中投入过深，以致他们既没有注意到身边已经聚集了越来越多的观众，也没有想到吵架浪费了太长的时间。[16] 眩晕影响了你的意识状态，程度之大足以让你在世界已经翻天覆地的时候还自以为一切正常。[17]

**时间扭曲**。眩晕对你的时间感会产生双重影响，这种感受与初出茅庐的极限跳伞运动员的感受有点儿类似。在运动员跳出飞机的那一刻，瞬间的兴奋刺激让时间发生膨胀。[18] 刚开始的时候，每一秒钟都过得非常慢，运动员能够注意到每一种声音、每一幅景象。[19] 但随着继续下落，他逐渐适应了这种感觉。他仍然会感到害怕，但他的意识由一种高度警觉的状态转变为一种兴奋的恍惚状态。时间又开始收缩，现在，他感觉时间过得比自己手表显示得还要快。[20] 落地时他还会寻思：这就结束了？[21]

在眩晕的过程中，冲突的第一个威胁是延缓你的时间感，你的关注点高度集中在对方的每一句话、每一个动作以及每一次情绪表达上。但是，随着你逐渐适应眩晕，你的时间感开始加速，小时变成了分钟。在这种恍惚的意识状态中，你基本上就是跟着感觉走了，开始在以前的冲突经历中倒旧账，寻找对自己行为的指引。[22] 用威廉·詹姆斯的话说，你的自觉意识（客观的我）引导着你的体验，而你的核心身份（主观的我）则缩在后台，不停地重放这些过往情节。一旦你走出眩晕的魔障，比如办完了离婚手续、与同事和解，或者与亲戚重归于好，你就会惊奇地发现，原来已经耗费了这么多的时间。[23]

**空间扭曲**。当你处于眩晕状态时，你和对方的情感空间感觉会受到限制、压缩。教授和他的妻子将这段情感空间填满了愤怒、绝望和孤独，不满逐渐累积，终于到达再也无法忍受的临界点。结果自然是个悲剧，妻子撂下狠话，说自己一点儿都想不起来为什么要跟丈夫结婚，这实在太伤人了。

由于眩晕是一种意识状态，所以在旁观者看来，这种行为很不理智，而且他们也感受不到正在摧毁对立双方理智的情感力量。我到过很多战乱地区，所以时不时地就会有一些从未在那些冲突激烈的地方生活过的人跑来问我："他们为什么就不能和睦相处呢？"殊不知那些被眩晕左右的人其实根本就没有意识到他们已经被如此强大的情感力量裹挟，和睦相处谈何容易。而这正是眩晕的悖论所在：它影响了你对时间和空间的认知，你却意识不到这一点。

但是，如果你牵扯进其他人之间的高度情绪化冲突，你也有可能在无意之中受到他们情绪的感染。你会卷入他们那种像龙卷风一样的眩晕旋涡中。想一想那些在父母争吵不断的家庭里长大的孩子所承受的情感压力，再想象一下试图在纠纷双方相互辱骂的环境中保持冷静的调解员所面临的挑战。即使在国际关系中，受到眩晕情绪的感染也很容易。在 20 世纪 90 年代南斯拉夫内战期间，我曾在塞尔维亚的一个偏僻小镇上与塞尔维亚、克罗地亚和波斯尼亚的难民有过接触，很快就适应了当地那种在眩晕驱使下的紧张感。有一次我给身在美国的母亲打电话，因为她经常看到有关战争的新闻报道，所以对我的安全非常担心。“别担心，妈妈，”我安慰她说，“没事儿，都挺好的。”当时我确实认为自己没事儿，但我根本没有意识到自己沉溺于那种环境已经到了鱼儿离不开水的程度，直到我完成工作离开那里。我坐火车从塞尔维亚前往布达佩斯，在列车跨越边界的时候，我感到如释重负，心胸也为之一宽。我的肌肉放松下来，一种异样的沉静笼罩了我。我突然意识到，在塞尔维亚，我一直待在一个被眩晕把持的地区，连我都不知道眩晕给自己造成了多大的影响，直到我离开它的地盘。

## 眩晕使你执着于负面记忆

眩晕带来的最大挑战，也许是它能够把你的注意力捆绑在负面记忆上，让你想起的都是证明自己正确、错全在对方的“证据”。克服眩晕也就意味着挣脱这种束缚。不过，这可是一件格外有挑战的工作，因为眩晕会放大有关过去和未来的负面记忆。

### 沉湎于过去的伤痛回忆无法解脱

在北爱尔兰的血腥冲突期间，有位飞行员曾经在飞机降落时跟乘客开玩笑说：“欢迎来到贝尔法斯特。请把您的手表拨到 300 年前。”在他看来，这个地区的斗争是历史恩怨延续至今的结果。整个国家的伤口仍然感到撕心裂肺的疼痛，即使是时间也无法将其抹平。[24]

关于这种现象，弗吉尼亚大学教授维米克·沃尔坎形成了一套很有说服力的理论。他认为许多族群目前的身份认同有一部分是通过“选择性创伤”形成的，这是一种源自过往的、痛苦且无法释怀的伤害。[25] 就好像大屠杀之于犹太人，“灾难日”的背井离乡之于巴勒斯坦人，欧洲殖民之于非洲人，以及耶稣受难之于基督徒，选择性创伤对于后者身份的形成都发挥了重要的作用。

如果承受创伤的族群不能彻底走出那种羞耻感、屈辱感和无助感，这种情感上的伤痛就会延续很多年。沃尔坎将其称为“创伤的代际传递”。来自过去的情感和思想通过“时空崩塌”与今天联系起来，使这个族群此时也依然感觉是遥远过去的彼时悲剧的受害者。[26] 正如学者迈克尔·伊格纳季耶夫所写的那样：“在巴尔干战争中，记者们经常发现当他们听人讲述各种暴行时，他们偶尔会搞不清楚这些暴行是发生在昨天，还是发生在 1941 年、1841 年甚至 1441 年。”[27]

眩晕往往是造成过去的创伤仍然影响现在的原因。如果整个族群都被眩晕控制，就会唤醒人们心中沉睡已久的创伤和深入骨髓总也挥之不去的伤痛，让和解变得极其困难。即使是人际冲突，眩晕也会引发时空崩塌，使化解冲突复杂化。在商场里，教授的妻子将以往的怨气带到了现时环境中，几十年前的琐碎小事也能气得她咬牙切齿，愤恨不已。

## 执着于未来的恐惧记忆难以自拔

你怎么可能会有未来的记忆？难道记忆不是以往经历的产物吗？不一定如此。在高度情绪化冲突中，人们往往会对另一方未来可能怎么对付自己做最坏的打算，比如骂人或者打人什么的。

如果这种想象出来的情景背后充斥的情绪足够强烈，它就可能印在你的脑海里，直到过了好久好久，你自己都忘记了那其实是你凭空想象的东西。其结果是，你的大脑会把一段没根没据的记忆当成令人恐惧的不测事件牢牢记住，然后把这段牢牢记住的叙事当成真事不断去回味。恐惧的未来最终成为真实的过往，而这种“现实”则把你拖向部落效应。现在，你终于有“证据”可以证明另一方不可信任了。[28]

在心理上，过去的选择性创伤与未来的恐惧记忆没有区别；它们的影响是一样的，因为二者都会把一些具有重要情感意义的场景揉进现时冲突中。一个民族可能会因为 500 年前的选择性创伤或者害怕从现在开始的 500 年之后可能发生的事而走向战争。但让人大跌眼镜的是，他们中间没有一个人真正经历过那些事儿。对他们来说，那不过就是一个故事，但这个故事却能激起情感上的强烈共鸣，足以产生振臂一呼天下应，响应号召，拿起武器的效果。

眩晕会产生回声室效应，放大负面情绪的影响。因为你使自己沉溺于有害记忆的封闭系统中，所以任何一件小事都会被无限放大，让你觉得重要得不得了。例如，在“部落练习”中，只要有一个部落感觉遭到了排斥，世界一般都会毁灭。按说当整个星球的生存受到威胁时，是不是感到受到排斥应该不是一件那么重要的事。但在扭曲的眩晕世界里，排斥感却对部落的身份构成了重大威胁。关于床单的争吵同样微不足道，但从失真的眩晕视角出发，教授感觉自己的身份受到重击，反而加剧了这件小事的共振效应。

# 打破眩晕的束缚

如果眩晕造成的基本问题是你的思想、感受和行动因此变得狭隘，那么扩展你的意识状态，开阔心胸，放宽眼界，也就顺理成章地成为打破眩晕束缚的必然策略。表 1 归纳了几个相应的步骤。

**表 1　眩晕造成的障碍及打破障碍的策略**

| 障　碍 | 策　略 |
|---|---|
| 眩晕对你的折磨是潜移默化的，你根本意识不到 | 认识眩晕的症状 |
| 眩晕瓦解你的自我反思能力 | 当头棒喝，摆脱眩晕的恍惚状态 |
| 眩晕制约了你对时间和空间的感知 | 扩大你的视野 |
| 眩晕使你执着于负面记忆 | 使负面情绪具象化 |

## 第一步：认识眩晕的症状

我读研究生的时候，有一次和一位好友开车由波士顿前往纽约。路上，我们无话不谈，从世界和平一直侃到青梅竹马的初恋。我们聊得太过投入，结果虽然方向没错，却错过了高速出口，而且有足足 10 分钟的时间我们谁也没有意识到这个问题。眩晕对人的影响大体也是这种形式。因为它瓦解了你自我反思的能力，所以你对现实生活完全没有了清醒的认识。重新获得这种清醒认识具有至关重要的作用，需要分三个阶段进行。

首先，学会从三个方面辨别眩晕的症状。这些症状包括：

- 你是否沉溺在冲突中不能自拔？如果你发现自己满脑子想的全是冲突的事儿，生活中所有其他事情几乎都不在乎了，那你可就要当心了。你可能执着于另一方曾经犯下的过错，却从不反思自己在当时情况下的做法，或者对于他们可能对你的批评超级敏感。
- 你是否将另一方视为对手？要警惕把冲突看作一场情绪之战而不仅仅是意见分歧的危险。
- 你是否执着于负面记忆？要注意冲突是否会引发你在以往痛苦经历或者未来的恐惧事件上钻牛角尖。

然后，打住。只要意识到自己正在滑入眩晕的泥潭，马上深吸一口气。然后，再吸一口气。慢慢来，别着急。先等一等，让自己恢复正常的判断力，然后再继续讨论。

最后，把它指出来。指认眩晕是一个很简单的动作，却能显著削弱它对你的操控力。把眩晕揪出来示众，能够把抽象的情感旋涡转变为孤立的“它”加以讨论和克服，从而重新恢复你的自我反思能力。前不久，妻子和我吵过一次，差不多快要失控的时候，她说：“我觉得我们正在滑入眩晕，我们是不是真想吵一个下午？”仅仅承认眩晕即将发作，就帮助我们成功抵抗了它的诱惑。我们同意再花几分钟时间讨论一下手头的问题，如果我们还不能就解决方案达成一致，就先放一放，这样可以让我们不至于吵到最后连自己原来坚持的观点都记不清楚了。

## 第二步：当头棒喝，摆脱眩晕的恍惚状态

有时，唯一可以使你的意识摆脱恍惚状态的办法就是当头棒喝——猛然一击，使你摆脱对双方关系认知的老套路。[29] 以下就是实现这一目的的若干方法。

### 牢记自己的目的

眩晕让你陷入一种狂热的情绪当中，因此很容易在防御心态中迷失自己，反而无法切实解决冲突的核心实质性问题。让自己在眩晕中猛醒的一个强效办法是问自己一个问题："我在这次冲突中的目的是什么？"是嘲笑对方，还是找出更好的办法和平相处？这样，随着讨论的展开，共同愿望就会得到强调。例如，离婚的夫妇可以提醒自己，他们的共同目标是确保子女生理、心理和精神的健康成长，从而摆脱眩晕的恍惚状态。

### 发挥出其不意的力量

第二种让你从眩晕中猛醒的策略是发挥出其不意的力量。想象一下，如果在商场争吵的场景里，教授的台词突然从讽刺挖苦换成深情告白，是不是会把妻子从怒火中惊醒？比如，我们可以这么想，妻子疾言厉色地说她真不知道他俩当初为什么要结婚，丈夫回答说："我知道，因为我爱你，而且我现在也爱你。咱们回去再看一眼那条床单？"面对这样的关怀，妻子的火气可能就消了。两人很快就会感到自己清醒过来，也能够理智地思考问题，相互体谅了。也许，他们还会哑然失笑于整个事情的荒谬：一条床单真就那么重要吗，能把两人的关系搞得如此剑拔弩张？

恰到好处的出其不意在国际关系中同样有效。埃及前总统萨达特对以色列那次著名的访问就是其中一例。1977 年以前，这个犹太国家从未出现过一位阿拉伯领导人的身影。以色列和埃及已经打了 4 场战争，埃及在 1967 年的冲突中被以色列占领的西奈半岛那时还在以色列的控制之下。以色列人对于这两个国家实现和平基本不抱任何希望。结果，萨达特总统进行了一次令全世界大吃一惊的外交突袭，飞抵本·古里安国际机场，对以色列进行了 36 个小时的国事访问。他不但在以色列议会发表了演说，还与多位以方政要会面。这次访问对以色列公众来说不啻一次当头棒喝，让人们猛然意识到，埃及人不是敌人，而是伙伴，并最终促成两国签订和平协议。[30]

一次出人意料的道歉可能是威力最大的“当头棒喝”。还是拿在商场里吵架的两口子来说吧，教授可以深吸一口气，停顿一下，然后对妻子说：“我刚才对你说了好多刻薄的话，我错了，我说话没过脑子。”这种认错使整个事件突然反转，措手不及的妻子可能一下子就吵不下去了。如果她感觉丈夫的道歉真诚地表达了懊悔之意，两人就会重新打开建设性对话的空间。道歉是一种低成本、高成效的姿态，会让人如沐春风，心情大好。

## 请出合法权威

几年前，在哈佛附近的一个咖啡馆里，我亲眼看到利用权威的力量使人摆脱眩晕的整个过程。当时，我正坐在桌边，在冬日的夜晚享受着一杯热巧克力，埋头在我的笔记本电脑上撰写一篇文章。突然，我发现两名侍者互相推搡起来。开始我以为他们在逗着玩儿，但后来有个人一拳抡到另一人身上，然后两人开始互以老拳问候。我的小心脏吓得怦怦直跳，因为这个一贯平和的咖啡馆正在变成一个拳击场。

我该如何制止他们？我紧张地想着。走过去把他们强行分开？叫经理？喊点儿什么没用的，分散一下他们的注意力？事情已经过去好几年了，但我仍然记得我当时特别想喊的那句话，虽然有点儿冒傻气："快看！杰瑞·宋飞进来了！"宋飞是当时最红的电视明星之一，而我的意图是镇一下这两位"搏击高手"，把他们从眩晕中拉出来。但是，我什么也没说。

这时，两位侍者还在我们这些老顾客面前拳来腿往。我也不知道还能怎么办，最后嚷了一嗓子："住手！"并试图插到他们两人中间去，把他们分开。但这二位像红了眼的公牛一样，根本不理我，继续隔着我挥拳不止。

没过多久，两名警察走进咖啡馆，两名侍者好像被点了穴道，一下子全僵在那里不敢动了。只不过是看到穿制服的警察，就让他俩马上想起法律可不是闹着玩儿的，违法会带来什么后果。他们看着警察，那副神情让人一看就知道他们被吓得不轻。而且这种恐惧感太强烈了，两人立刻就从眩晕中清醒过来。警察问了问事情经过，不到三分钟，刚才还大打出手的两人握手言和了。

为了摆脱眩晕，请人出面是一个不错的选择。但是这个人一定得是能够得到各方尊重的权威人士，比如宗教导师、调解人、律师、心理咨询师或者家族老大。例如，一位富有的寡妇去世了，后事没有安排清楚，结果让已经人到中年的子女们起了冲突。[31] 部落灾难由此爆发：谁应该得到母亲的戒指？餐厅的油画呢？孩提时代的家呢？当这些子女与调解人会面时，调解人发现他们已经深深沉浸在典型的眩晕状态中。于是，调解人请出唯一一位让他们服气的权威人物：他们的母亲。“如果她在这儿，”调解人问孩子们，“她会怎么想？”母亲一直珍视家庭的凝聚力，孩子们一旦想到这一点，就会希望捍卫母亲的价值观。调解人不停地用这个问题来提醒子女，一次又一次地在他们即将再度陷入眩晕状态时把他们拉出来。

## 改变话题

一位前国家元首曾经告诉我他处理外交危机的独门秘诀：不要改变人们的想法，改变话题。这就是当头棒喝让你从眩晕中猛醒的第四种策略。

现在让我们回到 1996 年，想象你是一位美国高级官员，正在中东进行访问。以色列考古人员在耶路撒冷老城打开了一条古代隧道，引发了一次伤亡惨重的流血冲突。巴勒斯坦人指责这次考古行动破坏了阿拉伯人对阿克萨清真寺神圣不可侵犯的控制权，以及他们将东耶路撒冷定为未来首都的主张。你该建议采取哪些措施，防止暴力活动进一步升级？

面对这一棘手局面的，是时任美国国务院中东事务主任的特使丹尼斯·罗斯。①[32] 他看到双方有陷入眩晕的迹象，意识到“事

① 查维基百科关于丹尼斯·罗斯的履历以及美国国务院官网，其人仅于克林顿政府期间担任过中东特使，并未担任过国务院中东事务顾问（State Department's Director of Middle East Affairs）一职，且美国国务院亦无名为“中东事务局”的常设机构，最接近的机构名为近东事务局（Near Eastern Affairs），由一名助理国务卿负责全面工作。——译者注

态（正在）失去控制”。冲突各方的反应不仅针对当时的事件，还受到选择性创伤和未来恐惧的影响，而这反过来又加剧了把对方贴上敌人标签的倾向。罗斯发现，“我们需要做一些事情，给他们留一些思考的空间，留下退后的空间”。于是，在1996年的秋天，他一手操办了巴勒斯坦总统阿拉法特和以色列总统内塔尼亚胡在美国的首脑峰会。这次会议使人们的注意力从相互报复的暴力行为转移到签订共同协定的可能性上。眩晕对双方的影响被巧妙地淡化了。

## 第三步：扩大你的视野

眩晕会产生情感幽闭恐惧症，它用负面情绪阻碍你的关系，使你的时间感和空间感受到挤压。为了摆脱眩晕，你需要扩大两种感知能力。[33]

### 拓展你的空间感

考虑调整你对另一方的生理和心理导向，促进合作关系的发展。

**改变你的物理环境。**谈判会议室的设计会对实际谈判进程产生重大影响。在一尘不染、四壁白墙的办公室里谈判，与坐在客厅里讨论问题是完全不同的两种体验。即使在国际关系中，有些重要谈判也是在领导人的家中进行的，这边谈着，那边小孩子在四周跑来跑去。这种人性化的因素有助于把眩晕关在笼子里。在非正式场合讨论问题，会使人们走出部落忠诚的狭隘圈子，产生一种无拘无束的感觉。环境的细节具有同等重要的意义。为了显示你们共同面对同一个问题，你是和对方分坐长桌的两端呢，还是肩并肩坐在一起呢？

我想起一次饶有趣味的“部落练习”，参加者是一批国际领导者，包括跨国企业的首席执行官、安全专家和卫生权威。6个部落明确了各自的部落特性之后，回到大会议室就座，形成了6个相互独立但内部更加紧密的圈子。跟往常一样，外星人驾临会议室，发出恐怖警告。但后来发生的事情就跟往常不一样了。各部落代表逐一走上前来介绍自己部落的价值观，把谈判变成了一场6个部落之间的政治选战，大家都竭尽全力从其他部落“拉票”。眩晕接踵而来。这些部落本来可以围坐成一个大圈子，讨论他们的差异性；或者安排一个小一点儿的座谈区，让每个部落的代表可以协商讨论，从而摆脱眩晕的控制。这两种安排对增进合作都有帮助。然而，他们却选择了“拉票”这种不同寻常的架构，不出所料地注定了毁灭的命运。

**换一个新的角度观察冲突**。在眩晕中，手头需要解决的问题承载了太多不能承受之重，以致从原来的立场后退都会让人感觉遭到惨败。为了克服这种心态，你可以从一个更加广泛的角度观察整个事态。

想象自己乘坐一艘宇宙飞船来到月球，从月球回望地球，你就会意识到面对宇宙万物的宏大叙事，你的冲突是多么渺小。我在哈佛大学的同事弗兰克·怀特曾对宇航员的心理进行过研究，发现他们在重返地球之后，对人际关系的看法都产生了深刻的转变：对他们来说，全世界所有的麻烦事似乎都没有把地球看作一个整体而悉心呵护来得重要。他将这种视角的扩张称为“总观效应”

(overview effect)[34]。即使你从未进入过太空，也一样能够受益于这种从大处着眼的视角变化。

你还可以用更加温和的方式改变自己的视角。把你面临的冲突想象为一幢 12 层的大楼，冲突双方都处在顶层。越往上，形势越紧张，越揪心，情绪风暴的风力越强。现在，假设你告诉冲突的另一方，让他在 12 楼等几分钟。然后你走进电梯下楼去。一层，又一层，你做做深呼吸，感觉平静又回来了。你开始体会到对方的脆弱和无助感，也能更好地感受自己的心态。当你到达 1 楼时，你已经对双方在冲突中的作用有了更加清晰的认识。现在，按下按键回 12 楼去，完成你们的对话。

## 调整你的时间感

最后一个扩大视野的办法，是丰富你对时间的处理方式。

**放慢节奏**。由于眩晕会导致情绪上的连锁反应，所以放慢谈话的节奏，少说多听，可能会有所帮助。当然，所谓多听，不是去听对方的攻击之辞，而是要摸清背后隐藏的情绪。你还可以放慢沟通的速度，比如先等上几个小时，再回复那封让你愤怒的电子邮件，或者讲话的时候说得再慢一点儿，提醒自己在作答之前先停顿一小会儿。如果你被拉进一场马拉松式的座谈会，那就定期休息一下，使你的情绪与冲突保持一定的距离，避免受其干扰。

**快进**。在商场的例子中，教授可以对妻子说："假设从现在开始已经过了 10 年，我俩回头来看这场关于床单的争吵。等咱俩都老了，活得更明白了，你觉得那会儿的我们会给现在的我们哪些建议？"

几年前，我曾经使用过这种快进技巧。当时，我在为以色列和巴勒斯坦的谈判专家设计和共同引导一次不公开的谈判研讨会。我没有要求他们探讨打破僵局的方法——这会很快让他们陷入眩晕状态，而是请他们从经济的、社会的和政治的角度，想象一下 20 年后两个民族和平共处会是什么样子。这个问题把原本暗潮涌动、一不小心就有可能打起来的培训课，转变为相互协作的头脑风暴研讨会。相对于眩晕带给人们的抽象的恐惧感而言，构想一个实实在在的未来，会使未来更加真实，更加触手可及。那次研讨会为落实一项重要的和平计划播下了种子。

**回放**。当妻子和我发生冲突时，眩晕经常会诱使我们把三言两语的口角变成旷日持久的惨败回忆。在这种情况下，我会让自己回忆夫妻关系中最快乐的时光：我第一次和她调情，我们在布洛克岛结婚那天，还有面对我们家三个小子荒唐搞笑时忍俊不禁的样子。这些回忆在我的思想里开辟了一块空间，让我决定是否希望沿着老路向眩晕走去，而我几乎总是选择了“不”。

我说“几乎总是”，有两个原因。首先，我是一个人，有时眩晕的拉力实在太大，我根本无法抗拒。其次，如果控制得当，眩晕有时确实也有它的好处。例如，你可能会在心里对自己说：我现在眩晕了，但说说真心话感觉不错啊。但是，不管在某一既定时刻眩晕是多么宝贵，我建议你还是设定一个具体的时间限制来结束它：让我看看表，10 分钟之内我要建议我们休息一会儿。虽然这种目的性很强的刻意安排可能听起来不太自然，但它可以帮助你建立一种重要的机制，打破眩晕对你时间感的控制。

## 第四步：使负面情绪具象化

你需要制订策略，与执着强调负面情绪的眩晕进行斗争——这项策略既要能够揭示不良情绪，又要能够避免沉湎其中无法自拔。但是，你又该怎样制订这样的策略呢？

### 把问题找出来，给它起个名字

奥斯卡·王尔德有一句名言：“人们用自己的真实身份表达的往往不是自己的真实想法；给他一个面具，他才会说实话。”[35] 在冲突中，直接诉诸悲情会让别人感觉你很好斗，特别是你又把自己的痛苦归咎于另一方的言辞或行为的时候。你需要一种技巧，能够让你既可以讨论情绪造成的障碍，又不必专门讨论情绪本身——换句话说，帮助你用一种间接的方式进行直接对话。你需要把负面情绪具象化，也就是说，运用符号沟通的方式，讨论破坏你的关系的情感力量。

对于在谈话中容易挑起冲突的互动因素，其实大可不必针锋相对地做出反应，然后双方直奔眩晕而去。相反，你可以把这些有可能挑起冲突的互动因素找出来，大声讲出应对这些因素的最佳策略。通过主观体验的客观化呈现这种方式，你可以给那些导致冲突的无形力量取个名字，使其变成触手可及的现实存在。[36]

### 案例研究：扎卡里和黑暗面

利亚姆是我最小的孩子，当他开始蹒跚学步时，我家老二，当时只有 6 岁的扎卡里，竭尽全力要在三兄弟的等级序列里找到自己的位置。他开始放大招，对哥哥和弟弟展开一连串的攻击。

我知道他真的是在发泄不满情绪，所以我没有因此惩罚他，而是试图帮助他把这股情绪具象化，这样他才能更好地应对不满情绪的影响。一个星期六的上午，我和他一起坐在沙发上。

“妈妈和我注意到，你一直都挺尊重哥哥和弟弟的。”我对他说，“但我们也发现，过去几天，你一直在欺负诺厄和小利亚姆。这可不是我们熟悉的扎卡里呀。我们该怎么称呼这种让你想推倒哥哥、弟弟的情绪呢？有没有哪个你知道的漫画人物可以用来形容这种情绪呢？或者，一种颜色？还是其他什么东西？”

他想了一会儿，因为刚刚读过一本关于《星球大战》的书，扎卡里脱口而出：“黑暗面！”

“好极了！”我说，“那么，如果你感觉它开始控制你了，你该做什么呢？”

“拿出光剑……把它打跑！”

“好主意。那你打算怎么打跑它呢？”

他笑了，假装挥舞着一把光剑。“就像这样！”他咧嘴一笑，乐呵呵地跑到外面与兄弟们玩去了。我透过窗户看着他们，没过多久，我就看见扎卡里又去欺负他弟弟了。

我走进后院，问他：“扎卡里，刚才怎么回事？”

“没怎么啊。”他心虚地说。

“你又推利亚姆了吧？”

“嗯。”他承认了。

“黑暗面抓住你了吧？”

用这种方式指出他的情绪问题，不会让他感觉受到攻击或批评，同时还能让我解决问题。

“是。”他平静地回答道。

“你想不想再使一把劲儿，把它打跑？”我问道。

“好。”他说道，不好意思地笑了。

那天晚些时候，扎卡里跑来找我。“爸爸，猜猜怎么着，”他说，“黑暗面想让我欺负利亚姆，但我使用了我的自控力！”

他对自己感到自豪，我也为他感到骄傲。本来需要进行训诫的场合最终转变为一次学习的机会，最终不仅让扎卡里得到收获，也让我们整个家庭获益匪浅。

使负面情绪具象化是一项非常有用的方法，可以广泛应用于各种冲突环境。这个过程可以分为四个环节。首先，从你的冲突中选择一个典型场景，例如扎卡里与兄弟们的打斗。其次，回想一下把你推向对立关系的那种主导情绪。不需要把那些情绪特别精准地描述出来，只要记起当时控制你的一般性情绪就行。在扎卡里的例子里，控制他的是一种攻击性的冲动。再次，选择一种象征物来描述那种情绪，就像扎卡里所说的“黑暗面”。最后，在附近找个长椅坐下来，设想一下情绪的波动过程，制订一个应对负面情绪的策略。想一想哪些事情会诱使它出现，有什么办法能够控制住它。扎卡里意识到，当他的兄弟们不理他的时候，黑暗面就会冒出来，所以他决定运用自己的自控力来抵抗黑暗面。他的策略成功了。黑暗面成为他身体之外的一股有形的力量，而他现在可以和黑暗面做斗争了，并且最终打败了它。

# 小　结

眩晕可以帮助我们明白为什么两口子会把口角升级为一场看谁嗓门大的比赛，为什么一场激烈的辩论会使原本一起工作的同事迅速形成对立。这种情绪变化对我们的心理产生如此剧烈的影响，以致最细小的琐事也能迅速演化为一场严重的冲突。但是，我们可以了解认识眩晕的症状，提前做好防范。如果你发现自己已经被眩晕控制，记得通过当头棒喝似的猛然一击，让自己恢复更具协作性的心态，而且你会发现，处理高度情绪化冲突会变得越来越容易。

当然，你的麻烦还没有结束，剩下的四大诱惑也都在为控制你的部落思维而你争我夺呢。

## 个人应用工作表

1. 你在冲突中的情绪消耗量如何？

1　2　3　4　5　6　7　8　9　10

（无眩晕）　　　　　　　　　　（深陷眩晕）

2. 什么样的想法和感觉在消耗你？

3. 你怎么才能阻止眩晕？例如，你是否记得你的目的，动摇了关系，或者把消极外在化？

4. 你能说点儿什么或做点儿什么，以阻止另一方坠入眩晕吗？

## 第 6 章
# 对强迫性重复说不

我们，我们所有人，都是强迫性重复的生物。[1]

——丹尼尔·夏皮罗

在电影《摩登时代》中，查理·卓别林笨拙地走进他那破败不堪的棚屋，关上前门，一块木板荡下来，狠狠地打在他的脑袋上。这样的场景每天都在重复：卓别林进屋，关门，然后头上挨一下。然后，某个阳光明媚的日子，卓别林走进屋，木板没有落下来。他抬头看看，有点儿不知所措，然后重新打开门，使劲关上它。木板砸在他身上。现在，他总算可以去干自己的事了。[2]

卓别林的表演描述了一股最容易导致人们相互冲突的强大驱使力：强迫性重复。在这股力量的强制作用下，人们会一遍又一遍地重复同一个行为。[3] 问题本身可能会不一样——也许两口子闹别扭今天是因为钱的事，明天则是因为家务活的分工——但冲突的基本套路却一模一样得令人发指。在国际关系中，强迫性重复导致相互敌对的种族政治集团产生一系列永无止境的冲突，而全世界只能一面作壁上观，一面哀叹“江山易改，禀性难移”。

也许更令人不安的是，强迫性重复会在不知不觉中鼓励你反复营造经常性冲突的环境，把你变成事实上的一个自我破坏者（self-saboteur），使你产生不可抑制的重现昔日苦痛的冲动，并让你确信，就像卓别林那样，你需要那块木板再砸你的脑袋一次。

但是，为什么我们容易发生这种行为？更重要的是，我们怎么做才能根除这种强迫性？

在这一章中，我们将援引精神分析、神经科学、认知行为治疗、社会认知、行为学和人际关系理论等方面的深刻见解，探讨强迫性重复的本质（这涉及冲突的最终化解），以及旨在帮助你摆脱强迫性重复的四步法。

## 对强迫性重复的剖析

重复是人类生活的一项基本内容。你每天早晨会在相同的时间醒来，吃的食物就那么几种，被同一类笑话逗得哈哈大笑。有些重复性行为是有益的，但另外一些，例如强迫性重复，则是有害的。

西格蒙德·弗洛伊德起初假设人类基本受到“快乐原则”的驱使。在这项原则的引导下，人们追逐快乐，逃避痛苦。这一理论本来是说得通的，但弗洛伊德后来遇到一系列矛盾案例，令他开始思考为什么有些人会一而再再而三地陷入导致“不快乐”的关系中。[4]如果某个人的所有朋友最终都背叛了他，他的门生徒弟全都愤怒地弃他而去，他的爱情故事总是以天雷地火开场，最后又总是在三个月之后激情退去无果而终，那么所有这一切，难道仅仅是意外吗？弗洛伊德设想用强迫性重复来解释这一“比快乐原则更原始、更基本、更符合人的本能，完全凌驾其上的魔鬼的力量”。[5]

我把强迫性重复视为一种你感觉受到驱使必须要重复的不正常行为模式。这是一种更加复杂的习惯模式，在遭遇外界刺激并做出理所当然的反应时，这种习惯模式就会突然活过来[6]。（例如，你想喝咖啡了，于是下意识地走进一家咖啡馆，点了一杯拿铁。想喝咖啡的冲动导致你做出希望做出的反应——用不了多久你就会养成嗜咖啡如命的习惯。）强迫性重复比这种习惯还要走得更远一些，它会诱惑你重复那些你本来不会做的事。[7] 你会在不经意间将自己置于一种自我挫败的境地，下意识地重复以前的行为模式，重蹈覆辙，但同时你自己又以为那不是重复，而是现时环境的产物。[8]

要想摆脱强迫性重复的影响，首先要了解它会在冲突中如何扭曲你的认知，这一点很重要。

首先，你的感情受到了伤害。当你感觉身份认同受到冒犯时——无论是挑衅、谩骂还是环境发生灾难性变化——这种经历会使你的感情遭受痛苦的伤害。感受一下我的朋友珍的经历吧。她 7 岁的时候，爸爸离家出走，再没有回来。被父亲抛弃令她特别受伤，在她幼小的心灵里留下了一道难以愈合的感情伤疤。珍一天天长大，每次和小伙伴们在街边玩耍时，她总是不停地向街的尽头张望，期盼看到爸爸的汽车向她驶来。然而，车子永远也没有来。

其次，你把痛苦的感情经历埋藏在心里，压抑在潜意识中。你会在隐秘的心灵走廊里找一间密室，把这些感情全都锁进去，希望再也看不到它们。当我第一次见到珍时，她已经30岁了，但父亲的遗弃仍然是她一生中最痛苦的经历。不过，她从未寻求心理治疗，也极少与朋友们谈起她的童年。相反，她把这些悲伤、屈辱和愤怒统统关进潜意识的牢房里，假装这些感情根本不存在。

再次，你会以近乎神经质的警惕心理防范任何可能产生类似感情创伤的刺激因素。尽管珍压抑着自己的情感，但它们并不愿意一声不吭地隐匿在她的潜意识中。它们使劲地砸着墙，把天花板撞得咣咣响，一刻不停地大喊大叫。只要她的潜意识在生活中发现类似于遗弃的冲突情况，哪怕只是一点点暗示，都会让她回忆起她所知道的那唯一一段往事。即使事实最终证明不是那么一回事儿，她也坚定地认为，她的丈夫一定会背叛她，她的上司会解雇她，她最好的朋友会和她断交。在一次又一次的风波中，珍总是把自己当成被遗弃的受害者。儿时的伤痛时不时就会重新浮现，甚至本来与遗弃毫无关联的冲突也会让她陷入那种痛苦而熟悉的回忆之中。

最后，你会下意识地试图减轻痛苦的感觉。虽然消除感情上的痛苦最有效的方式是揭开伤疤，直面往昔，让它随风而去，但面对不堪回首的往事需要太多的勇气。强迫性重复提供了一种替代方式，它试图帮助你控制旧日伤痛，同时又不需要直接面对它们。[9]

不过，强迫性重复的效果是有限的，因为它限制了你的行为选择余地。一方面，强迫性重复会鼓励你下意识地把痛苦的感情经历“演”出来，重现当初伤害你的那个环境，希望这一次你能“掌控”昔日的创伤。只要珍的丈夫因公出差，她就会产生深深的被抛弃感，而他一回家，她就挑起一反常态的激烈冲突，暗地里希望这一次她能够实现控制局势的目的。[10] 但是，显然她叫嚷得越凶，她的丈夫对她的疏离感就会越强，结果，让她深深恐惧的被遗弃感反而被她自己一次又一次地强化了。

另一方面，你会逃避那些会使你压抑着的情感重新迸发的情况。例如，珍对别人或许会抛弃她的任何场合都保持警惕。当她相信自己判断这样一种前景已经不可避免时，就提前采取行动，在另一方可能疏远她之前先主动疏远对方。而她这种抢先退出的结果也是显而易见的：她的朋友感觉被她抛弃了，于是也抛弃了她。又一次，珍试图控制不让其重现的遗弃情节，被她再次重现了。

虽然强迫性重复由于其自我挫败的本质而导致你一直受到旧日伤痛的困扰，但就某些方面而言，强迫性重复也有善意的一面，是治愈心理创伤不可或缺的组成部分。[11] 它会促使你思考，我是否真的需要继续忍受这种痛苦。正是这个问题最终帮助你中止强迫性重复。

| | | | | | |
|---|---|---|---|---|---|
| 可能采用的形容词 | 焦虑 | | | | |
| | 嫉妒 | | | | |
| | 遗弃 | × | × | × | × |
| | | 跟丈夫斗 | 跟朋友斗 | 跟母亲斗 | 跟同事斗 |
| | | 环境 | | | |

图 4　强迫性重复示意图：我们一而再，再而三地重复同一个行为模板

## 破除心结的障碍

你会发现自己总也躲不开强迫性重复的摆布，你所抗争的是一个看似不可能战胜的敌手。强迫性重复有几个特点，使它看起来几乎立于不败之地。

### 强迫性重复会自动发生

由于对外意识会受到强迫性重复的操控，所以你往往会重现同样的冲突，但你自己又意识不到你在这么做。同时，那些与你发生冲突的人，也在重现他们自己的强迫性重复。[12] 这样，你们双方合在一起，就形成了一个纷争循环，一半建立在你们各自的恐惧上，另一半建立在客观事实上。

结婚以后，珍和丈夫马克都免不了要处理婚姻生活中的很多琐事。从吃晚饭的最佳时间到家庭如何理财，每件事两人都要争辩一番。一次典型的夫妻冲突可能是这个样子的：马克打开信用卡账单，转向珍，说道："我们花钱要再小心一点儿喽。"珍可能就认为马克这句话是在指责自己，侵犯了她的自主权，于是回应道："同意，你可以先砍掉你买的所有那些高科技玩意儿！"现在马克和珍都很生气，不知不觉之中就陷入了他们全都熟悉得不能再熟悉的吵架套路里。

### 强迫性重复会明知故犯 [13]

意识到自己陷入眩晕，有助于你摆脱眩晕；但是意识到你受制于强迫性重复，却无助于你摆脱它。珍和马克都清醒地意识到他们容易陷入经常性的两小时口角，但即使直接承认这一点，也没办法阻止他们重复这个过程。当珍感觉马上就要开吵时，她有时也会恳求两个人不要闹起来。

“等一下！”她会说，“要失控了。你真想再吵一架吗？”

马克一眯眼：“为什么你把责任推到我身上？”

“我只是想帮咱俩，马克！”珍坚持说，“是你起的头儿！”

“你什么意思啊，是我起的头儿吗？”

夫妻二人明知道重复这种口角毫无意义，但强迫性重复那难以抗拒的诱惑最终还是压倒了他们。他们清楚地知道自己已经落入强迫性重复的魔爪，但感到无力克服它。

## 强迫性重复会控制你的感受

强迫性重复把你拉进情感共鸣的牢房，让你重复某种行为套路，以求免受旧伤困扰。通过重复，你得以逃避现时冲突的情感现实，转而代之以过去模式的重现，但同时你又自以为你的现时冲突完全由现时环境所决定。[14] 你无法区分往昔的回忆和当下的现实，结果导致“感觉系统”崩溃，无法使全部情感都保持在当下。[15] 尽管你确实以为你活在当下，但其实你还活在过去。

只要你感到身份受到威胁，你的焦虑感就会上升。然后，强迫性重复就会介入，以减少这种不安。它就像一个提线木偶的操作员，控制着你的感情经历，让你实际上变得消极被动。你会产生一种感觉，似乎你身上发生的事情，自己根本无法左右，你好像只是一只飞蛾，“被致命的火焰所吸引”。[16] 珍和马克确实属于这种情况，他们尝试过很多次，希望平静地讨论问题，相互倾听，解决问题，而不是屈从于惯常的敌意。但即使他们确实曾经友好地成功解决了冲突，他们也承认自己感觉耳边有个声音喋喋不休地要求他们回到老路上去，好像还有未竟的感情事业等待他们去完成。强迫性重复总在向他们招手，诱使他们重返冲突的老套路。[17]

## 强迫性重复根深蒂固，难以消除

关于强迫性重复最大的误解之一，是认为这种自我挫败式的反应可以被简单地“忘掉”。但问题是，这种行为感觉是根深蒂固的，早已成为你性格的一部分，正因为有了这样的特点，你才是你。你怎么可能把已经属于你性格一部分的东西忘掉？当马克出于好意，试图帮助珍摆脱她对遭人遗弃的恐惧时，珍反驳说：“我就是我，不想改变！你为什么就不能接受我这个人？”强迫性重复逼着珍建立起了一道心防之墙。

# 冲破心障，争取自由

但是，如果你不能忘记强迫性重复，你是否命中注定就要永远重复它呢？实际上，你可以采取以下四个策略，逐一克服强迫性重复的难点障碍，重新夺回对自己情感命运的控制权。[18]

---

### 突破强迫性重复困扰的策略

1. 尽早抓住强迫性重复。

2. 拒绝重复同一模式。

3. 夺回对个人感受的主导权。

4. 为自己的行为选择增加新的套路。

---

## 利用 TCI 法，尽早抓住强迫性重复

警察如果有嫌犯照片在手，就能更快地抓住银行抢劫犯。同理，如果你对自己的典型冲突模式有一个清楚的了解，便能更有效地遏制强迫性重复的出现。

首先，明确在冲突压力下反复呈现的人际关系互动模式。你是否会一而再再而三地与配偶、子女或同事发生口角？冲突是不可避免的——你当然可以与别人有意见分歧——所以要专门去寻找那些重复发生的混战模式，在哪些情况下你会反复逃避、对抗、指责、批判或以其他方式破坏问题的直接解决。如果你发现自己总是陷入同一种分歧之中，总是面对同一种令人失望的结局，那么很可能就是强迫性重复在作祟了。

一旦你确定了这种反复发生的冲突，就可以厘清你容易重复的主要行为模式了，该模式包括触发因素（trigger）、纷争循环（cycle of discord）和影响（impact）（简称 TCI 法）。[19] 认清这一模式，你就有能力制止它的重复发生。图 5 为你提供了从何处入手的指引。

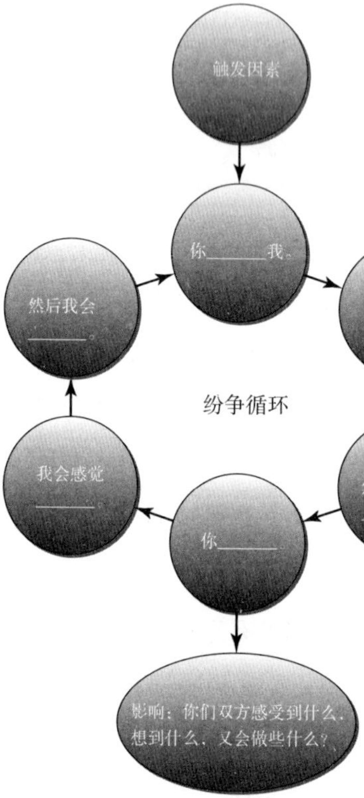

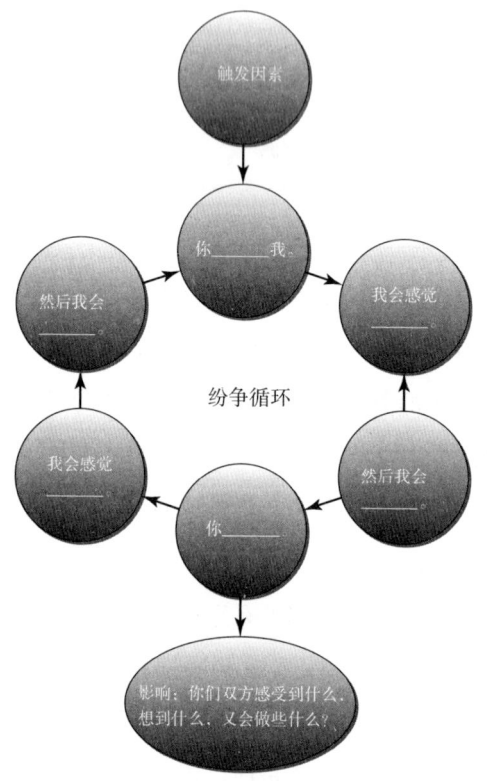

**图 5　厘清冲突模式（触发因素、纷争循环和影响）**

## 触发因素

为了确定你的冲突触发因素，就要了解哪些特定行为或事件会导致你的紧张情绪加剧。你没有受邀参加某位家族成员的婚礼？你的商业合作伙伴撕毁了协议？还是你所在的政治组织被某次区域经济大会排斥在外？冲突往往被视为多股强大力量共同较量的产物，但其实一次小小的发作也会成为强有力的触发因素。在马克和珍的案例中，他们最激烈的争吵往往发生在马克出差回家之后，因为这时珍已独守家中数日之久，正是她的被遗弃感最强的时候。

## 纷争循环

触发因素导致你陷入我称为“纷争循环”的行为模式。在纷争循环中，你会一遍又一遍地再现同一种适得其反的套路。这些套路的具体内容不外乎谁顶撞了谁？为什么？谁首先尝试解决冲突？什么时候？冲突是如何结束的？你的纷争循环往往保持不变，也就是说，你和配偶或者上司吵架的路数不太可能每天都不一样，吵出其他什么花样来。这也就意味着纷争循环是可以预测的，正因为如此，你可以学会正视它。而如果你学会正视它，就能想办法改变它。

纷争循环的运行过程就像是一次爆炸的化学反应链：一次反应引发另一次反应，然后是第三次、第四次……最终爆炸。但是，由于这个反应链必须要遵循固定的顺序，因此你只要在任意一点插入一个新的反应，就能影响整个循环。与此类似，在冲突分歧的任意阶段进行某些小的变化，也会产生不同的结果，有可能是从建设性对话到爆炸性冲突，也有可能反之。

为了厘清纷争循环，就要对引发冲突之后一般会发生哪些情况进行逐一梳理。谁说过什么，做过哪些事？其他人是如何回应的？为什么？你可能还需要在经受纷争循环的痛苦的同时，观察它，注意了解自己行为和感受的演变模式，并在之后尽快把自己发现的东西记录下来。

厘清自己的纷争循环之后，就给它贴上标签。与眩晕一样，给这种心理活动起个名字，把它具象化，你就能够面对它，战胜它。马克和珍把他们的纷争循环叫作“差后大抽风”（trip fit），承认导致两人冲突的典型触发因素是马克结束出差回家了。

## 影　响

看看冲突对你的人际关系和成事能力所造成的影响，你就知道冲突的威力了。你的生活为冲突付出的代价，也许会让你大吃一惊。

几年前，我为一家劳动生产率出现下降的地区企业提供咨询服务。在与全公司管理人员的访谈中，一个突出问题逐渐浮出水面：由于雇员感觉受到极为苛刻和挑剔的批评，得不到重视，还总要卑躬屈膝地奉承应和，所以经常爆发冲突。公司为这种有害的企业文化付出了惨重的代价：管理人员要么另谋高就，要么工作三心二意，对于来公司上班也没有什么热情。在我把这些情况向公司领导层汇报之后，他们决定在全公司范围内开展一次协商谈判培训，促进袍泽之谊，向各个层级的雇员放权。改革的成果令人惊叹。持续多年的高强度培训项目使企业文化发生了积极的转变，雇员应对冲突的方式得到改善，企业利润也增加了。如果当初没有进行评估，没有详细说明冲突对公司产生的有害影响，这一切就不会发生。

厘清头绪之后要铭记在心。现在，鉴于你对自己的强迫性重复已经有了一个全面的认识，就请勉力使用它，时刻警惕你的触发因素、纷争循环和典型后果。有一种简单的工具可以帮助你做好这项工作，那就是要对神经学家安东尼奥·达马西奥所说的

“躯体标记”（somatic markers）[20]保持敏感，也就是当你觉得某一既定情境类似于以前令你感觉受到威胁的情境时所产生的一阵阵的不适感。要监视这类感觉，它们是你的身体在向你报告潜在危险。[21]那种令你浑身不自在的感觉可能正在暗示你已经处于重演强迫性重复的边缘。

## 拒绝重复同一模式

我将强迫性重复的驱使力称为“冲动的诱惑”，这也是牵着你重复自身行为模式的核心推动力。为了摆脱强迫性重复的困扰，你需要认清冲动的诱惑，正视它的力量，但不要屈从于它。[22]

### 寻找冲动的诱惑

当你在某个高度敏感的个人问题上受到错误对待时，比如遭到排斥、被人抛弃、无人相助或者势力被削弱，一般就会陷入纷争循环。这些问题都是“深层次”的，因为对于争议冲突表达一些泛泛的关切已经解决不了这些问题了。无论手头的问题是边界问题还是预算问题，即使最小的轻微变化都会触发巨大的反应。

为了发现冲动的诱惑，需要注意你在冲突中反复再现的不正常行为——过度的愤怒、恐惧和逃避——并努力了解导致这类反应的根本原因。保罗·拉塞尔教授将这个过程与学习滑雪联系在一起。[23]想象自己滑下一个陡峭的小山包，但每次都在同一地点摔倒。你的教练不停地质问你，试图解决这个问题：“你怎么一直只用右脚踝，你左脚受伤了吗？那个地方有什么让你紧张的？”罗素认为，或许刚开始的时候你在解决这个问题上还比较随性，不太把它当回事儿，但到了一定时候，这“就不仅仅是一堆难以解决的困难了，而会成为一种经常性的不正常行为，并有可能导致创伤。如果这个人还想滑雪，或者想活得有声有色一些，那么这个小山包迟早会成为他必须解决掉的问题”。[24]

滑雪教练提出的问题，你也要问问自己。在你的冲突中，是否会反复再现某种不正常的行为模式——闭目塞听、逃避交际或者破坏合作？当这种行为模式出现时，是不是有什么东西威胁到了你的身份？你是否害怕什么特别的东西？要特别注意那些会产生强烈情感的问题，因为情感越强烈，就越说明冲动的诱惑可能已经近在咫尺了。下面列出的是在冲突中需要注意的一般性问题。

---

### 冲动的诱惑

你是否总在担心……

- 被人遗弃
- 与人疏远
- 寄人篱下
- 英雄气短
- 空虚
- 纠结
- 无助
- 自卑
- 无关紧要
- 仰人鼻息
- 无权无势
- 受人排斥
- 唯唯诺诺
- 遭人利用
- 软弱无能
- 微不足道

---

那些隐藏在背后，可能一时难以确认的问题更需要格外小心。例如，马克意识到在他与珍的争吵中，他经常会有一种自己不像

一个男人的感觉。珍这个人意志坚定，做事果断，令他相形见绌，自惭形秽。但这反过来又使他通过完全和自己性格不相称的大声吼叫寻求补偿，以显示自己的“男人气概”。后来，他对自己的行为进行了客观的分析，逐渐认识到自己行为的真正目的，其实是不想让人感觉自己很弱，不想因此脸上无光。

## 正视冲动的诱惑，但不要屈从于它

一旦你感到某个高度敏感的问题正在诱使你发生冲突，可以想象那个问题和你面对面地坐在桌子两端，把它当成真实的、有形的客体，接受它。在随后的冲突中，如果你认出它，那就让自己感受它为了引诱你而施展出来的全部感情力量。然而，你可以感受它，但不能屈从于它，要观察它在你的内心深处所激发出来的那些情感——无论是焦虑和恐惧，还是愤怒和羞耻。[25] 你的这些情感，准确地说，只是情感而已。你想怎样回应这些情感都可以，你有这个权利。

马克对此是有切身体会的。当他与珍争吵时，他感到了那种要表现强硬、要像个“真正的爷们儿”那样大喊大叫的冲动。他审视了自己的羞愧、尴尬和怨恨之情，带着同情看着这些情绪流露出来，承认它们的力量。冲动诱惑的力量如此之强，实在出乎他的意料。但是，马克没有用咄咄逼人的攻击性行为做出反应，相反，他对这种内心体验进行了不做道德判断的评价，并最终控制了它。他没有屈服。

## 夺回对个人感受的主导权

为了对当前环境做出真情实感的反应，而不是铺陈事先编好的剧本，你需要厘清自己冲突的情感轮廓，把与手头问题没有关系的情绪放在一边，努力治愈旧日伤痛。

### 厘清你当前冲突的情感轮廓

虽然你的一些情感受到了现时冲突环境刺激，但其他情感很可能是强迫性重复的产物。为了把后一类情感找出来，你需要问自己三个重要的问题。[26]

第一，这些问题是我的，还是你的？要区分清楚推动你我陷入冲突的分别是哪些问题。

第二，这是现在的事，还是过去的事？要能感受到旧日伤痛对你现时体验的影响。

第三，这是我干的，还是你干的？注意你们每一方都在加剧冲突方面做了什么——是否搞错了责备的对象。

### 排除无关情感

厘清现时冲突的情感轮廓后，你要将无关情感分离出去，也就是那些基于旧日伤痛的情感。你可以把自己的冲突想象为一场足球比赛，场上只能允许两支队伍：你和另一方。如果你的往昔也派了球员上场——排斥、遗弃、自卑等——请把它们送回替补席。它们不是你现时冲突的组成部分。它们可以观看比赛，但不能参加比赛。

如果这些情感赖着不走，那就直接面对它们：你们不属于这次冲突！我知道你们担心我可能会再次遭到排斥，谢谢你们的关心。但现在，你们回板凳上坐着去。态度要坚定。然后，解决了你的冲突之后，再决定是否深入探究那些无关情感。

珍知道当马克出差时，自己往往会产生被遗弃的感觉，因此，她发誓要控制住自己对遗弃感的恐惧。每次马克出差回来，她和马克都知道他俩必须努力避免回到纷争循环里去。珍控制住了自己的感情，把昔日伤痛（她父亲离家出走）从她因丈夫出差而产生的失落感中分离出去。她承认感觉到冲动的诱惑在拉着她对马克“遗弃”她和孩子们长达一个星期做出愤怒的反应。但是，珍没有表现出来，而是直截了当地面对自己的愤怒，她告诉自己：马克出差是为了支撑我们这个家，这和我父亲离家出走不一样。依靠时间、耐心以及大量工作，她终于让强迫性冲动淡出自己的生活。

## 抚平感情创伤

珍已经总结出一个极为有效的办法，能够控制好自己的感情创伤：她意识到自己的被遗弃感，并将这种情绪从她与马克的冲突中剥离出去，从而摆脱了强迫性冲突的控制。但是，她仍要忍受伤口本身带来的疼痛，因为她仍然深深地恨着自己的父亲。为了克服这种伤痛，完全恢复对自己情感的控制，她需要抚平感情创伤，让一切随风而去。

这个过程是需要下些功夫、鼓足勇气才能完成的，而且最好有好友或心理治疗专家在一旁支持，或者做一些比较有创意的活动，例如写日记、画画或弹琴。如果你感觉已经做好准备，能够对自己的旧伤进行深入探究以彻底治愈它，那么请按以下几个基本步骤，从一个对自己更为有利的位置出发吧。

第一，要明确那些反复引发强烈情感的高度敏感性问题，诸如对遭人排斥、遗弃或自卑的恐惧感。请再看一遍前面的“冲动的诱惑”一栏，可以帮助你锁定经常置你于冲突中的冲动诱惑。

第二，追根溯源，找到这个问题的缘起。你对遭人排斥或唯唯诺诺的高度敏感是从哪里产生的？先回忆自己的童年。你发现自己从什么时候开始有了这类感觉？当然，并不是所有的敏感心理都是在幼年时期形成的。例如，如果你原来的配偶出轨，你就会发现自己一直被身边的朋友、爱人是否忠实于自己的问题困扰。另外，情感上的敏感问题还经常出自集体层面。大屠杀给犹太人留下了难以磨灭的印记，使他们对安全感的追求简直到了过敏的程度。

第三，研究伴随伤痛而来的痛苦感受。对珍来说，一系列痛苦的情绪与她对被遗弃的恐惧感密不可分。她与一位值得信赖的朋友坐下来，开始试图理解和接受这些情感。这个过程是痛苦的，进入这一情感空间也令她感到害怕。于是，在让自己进入这个可怕之地的同时，她也给了自己只要希望就可以随时退出的自由。接下来，她就要面对自己对被遗弃的恐惧感了，要把由此产生的压倒一切的情感一一指出，并清楚地解读每种情感传达给她的信息。她在自己的愤怒、自我怀疑和对亲密关系的恐惧中游走，最终用一种羞愧的声音问道：“我值得爱吗？”她已经带着这些黑暗的情感过了 20 多年，现在终于要收回对它们的控制权了。

第四，解除痛苦。这既需要清醒的决定，也需要清醒的努力。

如果你已经“听到”你的痛苦在呼喊，那你就可以让它走了，因为它已经表达需要表达的意思了。珍意识到她可以决定是否还要继续背负被遗弃的感情负担，所以她选择就此放手，对往昔释怀。这个过程在感情上是痛苦的，却让心灵得到了净化。

第五，化伤痛为力量的源泉。珍被父亲遗弃的伤痕会伴随她直到永远，即使她对童年的痛苦回忆早已释怀。她不再把自己看作那种环境下的受害者，而是重新调整了视角，发誓要为自己的家人和朋友点亮爱的灯塔，在亲友需要她的时候永不抛弃，决不放弃。

## 为自己的行为选择增加新的套路

虽然你不能摒弃自我挫败的行为，但你注定要重复它们吗？当然不是。神经科学告诉我们，你可以为自己的行为选择增加新的套路。这就好比你沿着自己习惯的路线开车回家。虽然你的大脑会严格按照既定的神经通路行进，但你仍然可以创建新的路径。你在新的路径上走的次数越多，与这条路径有关的神经通路就越发得到强化。不久，“新”路径就成为你的默认选项。同样，在冲突中，你也可以设计一个新的行为套路来取代旧的自我挫败式的行为。很快，你就会发现自己自然而然地就被吸引到你设计的新的、更健康的路径上去了。

虽然你不能改变对方的行为，但修改自己的行为套路也可以对双方关系产生富有建设性的影响。为了制定新的行为模式，你要仔细回忆自己典型的冲突模式，并在图5中标注清楚。现在，需要设计新的建设性行为模式，来替代旧有的冲突行为，你可以考虑采取以下几个步骤。

- 抢先一步，防止引爆触发因素。当你知道哪些因素会让你失控发火后，就可以做好更加充分的准备，抢先阻止引爆这种触发因素。如果你和另一半经常就财务问题打来打去，就可以同意只与在场的财务顾问讨论钱的问题，或者共同致力于维护双方事先决定的每月预算。
- 替换纷争循环中的一种行为。查看你的纷争循环并选择一种行为予以改变。例如，假设你和某位同事因为项目计划而陷入纷争循环。她批评你，你批评她，她还批评你，你退出。在这种情况下，可以采取一种替代方法，那就是在她首次批评你之后，把你自己放在她的位置上，设身处地地替她想一想。
- 替换整个纷争循环。设想用对话的建设性循环取代当前的纷争循环。科技创业公司的两位创始合伙人听从了这个建议。随着对他们的公司投资越来越多，他们之间的争吵也越来越激烈。由于认识到两个人的关系恶化可能危及公司的未来发展，他们坐下来拟定了另一套流程来处理他们之间的分歧。与其陷入攻击与反击的恶性循环，不如同意分享观点，寻找共同点。

## 谨防旧态复萌

如果决定改变你的基本行为模式，就需要重新概念化你的身份——这可是一项非常困难的任务。我还记得看着我那慈爱的祖母努力戒烟的事。那时我还小，奶奶被我叫成囡囡。后来，岁月流逝，她终于要为吸烟这个习惯付出代价了。即使有一个氧气瓶帮助她呼吸，即使肺癌已经扩散，她逮到机会仍然要偷偷抽根烟。这个习惯，让她付出了生命的代价。

尽管我祖母的行为肯定有烟瘾的因素在起作用，但我相信身份才是她的核心障碍。她对自己的定位就是一个烟民——我也是那么看她的——而且她对自己也不做他想，吸烟已经成为她近 50 年人生的一部分。

## 改变你的自我形象

摆脱强迫性重复的困扰，要求你展现出新的自我形象，并坚信自己能够实现它。你甚至可以选择一位个人形象符合你愿望的榜样，并在你的下一次冲突中模仿那个人的素质和表现。像他那样说话办事，会是一种什么感觉？如果另一方冒犯了你，你又会说什么？你要怎样做才能赢得他们的善意？你要在心里一遍又一遍地排练自己的举止反应，直到让新的形象成为你的第二天性。

## 制订计划，谨防故态复萌

威廉·詹姆斯写道：“利用一切可以利用的机会，强化正确的动机；要坚持不懈地把自己置于能够鼓励新行为模式的环境中；在与外界的交往中坚决摒弃旧有习惯；如果情况允许，可以当众发誓；总之，用你知道的一切手段显示你的决心。”[27] 也许，践行詹姆斯的劝诫最有力的方式是寻求帮助，共同防止强迫性重复的再度出现。例如，珍就知道，尽管使她摆脱强迫性重复的困扰归根结底还要靠自己去努力，但是马克协助她共同努力实现这一目标，还是要比她孤军奋战来得更加有效。

## 要特别警惕那些放松戒备的时刻[28]

在与另一方接触之前，想一想对方可能会说些什么，做些什么，会引发你重蹈毁灭性行为模式的覆辙。然后，思考那个最重要的问题：你又该说些什么，或做些什么，来避免强迫性重复呢？

当我调解已经白热化的纠纷时，会建立一些规范，防止纠纷双方重蹈强迫性重复的覆辙："我们这次会谈的目标，是帮助你们更好地理解对方的观点，研究化解分歧的办法。我承认，你们现在在原地踏步，而且很容易就会回到以前冲突的老路上去。所以，我们今天的目标是进行一次与以往不同的谈话，一次更具建设性的谈话，你们的主要任务是通过相互倾听促进学习了解，而不是相互防范。"在调解过程中，我会仔细倾听，确保纠纷双方以礼相待。如果哪一方有冒犯行为，我会立即中断会谈，提醒双方遵守我们制定的规范——引导讨论重返建设性对话的方向。[29]

但是，也还是会有很多你自己可能放下戒心，同时也没有调解人来救你的时候。只要多想一点点，你就能够预见到这些情况，制订计划防止它们出现。例如，当我带着一大家子人去度假的时候，妻子和我经常会反复陷入发泄情绪式的冲突中，我们会在自己认为受到冒犯时感到怒不可遏，然后又会因为我们的关系并非"完美"而感到尴尬和羞愧。而假装夫妻恩爱，只会加剧我们之间的紧张关系。当我们意识到这种模式之后，我们就制订了一个计划来防范它。我们达成的一致是每天晚上私下沟通，把所有烦恼和挫折都发泄出来，然后在感情上重归于好，从根本上把强迫性重复拒之门外。

## 小　结

强迫性重复是一种诞生于恐惧的行为模式，这是一种对打开感情潘多拉魔盒的恐惧，因为隐藏在魔盒中的情感是如此痛苦，如此难以承受，以致必须要把它们紧紧地锁在魔盒中。但是，尽管强迫性重复可以让你暂时不去回忆这些原始情感，但用不了多久，强迫性重复就会引诱你把这些情感释放出来，一次又一次陷入相同的毁灭性行为中。强迫性重复不会给你提供任何空间，让你感受到除了这种似曾相识的情绪之外的任何其他东西，或是让你使用惯常套路之外的任何其他方式予以回应。恐惧令你麻木，而强迫性重复则让你丧失改变的能力。

但是，形势并非不可救药。

每一种恐惧，其实都是身披伪装的愿望。在强迫性重复的全部破坏力之中，传递的是希望的信息。它代表你从过去的痛苦中解放自己的渴望，并为你提供了变革的种子。如果你能够重新构想推动你重复的核心欲望——建立交往而不是与世隔绝的欲望，追逐爱情而不是冷漠的欲望——你就走上了永远打破强迫性重复咒语的道路。

## 个人应用工作表

1. 对你来说，引发冲突的因素一般有哪些？请列出当时通常会冒出来的感受和想法。

2. 画出你的“纷争循环”。你做了什么？他们是如何回应的？然后你又如何回应？

3. 冲突对你有哪些情感上的影响？

4. 为了打破强迫性重复，你可以做哪些事？试举一例。

# 第7章
# 正视禁忌

想一想那些你感觉对家人绝对说不出口的事，比如满满的恶意，长期的怨恨，嫉妒的痛苦。现在，再想象一下你和家人陷入一场冲突之中，而恰恰是这种本来无法宣泄的情绪，讲都不能讲的事儿，眼下却成为你们纷争的痛点。这种你们连讨论都不能讨论的冲突，又该如何解决？

欢迎接受部落思维第三大诱惑——禁忌的挑战。在本章中，我们会研究什么是禁忌，为什么禁忌会使你化解冲突的努力受到挫败，以及如何才能成功地战胜禁忌带来的挑战。禁忌是重要的社会功能，但如果你不加留意，它们就会引诱你走进部落效应的阴影。

## 马拉喀什的小插曲

几年前，在摩洛哥马拉喀什举行的世界经济论坛区域峰会上，我接受 BBC（英国广播公司）《世界辩论》栏目组的邀请，参与录制了一期名为“当局者说？”（Are the Right People Talking?）的节目。这期节目邀请以色列和巴勒斯坦双方的政商领导人进行现场辩论，借此向 BBC 的 7000 万观众介绍巴以冲突的情况。我应邀担任评论员。

辩论的地点选在室外的一个大帐篷里，观众是 100 多位政治领袖、首席执行官以及非政府组织的负责人。台上，一位直言不讳的巴林商人坐在巴勒斯坦安全部前部长、目光锐利的穆罕默德·达赫兰一侧。另一侧原本是以色列副总统，但由于以色列政府选择抵制这次峰会，副总统先生根本就没有露面。（几天前，摩洛哥国王拒绝会见以色列总统，因此以色列选择放鸽子以示报复。）BBC 被搞得左右为难。他们已经公开表示，这次辩论将会公正而平衡地传达双方的观点，结果现在有一方根本就不来表达自己的观点。

幸运的是，这家电视台想方设法通过卫星连线，把以色列驻联合国前代表抓来凑数。演播室里总算安静下来，好戏开场了。

“欢迎来到马拉喀什！”主持人尼克·高英说，“中东主要领导人之间的面对面会谈能否实现整个地区乃至更广泛领域的持久安全与和平？推动高层谈判的势头看起来正在消退。双方之间似乎再度被悲观和不信任占了上风。那么，中东和平：当局者说？”

观众鼓掌。

高英走向我坐的演播台一侧。“今天，我请到丹尼尔·夏皮罗教授，”他介绍道，然后问我，“您是分析谈判为什么成功，又为什么失败的。您也向世界各地的很多组织和政府提供过建议。那么请问教授，哪种人，或者哪种性格，能够使谈判有机会获得成功？”

我介绍了谈判的重要性，主张意见相左的双方有必要倾听对方的关切，然后，我深吸了一口气，如释重负。我已经切中了我想要表达的重点。

接着，高英走向穆罕默德·达赫兰，问他道：“那么，且听当局者说？”

达赫兰开始用阿拉伯语回答，但高英打断了他，说道：“麻烦您能用英语回答吗？”

“不。”达赫兰回答道。

“我认为我们已经达成共识了呀，您应该说英语的。”高英说，显然有些沮丧。

“不，”达赫兰回答道，同样有些沮丧，“我们没有。”

高英摆弄着他的耳机，显然得到了制片人的消息，我猜是确认达赫兰绝对已经同意说英语。节目没有配备翻译，观众开始窃窃私语，骚动不安，而录像还在进行。制片人也来到台前，与高英交头接耳，迅速地交换意见。

突然，我意识到这次节目不仅仅是在讨论巴以冲突——我们基本上正处于巴以冲突之中，禁忌已经成为节目的主角。摩洛哥国王认为与以色列总统会谈是禁忌，因为这样做可能就表明他要与以色列实现关系正常化。以色列总统站在自己的角度，也会认为在受到公开拒绝之后出席峰会是禁忌。[1] 而达赫兰先生则把偏离自己的身份之本视为禁忌：他希望自豪地坚持说母语和自己的身份，以此为巴勒斯坦人民代言，所以显然他不打算退缩。最终，达赫兰先生拒绝让步，由来自巴勒斯坦国家权力机构的胡萨姆·扎马洛特博士代替了他。节目不得不从头再录一遍。

BBC这次灰头土脸的节目录制，恰恰触及了几个极为重要的问题。到底什么是禁忌？禁忌为什么这么重要？我们为什么会在禁忌上面摔跟头？我们又该如何适应禁忌，推动建设性对话？

## 什么是禁忌

禁忌就是社会禁止的东西，也可以说是被一个群体视为无法接受的行动、感情或思想。[2] 禁忌一词出现在英语里是在1777年。当时，英国探险家詹姆斯·库克正驾驶“决心号”（HMS Resolution）穿越太平洋，驶向汤加——当时称为友好群岛的一片岛屿。库克发现，岛上的原住民使用tabu这个词来指代所有被禁止的东西。很快，这个词就在英语中找到了自己的位置——或许是因为它轻而易举地描述了几乎每一种文化都似曾相识的那种状态吧。

每一种禁忌都有三个组成部分：禁令，违反禁令的惩罚措施，以及保护性。

### 禁　令

禁忌会为你所从属的群体——无论是你的家庭、工作场所还是更加广泛的社会群体——划定一条边界，将可以接受的感受、想法和行动与必须禁止的区别开来，从而判定哪些感受、想法或行动属于越线。[3] 例如，有些文化是允许婚前性行为的，但有些文化则将其列为禁忌。因此，禁忌是一种社会建构[4]，只有在我们心照不宣地接受它的限制时，禁忌才能有禁必止。[5] 骂人的话本身是没有杀伤力的：如果你平静地用英语对一个不会说英语的人吐脏字，他只会茫然地看着你，好像你刚才说的是“椅子”。我们赋予了词汇、思想和行动某些禁忌之意，这意味着我们也能为它们赋予新的含义。

## 惩　罚

每一项禁忌都会伴随犯忌之后的惩罚。[6] 惩罚的力度越大，让你不去触碰这项禁忌的压力就越大。你不学会和禁忌形影不离地吊在一起，到最后就得找个东南枝把自己吊起来。[7] 触犯禁忌的惩罚一般包括：

不要讨论那件事……否则我就出门去。

不要与那些人谈判……否则你将在我们的群体中受到排斥。

不要吃那类食物……否则你会违反教规。

不要碰那具尸体……否则你的身体和灵魂都会受到玷污。

## 保　护

禁忌是不成文的社会规则，让你在说话办事的时候，不会触犯整个社会或社会中的权势人物重视的价值观。[8] 有些禁忌防止你亵渎神灵。例如，在犹太教中，把犹太教律法（Torah）掉在地上就是大忌，根据传统，触犯者及目睹这一过程的旁观者都要被禁食 40 天。其他一些禁忌则是道德和习俗上的，比如禁止通奸的禁忌有助于维持一个稳定的社会和家庭秩序，同时也减少了性病的传播。还有一些禁忌可能会保护你的身份免受批评，比如礼貌准则禁止人们贬低彼此的观点。

禁忌与强迫性重复有着极其相似的功能特征：两者都旨在保护你的身份认同免受伤害，但都属于不完美的系统。强迫性重复运用压抑之类的心理机制，使你免受不良思想、感受和行为的困扰；而禁忌则是通过排斥异己这种社会机制来阻止你接触到不被接受的思想、感受和行为。尝试突破强迫性重复会遭遇心理上的抗拒，同样，打破禁忌往往也要面临社会上的阻力。在马拉喀什，BBC 主持人尼克·高英要求达赫兰讲英语，反而被达赫兰拒绝；高英越对达赫兰施压，达赫兰的抗拒心理就越强。

## 我们为什么会被禁忌所累

有几个障碍会使处理禁忌问题变得更为棘手。

### 我们意识不到禁忌的存在

有时，我们会在不经意间闯入禁忌的领地，不小心冒犯别人的价值观。几年前，在中东的一个谈判培训班中，我让一组高官学员通过角色扮演的方式学习谈判技巧。在我看来，学员一般都比较喜欢角色扮演，因为在这个过程中，教室里的气氛会变得特别活跃。但那天出了点儿问题，培训教室里充满了一种神秘的但能够体察到的紧张情绪。茶歇时，一位政府官员走到我面前，问我能不能私下聊几句。“我们喜欢你的培训课，”他告诉我，“但在角色扮演的时候，你把右腿跷在左腿上，坐在教室左侧的人看到了你的鞋底，其中还包括一位皇室成员。”我在无意中违反了一项禁忌，忘记在阿拉伯文化中，人们把露出鞋底看作一种严重的侮辱。我无意冒犯任何人，但这并没有阻止我冒犯别人。

## 我们害怕讨论禁忌问题

禁忌会让本来就很棘手的交谈变得更加棘手。打破禁忌会让人感到害怕，但不去打破它，你就会一直陷在冲突之中无法自拔。[9] 你的妈妈偏袒某个兄弟姐妹让你羡慕嫉妒恨，但你根本张不开口跟她讨论这种简直难以启齿的问题。你的同事恰巧是上司的侄子，又一次没有把他负责的那部分演示材料准备好，然而把这个问题告诉上司的想法还是让你心里直打鼓。禁忌可以把你锁死在必败无疑的境地之中。

实际上，仅仅产生打破禁忌的想法都会让人烦恼不已，这已经由沃顿商学院的教授菲利普·泰罗克通过一系列令人信服的研究所证明。泰罗克教授和他的同事们要求参加实验的志愿者们判断特定活动的可容许性，诸如向处于排在器官移植名单最后面的人出售人体器官等。对于那些认为这一行为在道德上令人反感的志愿者来说，单单触犯禁忌的想法都会让他们深感不安。志愿者对于打破禁忌的方案考虑的时间越长，他们的道德不安感就越强。[10]

禁忌基本上都是保守的：它们维护的是现状。如果你违法，就要承担受到惩罚的风险，这种惩罚一般会与犯罪程度成正比。而如果你打破禁忌，受到惩罚的风险可就不成比例了。因为禁忌保护的是一个群体的价值观和规范，其中所涉及的利益得失非常之高，而过度惩罚正是一种有效的威慑，可以防止出现最不可接受的冒犯行为。在霍桑的小说《红字》(*The Scarlet Letter*) 中，海斯特·白兰因犯下通奸罪而被判此后一生都要在衣服上佩戴一个红色的字母 A，以此对她的罪孽进行公开宣示。这传递的信息是清楚的：触犯禁忌，就要承担让自己在群体中的物质、社会和精神地位受到威胁的风险。

## 我们无规可循

大多数人对于如何处理禁忌问题并没有一个系统性的框架。这样一种禁令是应该忽视它，还是尊重它？参加过我的谈判培训班的高管山姆，就曾面对这种两难的困境。他透露自己是一位虔诚的天主教徒，同时也是一名双性恋，所以，他花费了数年时间研究神学典籍，试图调和自己的双重身份。他的结论是，这两者可以共存，并不矛盾。但是，他从来没有与父母讨论过自己的性取向，因为他知道父母会以怎样的激烈态度反对他，会将其视为对上帝的亵渎。山姆觉得内疚、羞愧、愤怒、心力交瘁——他该如何面对与禁忌的这种对抗？他缺乏一套切实可行的规则可以照着去做。

# 如何摆脱禁忌的羁绊

上面谈到的各种绊脚石都很顽固，但克服它们是可能的。要想做到这一点，需要你能够清醒地意识到禁忌的存在，建立一个安全区去讨论它们，并能够通盘考虑，决定如何应对它们。表 2

简要归纳了各种绊脚石以及克服它们的策略。

表 2　绊脚石以及应对禁忌的策略

| 绊脚石 | 策略 |
| --- | --- |
| 我们意识不到禁忌的存在 | 意识到禁忌的存在 |
| 我们害怕讨论禁忌 | 建立一个安全区 |
| 我们无规可循，不知道如何处理禁忌问题 | 禁忌分析法，制订行动计划 |

## 第一步：意识到禁忌的存在

几年前，我与一位名叫特莉的同事去别人家做客。那对夫妇刚买了新房，而特莉恰恰是一个房产达人。她向主人问道：“你们买这套房花了多少钱呢？”夫妻二人互相看了一眼对方，答道：“我们还是不谈这些事儿吧。”特莉无意之中碰到了一个禁忌的话题——财务隐私，她也为自己的过失受到了惩罚，尴尬地陷入了沉默。而那对夫妇从此再也没有邀请特莉去家里玩。

触犯禁忌的结果是显而易见的：受到冒犯的一方可能会表达出“现在你已经扯得太远了”或者“这过线了”之类的意思。禁忌保护着认同的重要内容，触犯它们会激起强烈的情绪反应。不过，如果你一直能够意识到禁忌的存在，就可以避免触犯它们，哪怕只是其中一部分。

### 正视禁忌问题

在我家，拥抱我的父亲是一项禁忌。他是个可爱的老头儿，但会习惯性躲避身体上的亲昵表示。每个家庭都有它独有的条条框框，由此限定了部分行为是不可接受的禁忌。例如，不要谈论爷爷过去打仗的事，不要议论妈妈不时发作的抑郁症，不要让家丑外扬……与此类似，每一种文化也都有它的禁忌，限制甚至杜绝特定行为。在任何冲突中，意识到哪些相关禁忌有可能阻碍建设性地化解冲突，具有至关重要的作用。

为了学会正视禁忌，可以设想制作一份秘密指引，把你自己在冲突性关系中不能说的话和不能做的事一一写下来。“规矩”是什么？哪些话题过线了？你不能和谁聊？什么时候？在哪里？甚至表达特定的情感也可以是禁忌：在你的关系中流露出愤怒或者悲伤是不是可以接受？你必须压抑哪些情感才能保持良好的关系？

对一些特定类型的禁忌要尤为敏感，比如：

（1）有关个人隐私的禁忌。这些禁忌禁止你把所属小圈子里那些认为太过亲密的隐私抖搂出来。在我还是十来岁的半大孩子时，我和我的朋友们都认为，把我们的浪漫小秘密告诉大人是万万不能做的禁忌。然而，当我爷爷得了癌症已经病入膏肓，估计只剩下一个月好活的时候，我偷偷去看他，把我隐藏最深的秘密都告诉给了病床上的爷爷。让我特别开心的是，他继续与癌症抗争，又过了三年的好日子。只不过没用多久，我青春期的所有秘密就成了家人八卦的热门话题。

（2）关于亵渎的禁忌。这些禁忌禁止对你所敬奉的神祇不敬。在你自己的部落圈子里，你可以批评人们的行为，但部落之外的其他人是不能进行这样的批评的。我妻子可以批评孩子们的行为，可如果某位邻居也来把我的孩子数落一顿，那我就会觉得不爽。禁忌保护的是我们视为神圣不可侵犯的东西。例如，伊斯兰教就有禁止亵渎《古兰经》的禁忌，有这种渎神行为的人会受到监禁乃至处死的惩罚。[11]

（3）交往上的禁忌。这些禁忌禁止我们与任何被视为肮脏、不健康或导致精神污染的人、地方、事物或想法发生联系；我们要与它们保持距离，以使我们神圣而纯洁的信仰不受玷污。这就使得与特定敌手进行直接谈判变得极端困难，因为双方都害怕走得太近并最终在精神上受到对方的传染。打破这种交往上的禁忌会受到严厉的惩罚，篮球巨星丹尼斯·罗德曼对此深有体会。尽管美国和朝鲜关系紧张，但罗德曼却与同时也是一位狂热篮球迷的朝鲜最高领导人成为好朋友。虽然他们的友谊另辟蹊径，为国际谈判打开了新的渠道，但西方媒体却对罗德曼所建立的人际关系横加指责，因为他的做法打破了西方国家的交往禁忌。[12]

## 要意识到哪些禁忌制约了另一方的行为

在你断言另一方的行动毫不理智之前，请先想想禁忌会如何限制他们表达自己身份认同的能力。这方面的一个例子是塞尔维亚的日蒂什泰，一个饱受战火、洪灾和山体滑坡摧残的小村子。2007 年，村民们聚集在一起，讨论一项关于在村子的广场上竖立雕像的提案，最终决定用这座雕像来纪念标志性的电影人物洛奇·巴尔博亚，雕像的双手戴着拳击手套并举得高高的，做出凯旋的姿势。[13] 一个几年前刚刚经历战火摧残、饱受美国领导的北约战机轰炸、当时仍在重建的地方，居然选择了一个好莱坞原创的人物形象作为老百姓崇敬的对象——这个决定，至少从表面上看，实在令人难以理解。

但如果研究一下当地禁忌的具体情况，洛奇雕像就有了更深层的含义。尽管战士才是更加常见的纪念对象，但日蒂什泰的民众是禁止纪念战士的，因为这场冲突难分敌我，也无关善恶。[14] 这个小村庄在纪念哪一个民族的领导人或组织上同样难以取舍——选择任何一方而放弃另一方，都会招致相互敌视的居民们的不满。

所以，日蒂什泰的群众想办法绕过了这项禁忌，达成了妥协，不去碰眼前这些棘手的麻烦事儿。"关于用什么来代表我们的形象，我们想了好久，费了好大的劲儿。"一位民众写道，"洛奇·巴尔博亚……是一个从不放弃的人物。"[15] 这个事例告诉我们：禁忌限制了我们的自由，但通过创造性的方式，我们可以摆脱禁忌的束缚。

## 第二步：建立一个安全区

探讨禁忌问题，首先需要足够大的安全感，能够想其不敢想，谈其不敢谈——敢于质疑那些表面上无懈可击的信条和习俗。你和另一方的关系空间可以形容为地图上的一块封闭的区域。大多数地区对你们来说都是安全的，是可以去探索的——这就是安全区，话题是可以自由自在地讨论的。但在整个区域内仍然散落着若干飞地，也就是那些极度敏感的问题。这些禁忌领地都有重兵把守，布满了情感地雷。任何试图突破防线的人，都要冒受伤的风险。这就是在马拉喀什事件中领导者所面临的现实，他们每个人都走到了禁忌领地的边界，但决定不越雷池一步。为了化解高度情绪化的冲突，你就需要将敏感话题从禁忌领地中移到安全区里——一个临时的社交空间。在这里，人们可以探讨禁忌，而不用害怕受到惩罚或在道德上屈从对方。

下面是一些指导原则，可以帮助你建立一个安全的环境来讨论禁忌问题。

（1）明确你的目的。要确定你想通过讨论达到哪些目标。你是希望一抒难以名状的胸中块垒，还是想更好地了解争论的焦点，抑或宣泄你的痛苦之情？要牢牢记住自己的企图，这样才能在眩晕出现时把握住自己不被动摇。

（2）划定对话的边界。只讨论你们都愿意讨论的问题，比如“我们找个时间聊聊 5 月的那件事儿吧”或者“我发现要想说清楚我们公司的功能障碍问题，就绕不开牵涉其中的一些领导者。我们能不能私下讨论一下这件事”，要达成共识。如果你在没有征得对方同意的情况下提出了禁忌问题，另一方就会视禁忌问题为一种威胁，并因为你触及禁忌而责备你。

要商量好哪些信息你们要保密。哪些材料你能告诉上司或密友？如果你和配偶讨论出轨行为，你恐怕要同意，你们的谈话必须完全保密，可能除了心理治疗师外，绝不能告诉其他任何人。但如果你在进行和平协议的谈判，并希望讨论某个禁忌问题，你可能就要同意双方都可以将讨论的内容报告给各自的政府，个人采取什么态度就无关紧要了。

（3）探讨禁忌问题，但不要轻许诺言。同意探讨禁忌问题，但不要就如何应对这些问题做出任何有约束力的承诺。由于禁忌问题太过敏感，这个指导方针的目的就是让你能够讨论禁忌但同时不必害怕触犯禁忌。政治谈判专家会经常将这条原则付诸实践。几年前，在挪威奥斯陆，一批学者和外围政治人物——全都是非官方的谈判专家——在“可以否认”的基础上秘密敲定了《奥斯陆协议》：尽管这些谈判专家将进展情况报告给了各自国家的政府，但是政府本身没有直接参与，因此如果谈判失败，他们可以否认官方的直接介入。

（4）必须要经历道德重申的过程。先不管你是不是真的决定要打破禁忌，单单是研究一下这么做的可能性，就使人有一种道德逾矩的感觉。哪怕只是有了破除禁令的念头，都会让你感到内疚和羞愧。所以，建立安全区必须要经过一个重申价值观，让自己问心无愧的过程。[16] 例如，你可以把自己内心最珍视的价值观写下来，确认自己仍然秉持坚守着它们，并提醒自己有关禁忌的讨论也是为这些价值观服务的。要不然，你也可以采取一些看得见的行动来净化自己的良知。比如，在讨论完配偶的酗酒问题之后，可以投入一点儿时间或捐助一些资金支持有关戒除酒瘾的研究。

## 第三步：运用禁忌分析法，制订行动计划

一旦你建立了一个安全区供双方畅所欲言，就可以运用禁忌分析法来评估两种做法的优劣了：是接受禁忌，还是慢慢消除它，或者快刀斩乱麻彻底将其根除。

### 接受禁忌？

需要考虑保持禁忌而不是打破禁忌的成本和收益。接受禁忌是可以的，但这并不意味着你永远都要接受它的限制。丈夫可以接受现在不去讨论妻子不忠问题的禁忌，但也要承认这种默契的约定是可以随着时间的流逝而改变的。或者，他也可以决定接受在某些圈子里保持这项禁忌，而在其他圈子里不必这么做。例如，

不与妻子讨论这个话题，但可以向某位密友倾诉心声。

虽然接受禁忌会制约你化解分歧的能力，但这么做确实也有一项不容小视的收益：它可以促进和谐。几年前，我在哈佛大学为一些中国商界高管举办了一次谈判培训班。午餐期间，一位跨国公司的首席执行官与我聊起了“面子”和“关系”的重要意义。在汉语里，“关系”是指人与人之间的个人交往和联系。

“那么，您怎么去谈那些特别敏感的问题呢？”我问他。

他笑了，想了一会儿，然后回答说：“在中国文化中，和谐是至关重要的。我们宁可把一些特别危险的冲突暂时压下来，过段时间再处理。”

“但是这么做难道不是加剧冲突了吗？”我问道。

“某种程度上是吧，但是化解冲突是第二位的。所谓化解，更多的是一个西方的概念，中国文化更强调保持好关系。”

## 消除禁忌？

消除禁忌需要持续的、开诚布公的沟通。例如，当我负责推动争议族群之间的对话时，我清楚地意识到禁忌正在妨碍交流，双方不是陷入紧张的沉默，就是在交谈时戒心十足。我想鼓励大家把心里话说出来，于是就向大家提议：“我们今天已经讨论了许多重要的话题。我想在结束之前，我们每个人是不是可以跟大家说点儿我们想说但刚才没有说的话？”为了打破沉默，我又补充道：“我觉得我们一直都在回避一些实际问题，但我不想逼着你们说出来。”有时，我还会运用另一个技巧，让组员反思自己的情绪：“在我们结束今天的工作之前，请想象你自己今晚要回家了：

你对我们今天的研讨最主要的感受是什么？有没有一些你刚才想说但没有说出口的事情？”[17]

消除禁忌是一个渐进的过程。在这方面，一个引人注目的例子是美苏两国逐渐解除对双方人员交往的限制。我小时候，正是这两个霸权国家之间的冷战打得如火如荼的年代，一个美国人与来自共产国家的人进行交往简直是不可想象的事。我仍然记得那时我的一位硬汉形象的七年级体育老师把所有捣蛋的学生都称为“共产分子”。所以，当几年后我家决定接待一位来自匈牙利的交换生时，你可以想象当时我有多惊讶，那可是共产党执政的国家啊！

安迪来美国这一路上可是没少过五关斩六将。来之前，仅是各种繁文缛节和官僚拖沓就足足耗去他一年的时间。但是，他的出现，对于我以及我的朋友们可谓影响深远。我越了解他，就越感到东西方之间的那些禁忌要多愚蠢有多愚蠢。安迪喜欢蓝调，喜欢野兽男孩乐队（Beastie Boys），也会晚上熬夜一碗接一碗地狂吃脆谷乐（Cheerios）——在这一点上与我是同道中人。他和我玩得不错，我们一起弹吉他，聊喜欢的姑娘。没过多久我就明白了一个道理，不管我们之间存在什么样的禁忌，我们从根本上来说都是人。安迪在美国待的那一年，打破了社会的禁忌，也消除了存在于我心中的禁忌。我逐渐懂得，与生活在另一种政治和文化体系中的普通人交往，才是建立和平关系的关键一步，不应该成为禁区。

但是，在政府关系那种高温高压的政治环境中，这条经验很快就会被人们抛到脑后。那么，我们应该怎么做来改善关系呢？两个敌意不断上升、没有建立正式关系的政府面对禁止跨国沟通的禁令，又该如何降低冲突的风险？

我们可以考虑采取一些打破常规的办法来消除禁忌。商界领袖可以通力合作进行经济开发项目。大学生可以借助互联网或在某个中立第三国相互协作，完成谈判技巧的培训。医生可以联手共同遏制疾病的全球蔓延。环境保护主义者可以展开合作，减少污染。在冲突中开展这一类工作可能听起来有点儿不着四六——而且确实也是如此，因为这类事情把人们拉进了禁忌的领地，并使他们面临受到社会排斥的风险，这种排斥可以来自家庭、亲友，也可以来自媒体，更不用说整个社会了。但是，也正是这样一种努力，为开辟新的和解之路创造了可能。

消除禁忌这个事儿对有的人来说可谓家常便饭。这类人数量不多，但非常重要。他们就是基本不受任何交流禁令限制的喜剧演员。喜剧演员有着得天独厚的创作自由，可以通过起哄架秧子的政治点评或是对宗教的肆意调侃，对已被广为接受的规范和习俗进行公开审视、评论和批评。即使是谈一些特别棘手的话题，喜剧演员也有本事用外行人根本搞不定的方式推动公共话语，揭露许多禁忌的荒诞本质，让这些禁忌威风扫地——至少在说笑话的时候。如果我们也能让那些破坏性的禁忌见见光，就能让它们原形毕露。

一个恰当的例子就是艾滋病病毒和艾滋病在非洲的爆发。当地很多感染艾滋病病毒的患者都觉得这是一件特别见不得人的事，所以，他们把自己的诊断结果藏起来，以求维持与家人、朋友、生意伙伴以及街坊邻里的交往关系。结果，这种禁忌导致病毒蔓延，无法控制。最终，卫生专家、社会活动家以及其他组织担负起了破除禁忌的使命，大力宣传安全性行为的重要性。如果有人能够早一点把话讲出来，大声地把话讲出来，感染数字可能就不会那么夸张了。

为了消除大型禁忌，关键是要说服那些“掌门人”，也就是那些控制着通往变革之路入口的人。[18] 例如，在阿里斯托芬的经典喜剧《吕西斯特拉忒》（*Lysistrata*）中，同名主人公因伯罗奔尼撒战争旷日持久，和平遥遥无期而备感泄气，于是恳求希腊妇女们不与自己的男人同房，直到冲突结束。但即使妇女们的抗争已经开始，雅典和斯巴达的谈判代表们仍然在为和平协议的条款争吵不休。吕西斯特拉忒就把这些人带到了美丽的和平女神面前，结果欲望马上战胜固执，协议挥笔即就。

吕西斯特拉忒的策略——影响那些能够促成变革的人——在化解冲突中极为有用。例如，如果你的组织里有两个部门因为某件事吵得不可开交，你可以找出那位对各部门态度影响最大的关键人物，从他下手解决问题。一定要把这些“掌门人”纳入和解的进程，这样你就会发现，消除禁忌易如反掌。

## 铲除禁忌？

这是打破禁忌之墙最直接的办法，需要极大的勇气。这么做需要配备一台专门拆除社交壁垒的落锤破碎机，让形势迅速为之改观。但是，这种做法也有可能会引起那些宁愿保持现状的人的愤怒。

纳尔逊·曼德拉终其一生去拆除禁忌之墙。1948 年，由南非国民党把持的南非当局强制推行种族隔离制度，严重损害了黑人的合法权益。曼德拉抗议这项政策，先是致力于非暴力的抗议活动，后又组织袭击政府目标。他遭到逮捕，以破坏罪判处终身监禁。经过 27 年的囚禁，他重新获得自由，领导南非实现非暴力过渡，建立了多民族共同参与的新政府。

曼德拉认识到，正如反种族隔离活动家托基奥·塞克斯瓦莱所预言的那样，这种转变的最大挑战“与其说是让黑人免于束缚，不如说是……使白人免于恐惧”。[19] 曼德拉以巨大的勇气打破了阻碍种族融合的禁忌，更以自己的远见卓识树立了多元种族社会的榜样。在当选为南非第一位黑人总统之后，曼德拉做了一件不可思议的事：他邀请南非前白人总统的妻子 P. W. 博塔夫人以及其他种族隔离时期南非领导人的遗孀共进午餐，拥抱那些让一个丑陋的制度延续数十年的人。[20] 这是他建立全新国家形态的一步，其基础来自非洲哲学乌班图（ubuntu），这是一种强调所有人类交流互往的哲学思想。[21]

## 运用禁忌分析法

在你面临的冲突升级之前，可以花些时间来完成禁忌分析表。这是一种简单的工具，用来评估对禁忌是接受，还是消除或者铲除。通过检查这些方法的成本和收益，你就能够对未来要做的事做出深思熟虑的决策。同时，务必注意观察你对每种方法的情绪反应，看清楚使用哪种方法感觉是正确的方向。

另一种在评估成本和收益方面较为有效的技术，是想象你昨天打破了禁忌。你到底说了什么，做了什么，其他人又是如何反应的？现在，想象你在 5 年前曾经打破的禁忌。从那时起，你的生活是否还是悲惨如昔？这个简单的脑力锻炼可以帮助你评估你的决定会产生怎样的影响。[22]

当你评估完自己的情况后，还可以把禁忌分析表再做一遍，但是这一次要从对方的角度分析。如果对方死抱着某个反动的禁忌不放，尤其是一个加剧冲突的禁忌，那就要考虑他们死守这个禁忌不放会获得哪些收益，以及他们可能认为打破禁忌会产生哪些成本。曼德拉认识到许多白人都有不与黑人交往的禁忌，他把对方的禁忌慢慢消除掉——效果显著。

如果你无意中打破了禁忌，赶紧承担个人责任，尽快修补关系。在中东那次我不小心露出鞋底的培训课中，我注意到，有些在角色扮演时经常举手回答问题的学员现在全都沉默不语，所以我感觉一定有什么地方出岔子了。当得知我已经冒犯了这组学员后，我回到教室，表示我的行为可能冒犯了一些学员，并解释说，我的行为是无意的。我诚恳地道歉，然后教室里的情绪明显有了转变。那些在我看来热情外向的学员重新变得热情外向起来。那天培训结束时，王室成员走过来对我说："你太敏感了。"但从他的语气中，我感觉到自己承担打破禁忌的责任赢得了他的赞赏。

**表 3　禁忌分析表**

| | 收益 | 成本 |
|---|---|---|
| 接受禁忌 | 谁会从保留禁忌中受益？为什么？ | 如果保留禁忌，你（以及你的集体）付出的成本是什么？ |
| 消除禁忌 | 谁会从慢慢消除禁忌中受益？为什么？ | 如果禁忌慢慢瓦解，成本是什么？ |

（续表）

| | 收益 | 成本 |
|---|---|---|
| 铲除禁忌 | 谁会从铲除禁忌中受益？为什么？ | 如果禁忌被铲除，成本是什么？ |

## 夺回控制权：建立遏制有害行为的禁忌

行文至此，本章关于禁忌的讨论，多是集中在产生禁忌的因素上。这些因素的存在，不利于冲突的化解。不过，它们同样可以发挥建设性的作用，成为遏制某些破坏行为的社会禁令。[23] 如果两家大公司的主管发生分歧，他们有一大堆可行方案来解决双方的冲突：他们可以把分歧谈开；也可以打打口水战，上法院；或者干脆一个人拿刀把另一个人捅了。当然，最后一个选项似乎根本无法想象，因为杀人这事儿是不道德的，本身就是禁忌。我们的社会不允许因为一点儿公司的小事就去扎人，所以，这种行为是极其罕见的。[24]

我们有权创建一种“建设性禁忌”——预先阻止攻击性行为的规矩。[25] 我是在与一对夫妇的对话中，明白了运用建设性禁忌的重要性。那对夫妇很有意思，丈夫是共和党的死忠，妻子是民主党的拥趸，但他们之间的爱情却显而易见。所以我有点儿好奇，他们到底是怎么过日子的？结果我发现，他们的办法再简单不过。“每个星期二晚上我们讨论政治，”妻子解释说，“其他时间，这是禁忌话题。”他们实施了一项非常实用的禁令，保护了夫妻关系，同时也为尊重对方的价值观留出了空间。

与这对夫妻类似，你可以通过以下四个简单的步骤创建建设性禁忌。

（1）确定会引发冲突的行为，如讨论政治话题，或者让部门之间的恩怨一再重演。

（2）判断这种行为在什么时间、什么场合是不能接受的。什么时候政治讨论是越线的，周一到周五的工作时间，还是周末休息时间？是否允许在大选期间宣泄焦虑情绪？

（3）实施禁忌。妻子可以决定独自实施禁忌，于是告诉丈夫："除了星期二，我拒绝在其他任何时间跟你讨论政治问题。"无论丈夫是否同意，她都可以坚持这一做法。此外，夫妻二人也可以共同实施这项禁忌。第三种选择是由某个权威人士划定禁忌的红线，例如夫妻俩的父母可以要求他们避免讨论政治。

（4）澄清触犯禁忌的社会惩罚。夫妻俩建立这项禁忌，并达成共识，无论谁打破它，都要因为把个人利益置于夫妻和平生活之上而遭到被另一半骂到狗血喷头的可耻下场。

经济学家肯尼思·博尔丁指出，禁忌是那些"实际可以干但要先克服我们的心理障碍"的事。[26] 例如，如果你所在的社区突然爆发了一场街头暴力活动，你可以和邻居一道使暴力活动——一种超出了心理接受程度的行为——成为禁忌，发起一场民间的反暴力运动，让本地的年轻人、宗教领袖、政府官员和社区带头人都参与进来。在与激进暴力活动做斗争时，比如校园枪击或者种族政治暴力的极端行为，也可以采用同样的办法，团结那些"掌门人"，并在他们的协助下，将能够遏制这些行为的禁忌制度化、合法化。[27]

# 综合运用

在埃及阳光明媚的度假胜地沙姆沙伊赫，我组织了一次名为“建设和平，打破禁忌”的研讨会，目的是帮助这一地区的领导者破除阻碍巴以和谈进展的政治禁忌。这次研讨会是我与英国前首相托尼·布莱尔共同主持的，他当时还是联合国中东问题四方特使，而参与人士包括高级谈判专家、政府领导人以及皇室和宗教人物。

为了建立一个安全区，我确定了研讨会的规则，如保密、相互尊重等。在冲突加剧的背景下，我知道只有与会者认为足够安全，可以坦诚表达意见，才有可能进行富有成效的对话。我还强调，我们的研讨会是探索性的，为大家提供一个跳出冲突制约的思考机会，也不要求任何人负责落实会上讨论的任何行动。这为与会人士松了绑，让他们得以进行充满火花的思想交锋。

布莱尔先生上台发言，介绍了他参与耶稣受难日和平协议谈判的经过，正是在这份协议的帮助下，北爱尔兰冲突得以解决。他解释说，在暴力和反击的环境下，是不可能进行有效谈判的。双方都需要“喘息的空间”——一个安全区。一旦建立了安全区，按照布莱尔的话说，很多他“压根儿就觉得不可能”的事一下子变成了可能。

这次研讨会的另外一项内容是工作研讨。在会议室的中心，我用红色天鹅绒绳子拉起了一道隔离线，把一张圆桌围在里面。这是“禁忌的领地”。圆桌上放着 10 个信封，每个信封里有一张纸条，写着巴以冲突中的一项具体的禁忌：耶路撒冷的地位、难民回归的权利、圣地的控制权，以及简简单单的两个词——以色列和巴勒斯坦。

我把与会人士分成几个工作小组，每个小组派出一名代表，随机抽取一个信封，把它带回到自己那个小组，大声朗读禁忌话题，然后由小组填写禁忌分析图。这个过程的象征意义很重要：我希望参与者切实体验从危险的禁忌领地中除去禁忌，并把它纳入我们研讨会安全区的全过程，在安全区里，他们可以广开思路，同时又把受到污染或处罚的个人风险降至最低限度。

一小时后，各组分享了他们的主要研究成果。正如托尼·布莱尔后来所评论的那样，“在沙姆沙伊赫举办的禁忌研讨会围绕各方害怕探讨禁忌事宜的现象提出了许多重要的问题。只有通过加深对这些问题的认识，在前进的道路上解决这些问题，我们才能够期望在应对中东等诸多挑战上取得进展”。《纽约时报》的一位撰稿人后来曾与某位高级代表聊起这次研讨会，据说那位高级代表在走进会议室的时候几乎对谈判进程不抱任何希望，但在离开时他变得乐观起来，因为新的见解开阔了他的眼界，让他学会了如何建设性地处理那些横亘在僵持与和平正中心的禁忌问题。[28]

在我的精心设计下，整个研讨会以道德重申行动宣告结束。每个工作小组都有一个选择：他们可以把写有禁忌内容的纸条放回信封中，并退还到禁忌领地去；或者，在他们结束研讨时带着禁忌一起离开，以这种象征性的姿态表示他们会继续考虑打破这一禁忌。有几个小组把信封退回到会议室中央的圆桌上，这种做法成本较低，既重申了自己的价值观，也表现出道德逾矩的挫败感。

不管你采取什么样的防范措施，都不能保证安全区是 100% 安全的。在沙姆沙伊赫研讨会的一个小组中，有两个人很快就混熟了，特别起劲地讨论禁忌的话题。突然，我注意到，其中一名男子露出非常惊讶的神情，收拾起自己的东西，匆匆向门口走去。“一切都还好吗？”我问道，跑过去进行干预。这位仁兄，一位杰出的黎巴嫩商人，回答说：“我刚刚才知道我是在和谁聊天。”与他一直交谈的人实际上是一位以色列前政治家兼和平谈判专家。“我对以色列人没什么成见，”黎巴嫩商人解释说，“我只是不能冒拍照片的风险。”黎巴嫩法律禁止黎巴嫩人与以色列人发生任何接触，所以如果给他们二人拍一张合影，恐怕就会对商人的事业和家庭产生严重影响。虽然他自己不愿意承认这项禁忌，但他仍然害怕打破它并承担后果。即使是我们在研讨会期间设立的、得到与会人士普遍尊重的安全区，一样挡不住禁忌那巨大的影响力。

## 小　结

禁忌的名声很坏，考虑到它们在制造冲突中所扮演的角色，声名狼藉实属理所应当。但是，我们也看到，禁忌在帮助保护那些我们珍视的价值观方面也能够发挥重要的作用。在高度情绪化的冲突中，禁忌绑住了我们的手脚，但也把我们绑在了一起，为我们提供了恰当行为的基础，以及秩序和团结感。而如果精心操作，相互接纳，禁忌甚至可以化解冲突。

## 个人应用工作表

1. 让你难以化解冲突的禁忌是什么？

2. 评估处理禁忌的三种方式：

| | 利 | 弊 |
|---|---|---|
| 接受禁忌 | | |
| 消除禁忌 | | |
| 铲除禁忌 | | |

3. 决定一种方式：接受它？消除它？铲除它？

4. 你如何实施这种方法？请通过头脑风暴，将办法罗列出来。

## 第 8 章

# 尊重神圣，不要亵渎

“汝等至此，所为何事？”所罗门王问道。在他面前站着表姐妹玛格达和安雅，眼睛里流露出忧虑的神情。

“陛下，”玛格达说，“我刚生下一个男婴。他出生三天后，安雅生下了她自己的儿子。有一天晚上，安雅睡着了，她的孩子就在她身边，结果安雅滚在他身上，把宝宝压死了。安雅醒来后看到自己闯祸，于是她蹑手蹑脚走进我的房间，偷偷用她已死亡的孩子换走了我的孩子。”

“她撒谎！”安雅说。

“你才撒谎！”玛格达回嘴道，两个女人相互指责，吵个不停。

“够了！”国王喊道，“给我一把剑。我要把这个男孩一分为二，两个女人一人一半。”

安雅惊恐地看着国王。“求求你，陛下，把孩子给她吧，”她含泪乞求道，“万不可杀他。”

“这男孩不归我，也不归你，把他劈了吧。”玛格达说。

国王停顿了一下，看了看两个妇人。“把孩子给安雅，”他宣布，“她是真正的妈妈，因为没有哪个妈妈会让自己的儿子被杀死。”

这个《圣经》故事改编自“所罗门的判决”（The Judgment of King Solomon），有力地说明了人们在就一些神圣不可侵犯的问题进行谈判时所遭遇的与生俱来的巨大挑战。安雅和玛格达都是母亲，但国王对神圣母爱的威胁性攻击马上揭示了她们之间的区别。假如她们之间只是一个财产纠纷，她们可以简单地平分有争议的土地，然后双方都能获得部分胜利。但是，当谈判涉及神圣事物时——在这个例子中是孩子——就不能简单地一分为二了。神圣是不可分割的，国王使用了这个道理来确定谁是真正的母亲。

## 欢迎来到神圣的世界

当你感觉一直坚守的信念受到威胁时，会发现自己可能正在面临部落思维第四大诱惑——渎神辱圣的困扰。这种攻击，针对的是你身份认同中最具影响意义的支柱，构成这一支柱的事物是如此重要，已经到了神圣不可侵犯的地步，不容争辩，不容置疑。为了向子女灌输哪些价值观的问题，夫妻二人各执一词，吵得不可开交；对核心体制价值观挑剔责难的员工，也会遭到同事们的排斥和抵制；而谁应该控制圣地的问题则让国际谈判专家们一筹莫展，僵持不下。

当被你视为神圣不可侵犯的事物遭到攻击时，必然会引发你强烈的情绪反应，而在外人看来，这种情绪反应可能显得有些过度，很不理智，但是从你自己的角度看并非如此。身份认同的核心目的是帮助你使自己的人生变得更有意义，没有在这个世界上白走一遭，而那些神圣事物则恰恰代表了你最深层次的人生真谛。渎神辱圣会严重伤害你的感情，动摇你最敏感的身份支柱，让你担心它会承受不住打击而轰然倒塌。[1]

## 何为神圣

我的定义是，神圣是那些我们认为充满神性的事物。[2] 所谓“神圣”，并不是指某个特定的宗教实体。[3] 人们崇拜的对象可以是一位神灵、先知或者宗教教典，也可以是某位家庭成员、喜爱的地方或者珍藏于心的一件事。[4] 吃斋拜佛的人可以把神圣的经文视为圣物顶礼膜拜，民族主义者也会将祖国的国旗置于神圣不可侵犯的位置，绝不容许遭到任何玷污；而在寡妇眼中，离她而去的丈夫的骨灰可能才是最神圣的东西。[5]

不管是什么，只要在我们看来充满无限性、固有性和不可侵犯性的事物，我们都可以敬为神圣。

**无限性**。我对子女的爱以及他们对于我的价值都是无法衡量的。但是爱这种难以量化的感情，在化解冲突中往往会带来问题。当谈判专家被迫去量化神圣时，那种做法既让人感觉在精神上受到了污辱，在实践中也没有可行性。经历过一次恐怖主义的致命袭击后，政府该如何向受害人家属分发赔偿金？是不是要根据收款人的具体情况有所差异，按照受害者的年龄和收入之类的标准区别对待？问这种问题会让人很难堪，而且会使由此做出的决策变得特别困难。

**固有性。**神圣是与生俱来的固有特性。也就是说，并不只是我觉得自己的子女是神圣的；在我看来，他们本身就是神圣的。他们的这种固有价值与生俱来，不会因为我对此是否深信不疑而改变。我们把这种固有的神圣性视为我们所膜拜的对象与生俱来的特性。

**不可侵犯性。**神圣的每个方面都拥有无限的价值，结果就是侮辱神圣事物的任何一个组成部分，都会构成对神圣事物的整体侮辱。那种把渎神行为当作“小事一桩”而想大事化小、小事化了的做法忽略了一个事实，即针对膜拜对象的任何冒犯行为，不管如何轻微，对受到冒犯的一方来说都是天大的事。[6]

## 何为神圣，公说公有理，婆说婆有理

我的《圣经》可能是你的故事书。你会在故事中找到一些道德价值，我却把整本书当成圣物来尊崇。你可能不小心踩在书上，也不会感觉有多严重，但如果是我踩到书上，我会深感羞愧和内疚。神圣的问题在于，我们都全心全意地相信，我们的真理才是真理。

如果我对你敬为神圣的事物进行攻击，我就触犯了终极禁忌——尊重你的核心信仰，马上就会导致冲突的爆发。我擅自闯入你的圣域空间，进入“超凡脱俗，不可冒犯”的禁地。[7] 如果不能以应有的崇敬之心以礼相待，就会闯下大祸，轻者家庭解体，重者遭到宗教追杀令的全球通缉。

萨尔曼·拉什迪在他的小说《撒旦诗篇》（*The Satanic Verses*）出版之后亲身经历了这样的遭遇。大批穆斯林将这本书的标题和内容视为对伊斯兰教义的直接冒犯，而拉什迪本人则争辩说他有文学创作的自由，在写作上不应受到任何限制。这次冲突的后果非常严重，而且产生了深远的影响。拉什迪收到了数以千计的死亡威胁，小说在许多国家被列为禁书，世界各地爆发了抗议浪潮。在这本书首次出版几个月后，当时的伊朗最高领袖阿亚图拉·霍梅尼发出了宗教追杀令。[8]

拉什迪和他的妻子开始了多年的躲藏生活，而不时爆发的暴力事件毁掉了解决这一问题的所有希望。这份追杀令至今仍未解除，但拉什迪本人仍然坚持创作自由的立场未曾妥协。[9]毋庸置疑的是，很多反对拉什迪这本书的人也没有改变他们的立场。对于神圣的认知观点和看法依然泾渭分明，让这些相互对立的观点实现和解，也成为一项悬而未决的挑战。而且，真有和解的可能吗？

## 谈判神圣问题面临的障碍

预防为主，这是处理渎神辱圣的最佳策略。也就是说，采取前瞻性的行动来“谈判神圣问题”——通力协作，解决对于重大问题的不同看法，而不是沦为神圣问题冲突的牺牲品。但是，有几个障碍使这项工作变得尤为困难。

## 对于何为神圣没有感觉

我们可能会在无意之中在别人视为神圣的问题上冒犯他们。最近，一位女商人忘记回复某位重要客户的重要邮件，结果客户打来电话冲她大吼一通。这位女商人赶紧道歉，并解释说她十几岁的儿子刚刚摔成脑震荡。现在反而轮到那位对此一无所知的客户表达歉意了。[10]

## 混淆了神圣与世俗的界限

想象你正在主持一场晚宴。一位客人赴会，微笑着给了你一个拥抱，然后递给你30美元。“我没时间逛商店了，”他解释说，“我想拿这钱买瓶葡萄酒的。”[11]

平心而论，你的朋友表现出的是一种善意的姿态——他想对你慷慨的邀请表示感谢。他的姿态也是合理的。他给你钱，不仅是因为他想花这么多钱买瓶葡萄酒，也是为你提供了更多的选择，你可以用这钱买点儿自己想买的东西，而不必接受一瓶你可能并不喜欢的葡萄酒。但是，他把几张钞票塞在你手里的做法，却让你感觉很烦，你会觉得，客气一下就得了，干吗非给我塞钱？然而随着你的这位客人继续唠叨他这一天如何如何忙碌，他这一周在郊外和他夫人如何如何焦头烂额，他最小的孩子感冒生病等等等等，你会开始觉得，即使眼下这日子过得一团糟，他还是真心实意地决心要带给你某种形式的礼物。那这事儿还犯得上让你感觉如此尴尬吗？

从小处看，这件事可以看出神圣和世俗是会在某些场合产生冲突的。就其本意而言，采取善意行动——例如带给女主人一份礼物——是一个神圣的姿态，但是直接拍现金的做法却落了俗套。出席晚宴然后拿给人家30美元当成礼物，是用一种极不协调的方式混淆了神圣和世俗的界限。

从大处看，把这两大领域混为一谈是会招致道德愤怒的——就像萨尔曼·拉什迪领教的那样。在霍梅尼发布追杀令两年后，拉什迪写了一篇题为《本无神圣？》(Is Nothing Sacred?)的文章，辩称“在任何一个社会，文学都是这样一个地方，在我们自己头脑的隐秘空间里，我们能够听见各种各样的声音在用各种各样可能的方式讨论各种各样的事情”。拉什迪把文学视为“拥有特权的竞技场”，用来探索神圣的界限。不过对于霍梅尼们来说，这就是亵渎神圣。

## 没有给予神圣应有的尊重

当人们因某些神圣问题陷入冲突时，双方往往都会拒绝向对方的神圣信仰表达尊敬之意，害怕这样做会损害他们自己的认同。结果，双方全都对另一方视为神圣的事物不感兴趣，大家都觉得被对方看扁了。

## 拒绝在神圣问题上妥协

由神圣所引发的冲突感觉根本不可能得到解决，这么说的理由很充分。神圣化必然导致绝对化，而绝对化的差异也就变得绝对不可调和。为了化解冲突而让我们在信仰上妥协，想想都无法忍受。

表 4　谈判神圣问题面临的障碍与策略

| 障　碍 | 策　略 |
|---|---|
| 对于何为神圣没有感觉 | 对神圣保持敏感 |
| 混淆了神圣与世俗的界限 | 分清神圣与世俗 |
| 没有给予神圣应有的尊重 | 承认各方奉为神圣的事物 |
| 拒绝在神圣问题上妥协 | 在他们的身份范围内解决问题 |

想象一下，告诉一位哈西德派的以色列犹太人，你有办法解决耶路撒冷的冲突：方法很简单，只要把哭墙（Western Wall）一分两半就成啦。同样，你也可以对居住在东耶路撒冷的一位虔诚的穆斯林说，只要他们放弃阿克萨清真寺，就能避免一切冲突。这种不切实际的主张肯定让人反感，因为它们没有给予这两处圣地以及敬奉它们的人民充分的尊重。神圣对我们所有人的控制力如此之强，以致为解决这些冲突而进行任何妥协感觉都是难以忍受的。[12]

## 神圣问题的谈判策略

为了有效解决神圣问题引发的冲突，就需要克服上述障碍。我们制订了相应的策略，使克服这些障碍成为可能。

### 对神圣保持敏感

渎神辱圣的行为往往很容易识别，就像拉什迪的那本小说。如果某人发布追杀令判处你死刑，百分之百可以肯定，你干了渎神辱圣的事。因此，为了让谈判获得对方的配合，你就必须采取措施，避免发生渎神辱圣的行为。而了解各方奉为神圣的事物也就成为分内之事，因为你只有这样，才能尊重神圣的领地，不至于在无意中冒犯神圣。[13]

如何判定哪些是你奉为神圣的事物？最佳方式是对身份的五大支柱进行反思。五大支柱在第 4 章已有介绍，分别是信仰、仪式、忠诚、价值观以及情感上的重要经历。考虑一下，在冲突中，哪些支柱对你来说是神圣不可侵犯的。例如，你感觉受到威胁的是精神信仰，还是你的一位忠实密友，抑或是你的家族已经沿袭几代人的宗法礼仪？

---

### 你感觉受到威胁的是……

**神圣信仰**——重要的文化、宗教或社会信念？

**神圣仪式**——意义深远的活动或精神实践？

**神圣忠诚**——对亲密朋友、家庭成员或政治同盟强烈的忠诚感？

**神圣价值**——深植于心的理想或原则？

**神圣体验**——完整定义你身份的情感上的重要经历？

---

然后，从另一方的角度出发，揣度一下他们会认为哪些最神圣的支柱受到了威胁。当你与他们会面时，你可以问：“在这次冲突中，你感觉最岌岌可危的是什么？”虽然很难讨论禁忌问题（因为是禁忌，所以不能说），但是在混熟了之后，人们往往还是愿意聊一聊神圣之类的话题的。

留神那些让另一方最容易激动的问题。我的一个朋友对于几乎所有问题的个人意见都能坦然接受，你可以贬损她的智商、性格甚至穿衣风格，但如果你批评她的两个孩子，拿她的生命中最为神圣的东西开涮，那就准备挨一顿劈头盖脸的臭骂吧。

另外也要注意另一方坚定不移的信念。神圣的信仰和价值观是我们认同的核心要素，非常难以改变；他们觉得这些问题是不言而喻的，容不得我们妄言置喙。狂热的军国主义者会与同样慷慨激昂的和平主义者争论战争的是非曲直，但是双方对于各自的信仰不会发生任何动摇，无论对方的势力有多么强大。

要了解另一方讲述的深层次的故事。他们是谁？他们从哪里来？他们要到哪里去？[14] 例如，你对他们的民族传统了解得越多，你对他们从这种归属关系中获得的具有重要意义的价值观认识就越深刻——努力工作，敬神礼佛，或者只信任有血缘关系的亲属。[15] 还要留意那些在他们的组织、族群或者国家中具有强大号召力的至高无上的理想。他们追求的是将哪些信仰和价值观作为精神遗产在组织中代代相传，甚至流芳百世？

要特别留意那些被另一方视为神圣不可侵犯的实际空间和场所。尽管神圣无止境，但人类可以通过清真寺、基督教堂或犹太教堂等实际场所的供奉，将地理空间神圣化，甚至学校和医院也可以通过这种方式被神圣化。由于这些身份的圣殿实实在在地体现了我们的神圣信仰，因此对这些场所的亵渎会激起道德义愤。[16] 例如，纵火固然是不可接受的，但如果所涉及的建筑物是一处精神圣殿的话，那么对整个社区的感情影响就可能是毁灭性的，远非一般纵火案可比。

“教堂时间”，或者那些专为神圣活动留出来的特定时段，也有类似的内在神圣性。[17] 随着我们对另一方神圣时段了解的加深，包括假期、纪念日、祈祷时间，我们就会对那些具有鲜明身份特征的仪式和价值观获得更加深入的认识。例如，那些谨守安息日教规的人，会在这一天休息、放松，将自己的身心从日常俗事中解脱出来。不尊重“教堂时间”是渎神辱圣的另一种表现形式。如果你的家庭特别注重晚餐要在一起吃的仪式，那么你家那个处于叛逆期的孩子出人意料地缺席就会给人一种渎神辱圣的感觉，对神圣的家庭时间不够尊重。

## 分清神圣与世俗

最近，我的一位亲戚美吉碰到一件极为棘手的两难之事。作为一位才华横溢的律师，她一生都致力于为弱势群体，尤其是为美国原住民家庭提供无偿法律服务。但履行这个承诺却让她一直处于濒临破产的境地。美吉住在市郊的一个小社区里，在那里，她拥有 100 多英亩的林地。一家能源公司已经在该地区勘测出天然气，于是向美吉提出给她约 10 万美元，以求换得她的允许，可以在她的土地上打井取气，并承诺对于在市场上出售的天然气，美吉也能获得一定比例的分成。这项建议将使她获得最为急需的收入，但同时又违背了她以及那些她正在帮助的人关于神圣大地的坚定信仰。美吉该怎么办呢？

区分重要与神圣。如果美吉真想解决这个问题，她首先必须评估这块土地对她的真正价值，要从内心深处对这个问题进行思考，搞清楚自己的真正感受。这块土地是重要、虚圣、神圣还是至圣?

如果仅仅是重要，美吉可能感觉对这块土地难以割舍，但出于财务收益的考虑也还能够放弃它。因此，她会愿意与天然气公司把合同谈成。

如果这块土地属于虚圣——这个词是由哈佛商学院教授马克斯·巴泽曼及其同事拼凑而成的——那就只在某些情况下具有内在价值。[18] 也许在与原住民朋友交流时美吉会感受到它的神圣，但私底下却把这块土地视为一个长期负担。在这种情况下，美吉或许会接受别人的劝说，签署这份天然气开采合同。

如果这块土地对美吉来说是神圣的，那它的内在价值就会无时不在，而允许钻探就会背叛核心价值观。但不管怎样，既然美吉意识到牺牲这块土地可以让其他神圣价值得到维护，例如她能够继续进行无偿法律服务，那么土地的神圣价值就不会变成谈都谈不得的禁忌。

最后，如果美吉认为这块土地属于至圣，它就拥有了终极神圣性。美吉会对这块土地产生强烈的依恋感，把它视为在任何情况下都不容侵犯的圣地。在这种情况下，根本就没有办法让美吉与天然气公司达成协议。

最终，美吉得出结论，这块土地对她来说是神圣的。无论在感情上还是精神上，她对这块土地都有强烈的依恋感，并且相信这块土地有其内在价值。[19]

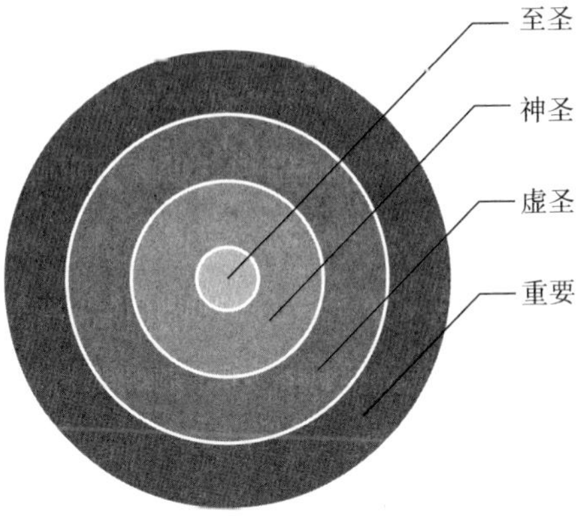


图6 神圣程度（距圆心越远，信仰越容易改变）

美吉担心，如果接受金钱补偿，允许钻井，她就会感觉自己的操守受到了伤害。社会心理学家菲利普·泰罗克将这种现象称为禁忌权衡，我们用神圣价值交换世俗价值。[20] 即使只是动一动这么做的念头，也会产生羞耻感，因为这种攀比行为本身就触犯了神圣价值，现象哲学家约翰·拉兹将其称为“本质要素的不可通约性”。[21] 拿神圣（土地）与世俗（金钱）进行比较，本身就是一种亵渎。[22] 实际上，美吉在是否允许天然气开采的问题上思前想后的时间越长，她就越感到羞愧。

有些决定不可避免地会把神圣价值与世俗的关切对立起来。例如，各国政府必须决定如何分配有限的资金，是补贴医疗成本这类开支（这笔钱的基础是对生命神圣价值的信仰），还是改善路况，整修建筑物（服务于世俗利益，提高便利和秩序的成本）。即使是在自己家里，你也必须决定如何分配有限的资金，才能不违背自己的神圣信仰。你是打算捐出所有的可支配收入来养活穷人，还是停止大手大脚地花钱，把省下来的资金捐出去推动癌症研究的发展？

可以考虑重新审视问题的神圣和世俗属性。如果你的冲突是神圣价值与世俗价值截然对立、不可调和的产物，那么面对这种最具爆炸性的冲突架构，就需要考虑对神圣价值和世俗价值进行重铸，让神圣归于世俗，让世俗升华为神圣。

美吉意识到，她的两难不是放弃土地换取现金，而是要在两种神圣价值之间做出抉择：保护她的土地，还是帮助她那些一贫如洗的客户。如果她拒绝这份合同，就选择了保护土地的价值观，但是，由于她的邻居已经全在合同上签了字，她的土地和井水仍然处于危险之中。如果她签订合同，就可以继续自己的服务工作并获得法律上的保障，对土地造成的任何破坏都会得到纠正。现在，她的冲突是两种神圣价值的碰撞（菲利普·泰罗克将这种选择一项神圣价值就意味着损害另一项神圣价值的情形称为“悲剧权衡”）。最终，美吉在合同上签了字，以求确保她能够继续服务自己的客户。在爆发关于神圣价值的冲突时重新审视整个形势，可不只是说说就算了的，这样做可以搞清楚哪些才是真正利害攸关的问题。[23]

但是，神圣价值之间的对立，危险在于这种纠纷会发展成为毫无解决希望的僵局。如果船在下沉，而救生艇上的空间只够再增加一名乘客，是该你的孩子上去，还是该另一位乘客的孩子上去？这个问题基本上是无解的，因为不存在一个终极标准答案。把神圣引发的冲突转化为一个实际问题，就为解决它提供了可能。在救生艇的类比中，问题可以由“谁的孩子生命更宝贵”重构为“我们如何才能把两个孩子都救下来”，以世俗的意义重铸神圣，我们就可以绕过试图判断内在价值孰轻孰重的死结，直指问题核心并加以解决。

## 承认各方奉为神圣的事物

把另一方的思想想象为一家博物馆。你的目标是认可陈列其中的神器圣物、历史财富以及骄傲或耻辱的纪念物。但是，正如你永远不可能走进一家博物馆，重新摆放里面的绘画作品一样，你也不应该试图改变被另一方视为神圣不可侵犯的事物。

尽管你可能并不认同另一方的信仰，但是你可以对他们所秉持的虔诚表示尊重。换句话说，要尊重其所尊重。想象一位丈夫和妻子因为孩子们的宗教信仰问题而争吵。丈夫不希望孩子们皈依妻子的信仰，但为了对妻子的宗教虔诚表示认可，他可以说："我知道我们意见不一致，但我欣赏你对自己价值观的强烈尊崇，也了解把这些价值观传递给孩子们对你来说有多么重要。"这样一种表态体现了丈夫对妻子神圣信仰的充分理解，也为更加深入地探讨妻子的价值观以及夫妻二人的价值观冲突打开了对话的大门。

如果你希望别人感觉到你承认和尊重他们的关切，那么下面有几个办法可以帮助你在不损害自己的神圣价值的同时对他人的神圣价值表示尊重。

**不说人话，说"神话"。**社会学家埃米尔·迪尔凯姆认为，我们为神圣赋予了一套与世俗语境完全不同的含义体系。一杯葡萄酒本来就是一杯葡萄酒，但对于参加弥撒的基督徒来说就不是这样了。在弥撒上，这杯葡萄酒象征着基督之血。如果我们把神圣的葡萄酒仅仅当作饮料，就犯了渎神辱圣的错误。世俗的语言侧重于具体实际以及对价值的量化计算。神圣的语言则相反，只围着那些具有象征性价值的主题转，而这些象征性价值主题的存在，完全不受因果逻辑的严格约束。“神话”需要一套特殊的措辞，以确保它所宣扬的主旨得到最大限度的尊重。[24] 所以，当你跟别人聊起他们尊崇的神圣事物时，要好好斟酌自己的措辞，以示对他们信仰的尊重。

**表 5　讲“人话”与讲“神话”的对比**

| 用世俗语言讲“人话” | 用神圣语言讲“神话” |
| --- | --- |
| 强调“价值最大化” | 强调价值观崇拜 |
| 关注的重点是有形利益，如金钱 | 关注那些推动冲突的道德的、情感的或精神的价值观 |
| 就达成交易的条件展开争论 | 讨论那些关于受难、自豪以及与神圣进行沟通的描述 |
| 因为你“欠”对方什么东西而争执不下 | 从各自的角度表达感恩 |
| 做出切实可见的让步 | 进行象征性的让步，如道歉或是采取行动减轻冒犯的影响 |
| 在世俗法律规则的基础上进行争论 | 通过社会潜规则、精神规范、宗教法规以及礼仪进行劝导 |
| 把讨论当作交换商品的途径 | 把讨论当作推进相互理解的途径 |
| 直接就利益问题进行沟通 | 利用隐喻以及其他间接方式描述你关于神圣的感受 |
| 签订合同，建立互信 | 花费时间建立社会契约（亲密的人际关系纽带），以此建立互信 |
| 集中于具体实在的问题上（如他们是否应该拥有核武器） | 探索情感、文化和精神上的追求（如某国希望保持文化自豪感和国家自主性） |

在你表现出对另一方神圣价值的欣赏重视之意后，他们也会对尊重你的神圣价值表现得更加开明。这时，你要帮助他们了解你将哪些事物奉为神圣，原因是什么。不要简单地把你的神圣价值一一列出，而是要结合个人经历讲述这个过程：从什么时候开始这些价值观第一次对你有了特殊的意义？哪些因素推动着你将它们奉为神圣——是毕生的信仰，儿时的经历，还是纯粹的直觉？不要争辩谁的神圣价值是“对的”或者“更好的”，那样只会激化矛盾。

**为神圣寻找共同基础**。假如有些人亵渎了你视为神圣的事物，他们也就毁掉了你对不朽象征的精神追求。所谓不朽象征，也就是让你感觉在你过世以后，你仍然会通过你的思想、信仰、价值观或家族流芳百世，为人所铭记。[25] 如果敌人摧毁了在你的信仰中最为至高无上的寺庙或者经文，一定会让你觉得伤心欲绝，痛不欲生。

但是，对不朽象征的追求同样也提供了一个相互沟通、相互联系的机会。虽然你和对方可能在信仰上颇有分歧，但在神圣问题上还是有可能找到共同之处的。回想一下前面那个丈夫和妻子的例子，虽然夫妻俩为了让子女信仰哪一种宗教而争吵不休，但他们拥有一个共同愿望，那就是希望孩子们的人生有一个丰富的精神世界，这个共同点足以让两人感到欣慰了。

考虑明确认可一种关系、一个事件或一项原则是你和另一方共同奉为神圣的事物。[26] 例如，聚在一起会商解决民族政治争端的谈判专家，其实都肩负一个共同的使命，就是让他们的子孙后代有一个光明的未来，这是一个神圣不可侵犯的目标。埃及总统安瓦尔·萨达特就曾使用过类似的方法。关于自己对耶路撒冷阿克萨清真寺和以色列国会的访问，他的评价是那是一次“真正神圣的”历史之旅。他的评价可谓恰如其分，而且也正是对和平的神圣追求，帮助他力排众议，签署了《戴维营协议》。[27] 研究表明，即使是在婚姻生活中，那些将婚姻关系视为一种神圣的约定，帮助他们采取更加协作的方式解决问题，减少言语攻击的夫妻，会付出更多心血去经营他们的感情关系，自然也就能够从他们的婚姻生活中收获更大的满足。[28]

## 在他们的身份范围内解决问题

涉及神圣问题的排忧解难，需要了解双方对各自核心身份的认知和解读。对他们来说，自己的信仰和价值观是永恒不变、完全超出他们控制，还是与时俱进、随时可以改变？我把这种自我了解称为“身份范围”，把你们之间的沟通调整到对方身份可以接受的范围内，就可以提高谈判的有效性。

要对你希望传达的信息进行有针对性的处理，以适应对方的身份范围。几年前，一位国际知名的律师跟我讲了他的一段往事。有一次，他要准备与一位想在中东进行自杀式袭击的少年会面。律师已经想好了见面时要对这孩子讲的话：“如果你真当了人体炸弹，你会成为各路媒体上的头条新闻，但也就一两天的时间。而如果你把人生的后 70 年用于在这个地区提高教育水平，改善人权，促进经济繁荣，想想看，你会产生多么深远的影响，创造多么大的不同。”这次会面后来没有成行，律师也再没有得到机会把这番道理讲给人听。

虽然这位律师的观点有其合理性，但让我感觉不太对劲儿。我把自己想象为那位正在准备光荣殉教的少年，陶醉于完成一项神圣使命的快感，群众的支持，导师的鼓励，时刻准备着在步入天堂时受到鼓乐齐鸣的热烈欢迎。然后，我又为自己安排了另一个场景，坐在一位美国律师对面，听他侃侃而谈，讲出一番不让我完成我的使命的大道理。我渐渐发现，律师的想法固然很高明，但实际上还是太理性了：他没有考虑这个男孩子的身份范围——他如何看待自己在这个世界上的地位和作用。律师讲来讲去，说的都是“人话”，然而那少年却更容易对“神话”产生共鸣。用世俗论点对抗神圣叙事，几乎注定是徒劳无功的。[29]

如果你能根据另一方的身份范围，量身定制你自己的信息，就能更好地影响他们。根据我的观察，人们对自己身份的定位大致可以分为四种情况：原教旨主义者（fundamentalist）、建构主义者（constructivist）、无我主义者（anattist）和量子主义者（quantumist）。

以原教旨主义者的心态来看，你会发现自己的身份是一成不变的，而且完全由不受你控制的外力所把持。[30] 决定你是谁的是自然法则，或神的旨意。[31] 拿一个日常的例子来说吧。我妻子经常要求我早点儿起床，在孩子们上学前和他们多待一会儿；从我的角度来说，我会要求她晚点儿睡，和我多待一会儿。她是个不睡懒觉的人，而我则是个夜猫子，所以我们在这个问题上的争执最终都会陷入死循环，直到我们中的一人气得把对方的手一甩说：“我改变不了你，也改变不了自己。”

在建构主义者的思维框架中，身份认同是一个一直在不断演变的社会构建过程。你通过与他人的互动和自我反省创建了自己的身份。从这个角度来看，神圣的事物并无神性可言，像宗教经典这类东西也并非天生就是圣洁无比、不可冒犯的。是人赋予了宗教经典以各种意义，把它由一摞纸变成了蕴含神性的东西。对原教旨主义者来说，现实是绝对的，不受人的影响而独立存在；但对建构主义者来说，现实就存在于旁观者的眼里。

如果属于无我主义者，你就没有永恒不变的身份了。你是"无相之想"（thoughts without a thinker），只是一副臭皮囊，是精神和意识的载体，虽有七情六欲，然则四大皆空。[32] 这一类身份基于佛教术语"无我"（anatta）。"无我"的意思是说，我们的存在是无我，幻我，是一连串意识的生生灭灭。按照心理学家威廉·詹姆斯的话说，我们就是生活在"客我"经验主义世界中的"纯我"（pure ego）。根据佛教的理论，"无我"的基础概念是"色非我，受非我，想非我，行非我，识非我"。"无我"超越了"执"的物质世界，将身份认同化作生命汪洋中起起伏伏的波浪。

而在量子主义者的理论框架里，身份就成为先天和后天结合的产物。笃信生物进化理论或宗教信仰的原教旨主义势力为形形色色的自我发展奠定了基础，而社会力量则构建了你的独特意识。你的身份既是固定的，也是流动的，而你对神圣事物的看法也出于同样的观点。一本宗教典籍既有与生俱来的神圣性，也有后天构建的重要意义。你赋予它神圣之意，反过来又因为它现在所具备的内在意义而尊崇它。

这四种类型没有严格的界限，而且每个人的身份范围也会随时间的推移而改变。进行有关神圣事物的谈判，并不意味着你必须对另一方的身份范围进行精确分类，而是要对其进行充分计量，用能够让他们在感情上产生共鸣的措辞包装你想传递的信息。具体来说，如果对方的身份认同属于宗教激进主义范畴，那么讨论神圣问题就要放到他们的教义和绝对真理的范畴内进行。另外，如果你的谈判对手认为身份具有流动性和可塑性，那你就可以自由地鼓励他创造性地解决问题了。

在与那位未遂人体炸弹从未实现的谈话中，律师的说法——也就是说那个男孩还可以活很久、对未来的影响潜力不容小视等——还是有一定见地的，但并没有找准身份认同最合适的范围。律师把男孩看作一个量子主义者，愿意接受如何改变人生的创造性思维。但如果男孩是一个原教旨主义者，那就需要律师按照神圣语言的叙事重新包装自己的信息了。不能一上来就讨论孩子的前途问题，而是聊聊他的神圣信念，为什么相信那些东西，其中哪些因素对他来说具有格外重要的意义。律师可以深入了解一下这个男孩对信仰的解释，他如何在教义的驱使下牺牲自己的生命。还可以问问那孩子，他肩负着哪些文化和家族的使命，让他觉得弥足珍贵，值得为之献身。通过把对话引导到神圣的境界，并直接与男孩的基本信仰和价值观联系起来，律师就可以带领这孩子去探索宗教真理绝对论的另类诠释，在继续对其精神信条保持敬畏的同时，使用新的方法解读它们。

对谈判专家来说，与那些秉持宗教激进信仰的人进行谈判是非常困难的，但这样的谈判对另一方而言也不是件轻松的事。具有讽刺意味的是，宗教激进主义者僵化的意识形态限制了他们与你进行谈判的自主性。他们被刻板的身份认同束缚住了手脚，必须得把你讲的话削足适履地改造一番以符合他们的语境范围。

| 身份是否与生俱来？ \ 身份是否由社会创造？ | 否 | 是 |
|---|---|---|
| 是 | 原教旨主义者 | 量子主义者 |
| 否 | 无我主义者 | 建构主义者 |

**图 7　身份范围：我们如何看待身份的本质**

## 制订方案，弥合分歧

在使用对方的身份范围调整好自己所要传递的信息之后，接下来就要制订多种方案，弥合巨大的分歧。下面提供一些方法供参考。

（1）依靠建设性模糊。可以采取一种实用主义的方式来调和神圣问题上的分歧，也就是说，双方达成协议，约定各方可以根据自己的身份范围进行解读。美国前国务卿亨利·基辛格称其为建设性模糊（constructive ambiguity）。

我的一位印度教朋友阿尔蒂在和她的基督教未婚夫约瑟夫准备结婚时就遇到了一个两难问题。在印度教婚礼仪式中，一个重要的环节是绕火礼，祈求火能够辟邪除恶。但是阿尔蒂的母亲得知，在基督教里，火不仅代表神圣的“燃烧的灌木丛”，更是“上帝之怒”的象征。火可能会让约瑟夫他们家感觉不舒服，但缺少了火又会使阿尔蒂一家失去婚礼仪式的神圣意义。为了解决这一困境，阿尔蒂和约瑟夫决定在蜡烛的火焰前喜结连理。这个选择对约瑟夫来说可以接受，因为教堂里举行宗教仪式时都会用到蜡烛，而女方家族也能认可，只要有火就行。双方都能按照自己的信仰教义解释蜡烛的意义，最终皆大欢喜。

（2）重新解读神圣的含义。在世人看来，神圣往往源自最高主宰，例如上帝会赋予凡人神之命定或大彻大悟。然而，即使是那些身份显要、最适合传达神圣旨意的人——牧师、阿訇、拉比以及其他精神领袖——也都免不了凡人的喜怒嗔怨。而在大多数传统中，他们的任务只是解释各种教义、礼拜和礼法，这也就意味着对这些教义和宗法的阐述存在重新解读的可能性。[33]

在涉及神圣问题的冲突中，可以考虑通过对神圣的另类解读来化解冲突，这也是一门学问，名字叫诠释学（hermeneutics）。[34] 我是在为一个谈判培训项目提供顾问服务的过程中认识到这种方法的威力的。这个项目的共同创始人是瓦利德·伊萨，一位在伯利恒的德希沙难民营长大的巴勒斯坦教育学家。1948 年，他的祖父得知以色列军队正在逼近自己所居住的那个名叫贝泰塔的小村庄，就带着全家逃离了家乡。将近 60 年之后，19 岁的瓦利德准备去美国上大学。在他启程前，祖父对他说："我没有钱给你，这是我所拥有的最宝贵的财富。"他交给瓦利德一把锈迹斑斑的钥匙，当年他就是用这把钥匙锁上了贝泰塔的老屋，从此背井离乡。"我一直贴身带着它，"祖父对自己的孙子说，"永远不要让我失望。"

瓦利德拿不准该怎么处理这份礼物，这让他感到特别苦恼。起初，他以为祖父的意思是希望他能把祖祖辈辈居住的老房子要回来。但后来，他每天都端详这把钥匙，渐渐意识到它的意义非比寻常：这是一个象征，敦促他与以色列人实现和平，铭记祖父的教诲永不忘本。他的眼光开始不再局限于这把钥匙本身，放下痛苦的历史包袱，追寻它的精神意义，为采取切实行动创造了可能。他与一位以色列教育学家合作，开展了一个名为“谢兹”的谈判培训项目，专门为政府和私营部门培训新一代巴以领导者，产生了极大的反响。

（3）让每一方都得到100%。有一次，我问当时只有7岁的小儿子诺厄：“如果两个人因为一样东西打起来了，而这样东西对他俩都非常重要，以致谁都不能放弃它，你该怎么办？”诺厄看着我，不假思索地回答说：“分了它。”

在冲突的环境中，人们往往忽视诺厄的策略，为了争夺圣地或争议地区展开一次又一次战斗，结果是一次又一次带来死亡和破坏。但是，诺厄天真的回答自有他敏锐的一面：神圣这个问题，并不在于一块土地或是某个家族的传家宝，而在于人心。你不能忍受与他们分享土地或家族的戒指；你也不能忍受与他们通力合作，解决看似不可调和的分歧。然而，物质、土地和爱是能够分享的。对渎神辱圣的反击，可以把你带入和谐的境界。

不过，如果两个国家都声称对一块神圣的土地拥有全部主权，你又该如何把这块土地一分为二呢？这就是当年摆在厄瓜多尔总统哈米尔·马瓦德面前的一个难题。当时，他与秘鲁总统阿尔贝托·藤森为解决两国长期边界争端进行谈判。双方领导人都宣称一片名为蒂文察的狭长土地属于自己的国家。最终，这两位总统找到了一个令双方都满意的解决方案。厄瓜多尔拥有这块土地的所有权，尤其是埋葬厄瓜多尔阵亡将士的那块地方，而秘鲁则拥有土地的主权。两国政府首脑同意将把争端领土变成一个国际公园，未得到双方政府的同意，不得进行任何经济、政治或军事行动。

解决问题与确认身份认同要双管齐下。尽管你付出最大的努力去尊神崇圣，解决遗留问题，仍然会因为过于关注问题的解决而把对神圣问题的关切降至最低。在另外一些场合，对话又可能太多集中在理解双方的个人恩怨上，以致谈判进程实际上陷入停顿状态。

变焦法这种简单的工具可以帮助你控制这种局面。想象自己通过一台照相机观看冲突。你可以把镜头拉近对准冲突的特定方面，解决具体问题；你也可以把镜头拉远讨论双方更加广泛的认同问题。但是，准确知道什么时候该拉近，什么时候该拉远，可是一个重要的技巧。一般比较可行的做法是先拉远，这样你就可以了解对冲突各方而言哪些问题事关重大。交流完各自的观点和立场之后，再拉近解决具体问题。如果对话失焦，或者变得过于紧张，再拉远回到让双方走到一起的大目标上来，重新协调立场。只要对这个过程的态势变化保持清醒，了然于胸，你就可以缓解讨论神圣问题时的紧张情绪。

在谈判神圣问题时，最大的挑战在于化解冲突需要牺牲。这个令人不太舒服的现实，也是在这么做的过程中会爆发愤怒、恐惧以及羞愧等强烈情绪的原因所在。[35] 与另一方达成协议，往往会让你感觉背叛了自己的理想、神圣的价值观，以及那些为你的事业战斗牺牲的烈士。唯一一个成功的解决办法可能是，你必须要留出一些感情和政治空间，考虑为大善而牺牲，承认牺牲带来的收益大于继续冲突的成本。随着对话的深入，你必须拉近镜头，聚焦有关牺牲利弊的讨论，然后再拉远，验证各方对其最终关切的承诺。

# 小　结

神圣问题引发的冲突是一种高风险冲突，妥协感觉是不可思议的。在这种情况下，尊重并承认各方视为神圣不可侵犯的禁忌，制订各种方案弥补巨大的鸿沟，会有助于冲突的解决。最后，涉及神圣问题的冲突并没有完美的结局。解决这类冲突的挑战在于建立互利，同时最大限度地减少牺牲。哪怕仅仅是加强对另一方视为神圣的事物的认识，也是一个巨大的进步。

## 个人应用工作表

1. 对你来说，冲突让你个人的哪些方面感觉受到威胁？例如：你的信仰、仪式、忠诚、价值观以及情感上的重要经历。

2. 对另一方来说，冲突又让对方个人的哪些方面感觉受到威胁？

3. 你如何帮助他们更好地理解哪些事物对你是神圣的？

4. 你如何能够更多地了解他们对神圣的认识？

5. 你如何让另一方知晓你已理解他们视为神圣的东西？重读本章关于讲“人话”和讲“神话”的对照表，想想该如何讲“神话”。

# 第9章

# 运用身份政治达成一致

> 没有人类的历史，只有人类生活各个方面的无数的历史。其中之一，就是政治权力的历史。它被拔高为世界历史。
>
> ——卡尔·波普尔

思考以下三种情景有哪些共同之处。

第一种情形，问题重重的婚姻。一位名叫凯茜的朋友哭着给我打电话，她与乔的婚姻走到了尽头。作为旁观者，我对他们之间的那点儿事还是看得比较清楚的：他们之间确实有分歧，但他们的父母还是极不明智地鼓动两个人打下去。每次凯茜给她妈妈打电话寻求安慰，妈妈的回答总是："你完全正确，凯茜，乔错了，而且像以前一样只考虑自己，不管别人。我真不知道你还怎么跟他过日子。"同时，乔的妈妈也站在儿子一边，认为凯茜"不好对付""认死理"。父母的呐喊助威为他们的婚姻画上了句号。

第二种情形，公司分歧。一家跨国公司的研究部门和市场部门正在上演如火如荼的地盘之战。双方都害怕另一方出坏招儿，破坏自己的生产力，“窃取”资源。随着下一年度预算编制工作的开始，两个部门的领导者分别求见首席执行官，鼓吹本部门才是公司的“灵魂”，才是公司资源更加明智的投资选择。

第三种情形，动荡不安的国家。塞尔维亚总统斯洛博丹·米洛舍维奇在科索沃加兹美斯坦面对大批群众发表演说时，引用600年前塞尔维亚在科索沃的失败发出民族主义的战争号召。“让科索沃英雄主义的记忆永世长存！”他高喊道，“塞尔维亚万岁！南斯拉夫万岁！民族和平与手足情谊万岁！”许多观察家都将这次演讲视为导致科索沃战争爆发的引爆点。

上面每一个例子的背后，都有第五大诱惑——身份政治的身影。身份政治会破坏婚姻的感情生活，降低组织效率，危害地区安全。与其他诱惑不同的是，第五大诱惑往往有意用于操纵民意，制造民众对立情绪，为部落效应煽风点火。但是，如果使用正确的策略，你也可以运用身份政治改善关系，化解冲突，实现双方皆大欢喜的结果。

## 什么是身份政治

人是天生的政治动物——这是亚里士多德在2000多年前留下的一句评价。[1] 你的每一句话，每一个举动，都向外人传递着有关你政治立场的信息。你可以努力经营与上司的良好关系，或者对一位朋友感恩戴德，以此加强自己的人际交往。因此就有了政治学家哈罗德·拉斯韦尔那句著名的评语：政治就是“谁何时和如何得到什么”。[2]

所以，身份政治就是指对自身身份进行定位以实现某一政治目的的过程。[3] 你会明确自己的政治抱负，并将自己的身份认同与某一权力架构中特定的个人或集团统一起来，从而增加你实现这些目标的概率。但是，你也会为与某一特定集团而不是另一个集团的结盟付出代价。

身份政治是政治领域的事——在这个社交圈子里，人们之间的互动交往是为做出政治决策服务的。在这类圈子中，政府是最为人所熟悉的，但其实婚姻、友谊乃至工作环境也都属于这类圈子。每个圈子里都会因为谁得到了什么，以及以什么为代价得到的而明争暗斗，攘攘不止。

回头再看看本章开头的三个例子，我们现在可以知道人们是如何对自己的身份认同进行定位，以服务于某些政治目的的了——以及为此付出的代价。

- 在凯茜和乔坎坷的婚姻生活中，双方的母亲都希望保护自己的孩子免受情绪压力的影响（目的），并坚定地站在子女一边，成为孩子的忠实支持者（定位）。两位母亲都竭力贬低对方指摘的正当性，同时强化己方子女的正义感，但这在无意之中破坏了夫妻关系（代价）。
- 在公司的例子中，研究和市场部门的领导者都希望获得更大的财务资源（目的），并与首席执行官私下接触，据理力争，显示本部门对整个组织的重要意义（定位）。但是，他们的行动让双方长期以来的不和关系火上浇油，也降低了组织的劳动生产率（代价）。

- 在塞尔维亚的例子中，米洛舍维奇渴望动员民众力量，支持他建立大塞尔维亚的理想（目的），通过在科索沃古战场旧址发表演说，唤醒塞尔维亚的民族主义精神（定位）。但是，他的言行也使得该地区民族政治团体之间的分歧更为激化；随之引发的暴力活动导致大量无辜生命的伤亡，米洛舍维奇本人也被指控犯下反人类罪，被送上前南问题国际刑事法庭受审（代价）。

身份政治可以体现在日常生活的各个方面。在大多数情况下，它的影响只是在幕后，几乎不为人所注意，比如你家孩子赞美你的新发型（定位），然后要求增加她的零花钱（目的）。但政治偶尔也有让人感觉不舒服的时候。一位邻居敲开你的家门，送上几块自家做的小甜饼（定位），然后问你能否帮助她的儿子在你公司找到一份工作（目的）。即使你从根本上排斥身份政治的操弄，但这种情况仍然是不可避免的。好比你今天走进会议室开会，你知道谁会坐在你身旁？你会最关注谁的意见？从纯粹实际操作的水平出发，你的身份认同也会影响到你能够动用的资源，并进而成为你获取特权或稀缺资源的敲门砖。[4] 除非你真的是乐在其中，喜欢玩弄身份政治，否则你早晚都会成为受其摆布的棋子而不自知。

## 政治操弄的潜在危险

为什么当合作关系更符合我们的利益时，我们却在冲突中沦为政治分歧的牺牲品？首先，我们对整个政治格局没有意识，这就削弱了我们对局势的影响力，反而容易受到外界势力的操纵。领导者会把某一种叙事强加给我们——就像米洛舍维奇对他的国家做过的那样——从而在我们与别人之间制造分歧情绪。[5] 其次，我们不是墨守消极身份不放，把自己限制过死；就是站在另一方的对立面，反对他们提出的一切方案。在极端情况下，我们会撕去核心身份的所有伪装，只从反对敌人的角度对我们自己进行区分定义，这也就是诺贝尔经济学奖获得者阿马蒂亚·森所描述的“激进”状态。[6] 再次，我们可能觉得被排除在决策进程之外，这进一步加剧了我们与他人的分歧。最后，我们可能没有其他方法阻止政治攻击。

本章余下的内容将提供一些切实可行的应对策略，化解上述潜在危险。

**表 6　政治操弄的潜在危险及对策**

| 潜在危险 | 对　策 |
|---|---|
| 对政治格局一无所知 | 了解政治格局 |
| 墨守消极身份 | 构建积极身份 |
| 依赖排他性决策进程 | 设计一个包容性的决策进程 |
| 没有办法阻止认同攻击 | 倡导政治包容 |

## 了解政治格局

人们会试图用政治手段反对你，但在你采取有效反制行动保护自己之前，首先需要对政治格局的各个要素有所了解。谁在影响谁，谁有潜力引发部落效应，阻碍问题解决？

## 注意两个层面的政治影响

黑猩猩和人类有很多共同之处。从表面上看，黑猩猩的关系似乎是围绕统治者构建的，最强壮的雄性居于权力金字塔的顶端。不过，著名灵长类动物研究学者弗兰斯·德瓦尔却发现，与这一正式结构并行的是一个更加非正式的权力组织，他称之为“重要职务的网络”。德瓦尔将这种等级结构比喻为“阶梯”，而非正式的结构则比喻为“网络”。

人类也要受到这两种层面政治影响的左右：阶梯式的等级架构和影响力的关系网。[7] 对这两套架构保持清醒的认知，有助于你更好地了解冲突背后发挥作用的政治力量。

### 阶梯：谁是上司？

大多数公司在组织上都能使每一个员工明确知道谁是上级，谁是下级：上司在上，下属在下，各级下属拥有不同程度的权力。但是，除了办公室那种极为刻板的组织架构外，正式的权力结构往往并不那么清晰。几年前，我要求当时只有 6 岁的儿子诺厄关掉电视去看书。他生气地对我抬起头，问：“谁是这里的上级，你还是妈妈？”这个问题合乎情理；诺厄正在琢磨看看能不能在家庭的权力结构中寻找漏洞，为他赢得多看几分钟电视的好处。让他遗憾的是，妻子和我都是这块地盘的上司。

即使阶梯的影响力没有明确划定，其作用仍然不可小觑。美国总统掌管着一个庞大的军事和经济综合体，因此有时被称为“地球上最有权势的人”。但是，当总统乘坐“空军一号”飞行时，飞行员却成为最有权势的人。换句话说，管理这个世界的并不止一套影响力阶梯。如果你试图在预算分配上影响你的首席执行官的决定，最好的方式可能是集中力量去影响首席财务官。

## 网络：谁是你的盟友？

政治关系也会受到你的社交网络的影响——和你交往，相互依赖的朋友、盟友和熟人所组成的关系网。这些人际关系是可以体制化的，就像那些通过婚姻、家庭或社会组织成员所形成的关系一样。当然也有一些普通的人际关系，比如工作中的同事或者一群朋友之间。

对你自己进行明智的定位，可以帮助你推动个人政治目标的实现。我们可以拍上司配偶的马屁，捐钱给大学以增加子女入学的机会，请一位交友广泛的家人帮助找份工作。大概所有语言都有类似于“门路”这样的词。阿拉伯人都认识“wasta”这个词，大致意思就是动用社会关系来影响决策。在汉语里，“关系”是指你可以求得好处和服务的人际关系。在西班牙语中，“palanca”表明你人脉丰富，有人缘。而在坦桑尼亚，一名外交官则向我描述了“utani”的独特内涵，这个斯瓦希里语单词描述的是竞争部落或村落中之间“可以互相开玩笑的友好关系”，“你可以拿任何事情开玩笑，而不必担心会侮辱别人”。[8] 所有这些词语描述的都是一种非正式的架构关系，也能推动政治目标的实现。

非正式网络是一种作用往往被低估的影响力工具。人们常常以为政治的堂皇大道在推动非正式关系的发展，但事实恰恰相反：富人只和富人对脾气，权力也只与权力打交道，这些非正式的网络往往才是谁在其特定圈子里执牛耳的决定因素。

你的社交网络会影响你的决策，部分原因是你会更容易信任你的密友，而不是你的上司。你的关系网就是你的部落，由你能够指望的亲朋好友组成。你可以自由选择你的朋友，知道他们会把你真正感兴趣的东西放在心上；而在大多数工作中，你选择不了你的上司，上司则会把他的利益看得比你更重要。就拿刚刚走马上任的首席执行官来说吧，他的第一道商业命令就是决定是否出售该公司的一部分业务。他会征求董事会成员的意见，因为董事会在影响力阶梯上的层次高于他。但他会向谁寻求信得过的咨询意见呢？他的聪明和忠实的行政助理。

## 积极主动地了解政治格局

每个人的认知都是连续性的。一端是那些你能够清醒地认识到的东西，比如你配偶脸上的愤怒表情。另一端则是那些你也不知道自己是否意识到的东西。例如，当你读到这一段的时候，背景中可能是一个时钟的滴嗒声，洗碗机发出的嗡嗡声，或者人们在附近交谈，但你不会有意识地去关注这些声音。就政治格局而言，最有效的认知方式是你必须对自己的认知时刻保持清醒的头脑。

**在别人试图塑造你的身份时要多加注意。**在冲突中，身份的塑造者们力求构建主导叙事。这在政治竞选中表现得最为明显，领导者试图将身份认同叙事强加给民众以求获得支持。候选人站在讲台上，宣称“我们”现在必须站在一起，在引发质疑的任何关键问题上打击“他们”。身份认同的塑造者会把争夺资源的冲突转化为一场身份政治游戏，无所不用其极地把民众统统压缩进一个单一的身份中。[9] 如果他们成功地塑造了你的身份，他们就获得了梦寐以求的大奖：你的效忠。

米洛舍维奇总统的目标是使塞尔维亚人接受民族主义的身份认同，从而有效动员起一支效忠于他的军队，实现他的政治野心。他越是起劲儿地把这种民族主义的意识形态鼓噪为塞尔维亚民族命运神圣不可侵犯的组成部分，他就越能成功地获得更多的支持者，同时让那些持不同政见的人闭嘴。

如果你开始感觉自己已经被描述你是谁的叙事限制住了手脚，那就要对这种环境多加留心了。在组织中，身份认同的塑造者往往出于他们自身的目的竞相塑造你的身份。我曾经为一位高管提供咨询服务，尽管最近他获得升职加薪，也因此赢得了更多尊重，但他仍然对自己的工作不太满意。他意识到，他升到更高位置之后，再也无法分辨清楚自己的下属是真心想亲近他，还是只想通过对付他获得某种政治利益。这种不舒服的模糊感觉时不时在他心里翻腾，而他只是到了最近才意识到这一点。再强调一次，当涉及身份政治时，认知成为至关重要的因素。

**要号准对方政治压力的脉。**在冲突中，你的谈判对手很少会唱独角戏。虽然你在谈判桌上可能面对的只有一个人，但他在幕后可是有大批同伴支持的，他们都是谈判结果的既得利益者。罗伯特·普特南称其为“双层博弈”：你的对手抗拒和解，但这可能与你一点儿关系也没有（第一层），一切的一切都是他们的内部政治压力所致（第二层）。[10] 在国际冲突中，两国领导人可能会愿意亲自修复受损的政治关系，但为了这样做，他们首先必须一一摆平决策机关、政府部门、利益集团以及自己顾问班子产生的各种内部关切问题。在婚姻冲突中，夫妻双方都会找各自父母商量，寻求他们的建议，就像凯茜和乔一样。而各利益相关方越能理解对方的政治压力，双方就越能占据一个更为有利的位置，制定可行的和解方案。

为了在冲突中号准对方政治压力的脉，就要设身处地地站在对方的立场上想问题，思考一下他们可能会试图讨好谁。这种智力练习帮助我化解了一家公司与咨询顾问之间的棘手冲突。这位咨询顾问名叫蒂姆，他从来没有收到过自己的服务费付款。他开出去一张发票，然后又一张，然后第三张。每一次，公司的项目经理都以新的行政管理规定回应："我们需要一张符合这些规定的新发票。""我们需要另一种发票，那种包含报销费用的发票。""我们需要不含报销费用的发票。"

蒂姆因为拿不到钱而深感无奈，更被这些电子邮件激怒，因为这些邮件似乎把迟迟不付钱的责任推到了他的身上。蒂姆意识到起诉那家公司将会耗费大量资金和感情，于是咨询我的意见。我们注意到，并非所有的电子邮件都把责任归咎于蒂姆，只是抄送项目经理的上司的邮件才有这方面的意思。看起来似乎是项目经理正在试图掩盖她自己的管理失误，希望通过怪罪蒂姆让自己在上司面前显得认真负责。认识到这种政治上的小手段之后，我劝蒂姆表扬一下项目经理的坚持不懈（至少她从来没有停止通信），然后打电话给项目经理的上司，要求加急付款。结果，蒂姆在一周之内就拿到了支票。

同样的原理——号准对方政治压力的脉——对国际和解也发挥了至关重要的作用。美国前国务卿詹姆斯·贝克在哈佛法学院谈判课程授予他年度谈判大师奖时对此有过一番回忆。苏联解体后，美国本来可以宣布冷战的胜利，但贝克和老布什总统决定“我们应该做的唯一一件事，就是不去幸灾乐祸”——尽管这样做要顶着本国政党要求宣布胜利的内部压力。这两位领导人更加关注的是保持胜利的成果：建立长期合作关系，促进国际稳定。如果美国宣布它在冲突中取胜，新生的俄罗斯联邦领导人会在内部面临更加严峻的政治压力，削弱他们的政治权力，并将使美国面对一个更加软弱的谈判伙伴。

**警惕搅局者。**搅局者是一些试图破坏你为化解冲突所付出的心血的人，而身份政治则是他们武器库中最重要的工具，因为对他们来说，冲突激化要比化解冲突更加符合其政治利益。

有一些人属于不自知的搅局者，例如凯茜和乔这一对争吵不休的小夫妻的妈妈：两位母亲的愿望是好的，但他们的行动却动摇了子女的夫妻关系。还有一些人属于故意搅局者，这些人热衷于破坏协议，包括放慢作业速度的心怀不满的员工，以及企图破坏和平谈判的政治团体。故意搅局者通常都在暗地里使劲儿，因为匿名是他们最大的武器。

搅局者往往在开始时是支持谈判进程的——以此赢得你的信任，但随后就在达成和平解决之前一点一点地削弱它。在莎士比亚名剧《麦克白》（*Macbeth*）中，班柯提醒麦克白说：“为了害我们，魔鬼常常会对我们讲真话，用实实在在的小事骗取我们的信任，却让我们饱尝最不堪的后果。”

要识别搅局者的真面目，首先要摸清整个政治格局，看看有哪些个人或团体的身份认同会因为和解而受到威胁。搅局者抵制变革，他们担心自己的权力等级地位就此消亡，原本具有影响力的社交圈子也会由此异化。

艾米就遇到了这种情况。她是一家技术公司的高级经理，这家公司规模中等，但正在快速成长。她注意到一位名叫杰克的高级技师和近 20 年的明星员工最近工作开始出现反常。他推迟了项目，散布有关“管理无能”的谣言，而且带着明显急躁的情绪来上班。杰克已经成为组织内部的搅局者。但是为什么呢？艾米注意到，一位年轻的新聘员工最近加入了杰克的团队，带来堪称完美的技术技能，因此怀疑杰克可能把新员工当作了一种政治威胁。

与艾米见面时，杰克坦诚相告：“我担心你想替换我，说我对这家公司来说太老了。”

艾米对此感到惊讶，连忙向他保证：“绝对不会！我们决定招聘新员工，目的是为你提供支持，而不是要替换你。高级管理层相信你会成为一位伟大的师傅。”艾米消除了杰克的恐惧，他又恢复了一贯高效的工作状态。

## 构建积极身份

在冲突过程中，你可能会变得过于专注于打败对手，以致你采取了消极身份：你对自我身份的定义，完全站在对方的对立面上。一个典型的例子是某位牧师的叛逆儿子对父亲非常藐视，以致他转而信仰无神论并开始酗酒。政治性的广告宣传也有着相同的特点，候选人只想着怎么把对方搞臭，宣传自己的优点和长处反而变得无关紧要。如果你采取了消极身份，就会成为任何和平解决方案的绊脚石，因为在冲突化解的那一刻，你的消极身份也就失去了存在的意义——结果，化解冲突本来应该受到人们欢迎，反而使你的存在意义受到重大打击，这种转变实在太过讽刺了。

为了抵制消极身份的诱惑，我们需要有意识地构建积极身份。这就需要你改善与对方的关系——也就是你的关系身份——以积极的基调重新定义你的核心身份。

## “不断强调我们”

克服政治分歧最有力的一项建议，是坚持不懈地强调你的冲突是一项需要共同面对的挑战。这不是你和另一方的竞争关系，而是你们双方要共同努力化解冲突。部落效应不停地把你引向分歧，而你则必须以更加强烈的姿态回击，更加坚持对合作价值观的重视。我将这种态度称为“不断强调我们”。

回忆一下“部落练习”。在每一次世界得到拯救的罕见情形中，共同之处并不是那些理性诉求的表达，而是学员们对终极目标近乎顽固的坚持，而这一终极目标也是大家的目标：拯救我们的世界。

这样一种感悟曾经深深打动了我。一天，一阵急促的敲门声惊动了我。我打开门，是一位惊慌失措的邻居。“你听说了吗？”

她问道，浑身颤抖。“马拉松比赛遭遇恐怖袭击。我们不知道南茜有没有事。”南茜是我们在波士顿郊外小镇的邻居，酷爱长跑。“还没有人听到她的消息。”

我赶忙回到屋中，打开电视。两枚炸弹在波士顿马拉松比赛临近终点的地方爆炸，三人身亡，另有250人受伤。我的心怦怦直跳。那天我差点儿就带着我家几个小鬼去终点看比赛了，只不过到了最后时刻我选择留在家中加班忙工作才没有去成。

没过多久，奥巴马总统发表了一篇慷慨激昂的演说。他本来可以痛斥恐怖主义，表示美国将再度对恐怖主义宣战——从而为我们这个国家构建消极身份——但他并没有这么做，而是建立了积极的国家身份。“这里没有共和党，也没有民主党，”他说，“我们都是美国人，团结在一起，心系我们的同胞。”在可能把整个国家拖进部落效应的时刻，总统选择了抵制诱惑，选择把人民团结起来，而不是怒斥制造这场悲剧的身份不明的凶手。[11]

## 从积极的角度定义身份

积极身份是告诉大家你是谁，而不是你不是谁。对你的家庭、婚姻、公司、组织乃至族群来说，哪些才是至关重要的价值观？积极身份会把人员凝聚在共同的使命和价值体系下。

为了构建积极身份，首先要把能够体现身份认同的价值观和信仰罗列清楚。例如，在波士顿马拉松爆炸案之后，奥巴马总统强调了美国人民保持团结、关爱同胞的价值观。你的目标是阐明身份认同的支柱，让冲突各方的人们都能产生积极的回应，就像奥巴马总统发出的信息能够让所有人都知道在爆炸发生后美国人民应该相互关心，不分彼此一样。

几年前，我曾经访问北爱尔兰，并与北爱尔兰首席大臣彼得·罗宾逊及其领导团队会面。尽管《贝尔法斯特协议》（Good Friday Agreement）的签署结束了长达几十年的暴力行为，但在随后几年里，清教徒与天主教徒之间的紧张情绪再度加剧。北爱尔兰能够做些什么来避免身份政治？我的观点是，培训政治领导层使用谈判工具或许有用，但是仅仅靠谈判还是无法解决问题。

与首席大臣的会面更加坚定了我的信念，要想实现改头换面的变化，任何努力首先都需要从积极的角度对北爱尔兰业已为世人所熟悉的身份进行重构。我把这个想法告诉了一位与政治领导层保持非正式沟通渠道的牵线人。“国际社会往往把北爱尔兰与化解冲突联系在一起，”我解释说，“这是这个国家的成功之处。”他点头表示赞同。“但是，这种认知的问题在于，”我继续阐述我的观点，“人们还在继续把北爱尔兰与冲突挂起钩来。现在既然冲突已经平息，你们为什么不想办法为北爱尔兰塑造一个新的形象，着重介绍它的文化和自然之美呢？”

我想强调的是，重新定义北爱尔兰的身份是可行的——不是将北爱尔兰描述成一个被昔日冲突搞得四分五裂的地区，而是一个处处诱人、饱藏机会的新兴之地。为了维持和平大局，必须用积极的姿态重新描绘身份认同。

首席大臣、副首席大臣以及北爱尔兰权力共享政府来自各个党派的部长们以感人至深的合作态度一起工作，全力以赴让这个想法成为现实。[12]爱尔兰总统和英国女王也高调参与了多次象征性的活动，吸引世人对英爱两国身份密不可分的注意。[13] 除了这些努力，北爱尔兰一拨又一拨的持续紧张局势也凸显出长期追求积极身份，尽量避免让惨痛的历史记忆重新引发敌意所具有的重要意义。[14]

## 设计一个包容性的决策进程

在冲突中，人们往往躲在幕后操纵决策，导致政治分歧加剧，最终惨淡收场。为了鼓励合作性关系，有必要设计一个包容性的决策进程，让每个人都保持积极身份，同时以建设性的姿态解决棘手问题。

以你家要去哪里度假这个简单的问题为例来说吧。谁来做决定？谁又来决定由谁做决定？在我家，这个问题可以马上吵成一嘴毛。我妻子希望去加勒比海的小岛上放松身心；而我却对中东的沙漠心驰神往；孩子们则希望去迪士尼乐园坐云霄飞车；孩子的外祖父母力劝我们去找他们度假。于是，米娅和我就会使用以下简单办法来处理我们的两难困境。

### ECNI 法

这个办法提供了一个包容性决策的模板，同时也考虑了权威上的差异之处。首先，思考三个关键问题：（1）要做什么决策？（2）这个决策会影响谁？（3）每个利益相关方会在决策过程中发挥多大的作用？如果你认为某个利益相关方可能是个搅局者，你很可能希望把他排除在部分甚至全部谈判进程之外，但要好好掂量这种做法，因为对方有可能感觉受到排斥而寻求报复。

现在，请在纸上画出三列空格。在第一列写下需要做出的决策。在第二列列出决策影响的关键利益相关方。在第三列里，运用 ECNI 法[15]，判断哪一个利益相关方需要。

- 排除（exclude）在决策进程之外。
- 在决策前征询（consult）其意见。
- 与其协商（negotiate）以达成决策。
- 在做出决策之后向其通报（inform）决策内容。

一天晚上，米娅和我坐下来讨论谁可以参加度假的谈判，谁应该仅仅征求其意见或知道结果就可以了。表 7 是我们考虑的结果。我征询了系领导关于度假时间的意见，确保在那段时间没有给我安排任何重要的学术会议；然后，米娅和我又征询了父母和孩子的意见，了解他们的意向；最后，我们两个人协商确定了度假的地点并将我们的决定通报给所有人：我们将在夏天前往布洛克岛，享受那里的阳光、沙滩以及户外远足，然后，我们在寒假去找孩子们的外祖父母，一起去迪士尼世界。我们决定在所有子女能够自己走长路之前，不安排任何出国旅游。我们还同意如果任何一位利益相关方反对我们的提议，我们将与其进行协商。使用 ECNI 法——排除、征询、协商、通报——我们简化了决策的政治因素，享受了一次美妙的假期。

表 7 使用 ECNI 法做决策

| 需要做什么决策 | 会涉及谁 | 参与的程度 |
|---|---|---|
| 家庭度假安排在什么时间，去哪里度假 | 米娅 | N |
| | 丹 | N |
| | 父母 | C（关于地点和时间），I |
| | 孩子们 | C（关于地点） |
| | 上司 | C（关于日期）以及 I（关于地点） |

注：E = 排除此人；C = 征询此人意见；N = 与此人协商，I = 事后通报此人。

## 多方冲突：类聚

如果冲突各方的规模庞大，人数众多，身份政治还会加剧分歧。有些冲突参与方会感觉在政治上被排除在了决策进程之外，因此会变成潜在的搅局者，这种风险是相当大的。即使每一方都秉持善意，单单协调这一大群各怀心思、利益诉求各不相同的人进行协商谈判，就是一项极其巨大的挑战，一不小心就会导致两极分化。

解决的办法是将大家“类聚”（clump）为几个可控的小集团，每个小集团都安排自己的代表，从而确保每个人仍然可以正常表达自己的政治诉求。例如，我们可以想象一下，让 172 个国家的 7000 多位代表参加全球峰会并就国际环境政策达成一致，该是一件多么困难的事，更不用说每个国家都有自己的利益诉求和期待。而这就是摆在许通美（Tommy Koh）大使面前的挑战。作为当年里约热内卢地球峰会的主席，哈佛法学院谈判课程“谈判大师奖”获得者[16]，许深知要让每个人相信自己是决策进程不可或缺的组成部分，所以，他想方设法使与会代表类聚在一起。这样，代表拥有共同利益的国家集团只需要派出一名代表进行谈判就可以了，例如“石油和煤炭生产国”“受到海平面上升威胁的岛国”以及“热带雨林保护倡导国”等。当他把 7000 名与会代表分为数量可控的代表团之后，就可以阐明通报、征询和协商的政治流程，使这次地球峰会成为有史以来最高效的全球超大规模会议之一。

## 倡导政治包容

不管你多么努力去构建积极身份，也永远避免不了人们通过身份政治来反对你。所以，采取前瞻性行动，保护你的身份免受伤害，就具有至关重要的作用。在这方面，有三种策略被证明特别有用。

### 点破真相并提出新的解决方案

如果你感到身份政治破坏了你所珍视的关系，那就把真相点破并提出实现包容关系的新思路。以凯茜和乔的婚姻冲突为例，夫妻俩的妈妈们一边倒地支持各自的子女，从而引发强烈的情绪对抗。凯茜可以这样告诉自己的妈妈：“妈，您知道我爱他，谢谢您的支持。但每次我和乔打架，您都数落他的不是，这只会火上浇油，让我对他更加生气。下次我心烦意乱来寻求您安慰的时候，您能不能帮助我也从他的角度看问题？”讲出这样一番话是需要勇气的，但事关爱与恨，甚至是这段婚姻能否延续，所以该说的时候还是要说。

倡导包容性政治同样有利于国际领域的和解。几年前，我在约旦引导过一次探讨促进巴以冲突解决途径的不公开会议，与会者是来自巴勒斯坦、以色列以及阿拉伯国家的多位领导人。在这些领导者讨论组建更加强力的安全机构以稳定地区局势时，一位已经不胜其烦的小组成员，阿拉伯某国的前国家元首，终于忍不住了：“以色列怎么才能变得更强大？是绕着自己修一圈围墙，还是在自己的首都开设22个阿拉伯国家的大使馆？”他的观点自然是有争议的，却极为有力：只有政治包容，才能建造沟通之桥。

## 增强你的结构性力量

政治是权力的游戏，而权力往往并不取决于你是谁，而是取决于你在社会网络或影响阶梯中所处的位置。人们总是与社会网络和影响阶梯中更有权势的人物结盟，借此保护自己免受政治伤害。相对于身处底层备受压榨的雇员来说，进入上司的私人小圈子，会获得更大的工作安全感。

如果你是弱小的大卫，面对巨人歌利亚的威胁，就需要寻求加强自己的结构性力量。第一种方法是建立政治联盟。寻找那些志同道合的人，把大家的力量团结起来。例如，在冷战中就有一大批国家联合在一起，成立了“不结盟运动”（OAS），与美苏都不建立正式的联盟关系。在那个大半个地球被帝国主义和殖民主义瓜分的时代，“不结盟运动”成为一股重要的抗衡力量。

第二种方法是为你自己找到一个合适的位置，能够对你的对手发挥政治影响力。这方面的例子是非盟妇女、和平和安全特使比内塔·迪奥普。我曾经做过一个项目，构建预防冲突的全球课程，迪奥普在这个项目中是我的同事。她向我描述了刚果民主共和国的内战经历。政府和叛军爆发战争之后，妇女成为最主要的受害者，因此许多女性希望为和平谈判做出贡献。所以，比内塔和她所在的非洲妇女团结组织（Femmes Africa Solidarité）动员许多非洲女性高级领导人与当时只有 30 多岁的卡比拉总统会谈，[17] 她们从道德、年龄和性别的高度汲取政治力量，表达政治诉求。“作为您的母亲和姐妹，我们为和平而奔走，”迪奥普对卡比拉总统开门见山，大胆直言，一下子就引起了他的注意，“我们有好多话要对您说。”他们的会议持续了好几个小时，总统最终对他们与叛军会谈的计划表示了支持。这次行动连同其他许多相关努力为妇女参与刚果民主共和国的政治谈判铺平了道路，其中就包括在太阳城举行的多次会谈，就许多重要事宜达成了协议。

增强结构性力量的第三种方法是开展社会活动，保护你的身份免受伤害。你可以致力于制定新的法律、组织政策或家庭规矩以实现这一目标。这个过程需要时间，但成果也是巨大的。以美国为例，1964 年的《民权法案》禁止种族、宗教、性别和国籍上的歧视。尽管歧视仍然存在，但是这样的社会政策还是提供了一面重要的保护之盾。

如果你是歌利亚一般的强者，那么也有一些建议供你斟酌。你的力量强于另一方，但这并不意味着你就一定要把自己的战略地位最大化。你也可以通过与对方分享权力来扩大你的影响力。不是强迫对方做你想让他们做的事（胁迫），而是邀请他们加入，把任务完成（协作）。[18]

建立合作关系通常是一种良好的长期政治策略。胁迫威胁到了对方的自主性，导致潜在抗拒和怨恨；胁迫可能在短期内会产生效果，但是长期来看是无效的。而协作则完全相反，增强了各方的自主性感受。通力合作应对分歧，只会加深对化解冲突、尊重成果的整体情感投资。例如，管理者可以通过协作而不是胁迫更好地激励员工，因为员工会对公司产生更加强烈的归属感，对他们生产的产品也会增强主人翁精神。

同样的原则也能够强化政治领域的成功。坦桑尼亚首任总统朱利叶斯·尼雷尔的治国之道就是一个例子。坦桑尼亚生活着125个族群部落，因此在身份政治问题上，国内民众意见分歧是普遍现象。但是尼雷尔把国家认同置于部落认同之上。[19] 他在大部落中分享政府权力，避免让某一个部落独掌全部大权。他宣布禁止对人民的部落背景进行公开普查；命令所有阶层和部落都必须义务服兵役；并且明确表示，他之所以成为总统，并不是因为他的特定种族背景，而是因为他的领导能力。[20] 这些努力大获成功：尽管非洲的其他国家仍然面临一拨又一拨的暴力冲突，但坦桑尼亚维护了国家的和平。

## 打造良好的政治关系

保护你的身份免受伤害的最后一个，同时也是最有力的方法，是积极构建与对手的友好关系。这就需要继续“不断强调我们”。两个有历史宿怨的国家应该投入大量资源建立良好的关系，最明智的民选官员应该在上任前与他们的政治对手会面，建立建设性关系，确保未来在分歧问题上展开合作。我以前的一个学生一路奋斗，终于在国会坐到了一个重要的位置，在她走马上任之前，她在城市郊区的一所农舍里会见了她的政治对手。她后来告诉我，那次聚会是她以后成功弥合政治分歧的关键。

良好的关系是真诚的、友善的，对紧张局势有一定的适应力和抗拒力，也允许开诚布公地讨论分歧而无须担心其后果。但是，这样的关系是需要维护的。试图促成和平的谈判代表必须与有关各方时刻保持沟通，随时准备应对危机。

那个“不断强调的我们”必须要“不断”努力，才能修成正果。

## 小 结

身份政治离不开对权力的掌控，而权力大小取决于关系：你的权力是通过你与其他人的关系来获得的。对身份认同进行消极的政治操弄会使你陷入敌视对抗的关系之中，随着冲突的螺旋式升级，最终成为部落效应的牺牲品。另外，积极的政治运筹则会巩固合作关系。构建积极的身份政治，基本策略简单明了：明确你是谁，你不是谁；然后持之以恒地坚持自己的立场，把朋友搞得多多的，把敌人搞得少少的。

## 个人应用工作表

1. 谁有可能是另一方的幕后操纵者——如何影响和操纵？

2. 你怎么才能把这些幕后影响者一一列出以促进冲突的解决？例如，你是否有可能与他们建立关系，或者邀请一位双方共同的朋友来帮助你赢得对方的支持？

3. 谁会从搅乱你的和解努力中获取利益？你该如何阻止他们这样做？

4. 如果你感觉另一方更加强势，重读本章相关内容，了解如何增强你的结构性力量，制订策略扩大你的影响力。

5. 你可以做哪两件事来将冲突重塑为一种“共同的挑战”？你可否征求另一方有关化解冲突的意见？承认共同的关系？（“我们是兄弟，为了我们的家庭我们也要把这个问题解决。”）

# 第三部分　如何建立和谐关系

# 第 10 章

# 架起消弭分歧的桥梁之四步法

欣赏已故爵士乐大师迪兹·吉莱斯皮的演奏，是一种绝无仅有的享受。他把小号放在嘴边，噘起双唇，双颊气鼓如球，乐器中流淌出节奏明快的悠扬曲调，时而像车行歧路跌宕起伏，时而如潺潺溪水汩汩而流。在轻柔鼓点的伴奏下，钢琴弹出三个重音，迪兹紧接着吹出了一段强有力断奏——嘟—踢踏—嘟—嘟—轰——又一次打乱节奏，然后以势不可当的速度和气势倾泻出一连串降音。大开大阖的音调和节拍，如狂草泼墨，如乱石穿空，肆意不羁，天马行空，却又交织成为一个惊人的统一整体，构成一部和谐的音乐狂响曲。

爵士乐是一种用不和谐的音符奏出和谐乐章的艺术形式。在爵士乐中，不和谐的音符比比皆是，然而却被更深层次的综合性力量结合在一起，形成了一种独特的艺术风格。

这种深层次的力量对于化解高度情绪化冲突也发挥着至关重要的作用。为了让已经破裂的关系重新弥合，你需要找到超凡的合一性。当你感觉自己的核心身份与对方格格不入时，不要让五大诱惑打消你对建立和谐关系的追求。你有让自己的内心世界保持和谐的能力，你也有与他人建立和谐关系的能力。[1]一旦你坚信超凡合一是可能的，就要放开自己的身心去找到它。迪兹·吉莱斯皮无疑也有不在状态的时候，也会徒劳地寻找那种只可意会无法言传的创作灵感而苦求不得。他会时不时地对自己的表演感到不满，而这个时候超凡合一就成了可遇而不可求的东西。但只要他的状态一出来，他的表演就一定是完美无瑕、无懈可击的。他把古巴黑人的韵律与美国黑人的爵士乐融合在一起，用闪电般的速度奏出一个又一个飘忽不定、高低错落的音阶，乍听似乎处处支离破碎，但最终汇成一曲整体效果高度完美和谐的波普爵士乐。

## 化解冲突的常规之道已经不敷堪用

两种化解冲突的正统方式——有立场的讨价还价以及解决具体问题——已经被证明不足以在高度情绪化冲突中实现超凡合一。

### 有立场的讨价还价？

在有立场的讨价还价中，你和对方各自采取坚决的、相互对立的立场，而且坚持各自的立场毫不动摇，顽固地拒绝让步。这种方法最适合那些直来直去的简单交易。例如在购买新车时，你会要求一个低价，经销商则还以一个较高的价格，然后你们就会来回拉锯，直到最后在中间的某个价位上达成一致。双方皆大欢喜，继续该干吗干吗去。

不过，当身份认同受到威胁时，有立场的讨价还价谈判恐怕就要功亏一篑了。身份意味着人生意义、记忆和叙事三者的不可分割。如果削弱身份的重要性，使其成为可以买卖的大路货，随随便便就妥协，那就破坏了它的根本性质。对于几乎任何人来说，这种存在主义的妥协都令人反感。想象一下，两位领导人正在就一块神圣的土地进行谈判。

> 政治家 A：如果你牺牲 20% 的宗教价值，我们会再给你 20% 的土地。
>
> 政治家 B：我永远都不会同意！我建议双方都牺牲 10% 的宗教价值。出于对我的人民的尊重，你再增加 20%，而我们可以保证使你的人民的耻辱感下降 5%，有效期为两年。
>
> 政治家 A：但你必须要在合同中加上一条，规定你们将抹去我的人民的所有负面记忆。成交吗？

上述谈判的整个前提，即核心身份可以进行量化调整和交易，在方法上存在根本性的缺陷。然而，即使在达沃斯，各国领导人仍然会顽固地坚持各自的立场，想当然地以为他们的任务只是说服其他人加入他们的部落，直到地球在有立场的讨价还价中爆炸。

## 解决具体问题？

第二种化解冲突的常见办法是合作解决具体问题，也就是鼓励你和另一方研究总结支持各自立场的基本利益，然后设计出最能满足这些更深层次的动机的协议。[2] 但是这种方法面对高度情绪化冲突也存在着严重的不足。

谈判圈子里有一个非常著名的例子。[3] 两个小姐妹争一个橙子。“我要这橙子！”其中一人叫道。“不，这是我的！”另一方回击。她们拉来扯去争闹不休。过来劝架的妈妈也被她们闹得身心俱疲，不胜其烦。她该怎么办？一分两半，还是告诉姐妹俩谁也得不到这个橙子，抑或干脆自己吃了它？妈妈不愧是解决具体问题的高手，最后问每个宝宝：“你为什么要橙子？”妹妹吸溜着鼻涕说她需要橙子的维生素 C 以帮助她治好感冒。姐姐则说她在做馅饼，需要果皮。啊哈！解决方案一下子明朗了。妈妈对女孩子们既定立场背后的深层动机进行了解，判明了两个人的根本利益，她可以让每个女儿既能得偿所愿，又不用做出任何妥协。

问题解决了！真的解决了吗？我原来以为是解决了，直到后来我也成为一位父亲。我养了三个儿子，这三兄弟对于相互之间争来斗去简直无师自通，解决具体问题充其量只是一种临时性的解决方案。在现实世界中，上面故事里的那位母亲在化解橙子纠纷之后，等到的不过是几分钟后两个小姑娘因为谁应该得到更大块的饼干或最后一块馅饼或者其他什么问题而再次爆发新的争吵。换句话说，那位妈妈可以治标，但治不了本。姐妹俩都表达出强烈的情绪，要求按自己的方式来，其实暗示了更深层次的关切——那些涉及身份的关切。谁更强？谁更聪明？谁更被父母偏爱？除非这些问题都得到正视和处理，否则解决眼前的问题也就只是暂时阻止了新的冲突。[4]

为了化解高度情绪化冲突，我们需要找到另一种解决冲突的方法，而迪兹·吉莱斯皮的“不和之谐”（discordant harmony）不失为一条出路。

## 合力作用的力量

为了调和紧张关系，我们需要召唤合力作用的力量——这是牵引着你建立更多关系和联系的情感力量，而其中最稳定的联系就是超凡合一。在这种状态下，你将不受相互对立的观点的左右，超越我们和他们的对立两重性。[5] 合力作用将你和对方联系在一起，构成一个整体，既相互独立，又和谐统一。五大诱惑是将你引向分裂（无论你们之间有多少共性），而合力作用则是将你们引向统一（无论你们之间有多少分歧）。

合力作用拥有强大的力量，可以将人与人的关系由对抗转变为合作，[6] 把情感能量的习惯性中心由敌意转变为友好。[7] 但是，实现这一目标需要一个情感激烈变化的过程，不停地促进相互联系的感情，直到它们的出现不再受你的自觉意志掌控，让你感觉仿佛天空突然阴转晴。我把这个过程看作是一次关系皈依，通过这个过程，你对你和对方之间存在的情感空间进行了有效转化。就像宗教皈依一样，关键是要相信改变是可能的，并打开心门让自己接受改变。当然，你仍然会感觉到一些痛苦的情绪，但是如果你相信合力作用的力量，你的治愈本能就会随之发生作用。

合力作用会把你引向大同心态，其特点归纳如下。

1. 合作。不是把对方完全视为一种威胁，而是要找到联系的纽带，突出它们，打造合作关系。你不会无视分歧，但你也不会把分歧变成分裂的基础。

2. 同情。大同心态，就是要以慈悲之心一视同仁地对待自己所处的困境以及对方所遭受的痛苦。在冲突中，有些人可能会遭受比其他人更多的苦难，但所有人都会感到一定程度的痛苦。慈悲为怀是一种人文理想，因为它证明了你的动机超越自身利益。[8] 随着你们之间的关系逐渐改善，你们之间自然而然就会增进慈悲为怀的同情心。

3. 开放。在大同心态之下，你的身份认同是开放的，是与他人相互联系的。身份之墙不再是铁板一块，而是充满很多空隙和管道，让你能够聆听和了解对方的关切，并分享自己的喜忧。人们不再深陷于对核心身份的争斗，而是让自己畅想新的、有创造性的方法以建立相互之间的联系。

**表 8　部落效应和大同心态的对立属性**

| 分裂心态（“部落效应”） | 大同心态 |
| --- | --- |
| 对抗 | 合作 |
| 自恋 | 同情 |
| 封闭 | 开放 |

合力作用分为四个步骤，最终达到修补受损关系、克服身份差异的效果。图 8 描述了这些步骤以及它们之间的相互关系。简而言之，这个过程从试图理解你和另一方如何看待你们在冲突中的关系入手。双方要倾听并承认对方的叙事，然后共同合作，克服情感上的痛苦。一旦双方关系解冻，也就为建立真诚的关系提供了机会，而真诚的关系则为双方把相互关系重塑为共同确认的叙事奠定了基础。下面的几个章节将引导你完成每一个步骤。

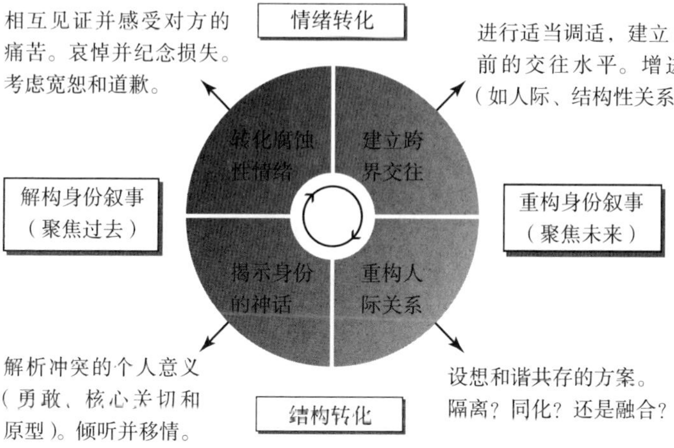


**图 8　合力作用四步法**

## 合力作用的原则

在讨论合力作用的具体内容之前，先对这种方法及其目标有一个宏观上的整体了解，效果会更好。有几项主要原则需要谨记在心。

### 目标：追求和谐而不是胜利

在高度情绪化冲突中，你可能会渴望战胜对方，但这样的话就不太可能为和平与稳定创造条件。你的胜利是对方的失败，随后产生的怨恨情绪往往会激发某种形式的报复。

合力作用的目标是构建与另一方以及你内心深处的和谐关系。关于土地或其他有形问题的实质性分歧是可以解决的，但在身份认同上的分歧则必须进行协调。你不能让对方的意志屈从于你的信仰，但你可以改变双方关系的性质，在超凡合一的框架下看待你们之间的分歧。

## 和谐之路是一个非线性的过程

虽然我把合力作用描述为一个由 4 个线性步骤组成的单纯的循环过程，但严格意义上来说，这种描述其实并不准确，反而更多是一种便于读者理解的指引。[9] 为了促进合力作用的发挥，你必须要在这 4 个步骤中不停地变换位置，好像是进行一次情绪起伏的飞行：前一天你还在鄙视那个挨千刀的，第二天你又会有那么一丝丝的原谅之心，然而进入第三天，义愤之情又再度占据上风，直到一周以后才心怀懊悔地重归于好。

这 4 个步骤也绝非终极大法，因为达成和解的路径千千万万，不止一条。但是，与其给你提供一本 1000 页的大部头，让你面对海量的实用信息无所适从，我还不如选择我认为比较关键的、从总体上看又好记又好用的一些要素供你参考，帮助你解决小到婚姻纠纷大到国际争端的各种冲突。

## 和谐之路兼顾历史和未来

高度情绪化冲突把我们扔进一片大海，其中既有不堪回首的辛酸历史，也有对未知未来的恐惧，我们面对着一个基本的选择：我们应该专注于医治过去的创伤，还是携手合作，共同促进未来关系的改善？

一个以偏好精神分析著称的智库认为，不能正视历史，就注定会重蹈历史覆辙。如果一个少数族裔认为自己在历史上是备受

“当权派”社会歧视和虐待的牺牲品，那么在没有为其认定的不公获得任何金钱以及象征性赔偿之前，这个族裔是不可能完全融入并热心参与它所生存的公民社会的。而且即使进行了这样的关系修复，历史仍然会让他们的社会归属感蒙上一层阴影。

另一组学者则认为，重提历史悲剧只会让旧日的冲突不断重演。这种观点的逻辑是，“悲剧已经酿成，历史不能重演。现在最好是共同解决当前面临的问题，建立强有力的新型关系，而不是老调重弹”。合作解决问题的立足点就是朝着这个方向去努力，让争论的双方把焦点放在如何为解决紧迫问题制订前瞻性的解决方案上。

那么，哪一个学术阵营的观点是正确的？他们说的都对，过去和未来都非常重要。[10] 过去的经历绝对会影响你现时的情感关系，就如同现时的情感关系会影响你未来的关系一样。问题是如何在尊重历史的同时，建设一个更加美好的未来。[11] 合力作用对这个问题采取了回顾历史与展望未来二者兼顾的策略。这种方法的前两步关注的焦点是历史问题，解构身份叙事，并与关系创作达成妥协。后两步则侧重于前瞻，重建关系，朝着超凡合一而努力。

## 和谐之路需要情感和结构的转型

化解高度情绪化冲突，不仅需要你把痛苦的感情释放出来，更要改变你的关系结构。[12] 遭到虐待的妇女可以与丈夫一起参加治疗，成功释放她全部的愤怒与痛苦，但如果他们的关系格局没有改变，虐待还会继续下去。同样，两个争议派别的领导人可以协议解决政治分歧，但如果他们所属的社会群体仍然抱着相互对抗的心态不放，冲突只会继续下去。因此，痛苦的感情和分裂的结构都是化解冲突的障碍，都需要运用合力作用予以解决。

## 山脉的形成

用地质运动来比喻合力作用，可以有助于我们更好地了解这种方法。我们的脚下是巨大的地球板块，板块作用产生大陆和岛屿。这些板块就像是一块移动拼图的小块，在地壳运动的作用下不停地漂移。当然，这种漂移非常轻微，人是感觉不到的。但当两个板块的边缘发生碰撞时，就会爆发强烈的地质活动，或是发生具有可怕破坏力的地震，或是形成新的山脉。

现在把这些板块想象为我们的核心身份，在社会交往的作用下不断漂移。大多数时候，我们享受着心灵的相对和平。但是，当两个人的身份发生冲突时，就可能导致产生强烈回响的情感震颤。现在的问题是：冲突是导致地震，还是形成山脉？

地震是破坏性的，动摇我们的身份基础，损害我们和其他人的利益。山脉则是具有建设性的，我们的身份结合在一起，形成一个作用远大于各部分总和的整体。合力作用就是为身份冲突创造条件，使其不是导致地震，而是形成山脉。

# 第11章
# 揭示身份的神话

善讲故事是人类的天性。从你出生的那一刻起，你的家人就用各种各样关于你身份的故事把你包裹起来——给你起名字，教你学习本民族的文化，向你灌输谁是盟友、谁是敌手的历史经验。这些故事让你的人生保持连贯性，最终塑造了你的身份。[1]

在所有让冲突火上浇油的故事中，没有哪个对你的影响比得上你的身份神话——这是塑造你对自己和对方身份以及两者关系认知的核心叙事。在冲突中，你可能会认为自己是受害者，对方是流氓无赖。[2]你会用个人的不满和指责作为细节，让这个神话充实起来。当然，对方也通过神话来看待这场冲突——在他们眼里，他们才是受害者。除非你改变与其他人交往的基本方式，也就是你的神话，否则冲突还会存在下去。

但是，把身份神话描述为一种负担只是故事的一半。正如原子能可以高效地用于发电一样，你的神话也可以用来实现和解。双方对各自神话越欣赏，就越能为建立积极的关系创造更多的空间。而另一方的“非理性”行为也会变得可以理解。[3]

本章将介绍一种方法，使你有能力揭示各方的身份神话。事实证明，仅仅承认让对方受了委屈并不足以化解高度情绪化的冲突。你需要工具来解析冲突的象征意义，重塑你的关系，让对话更加成功，甚至能够化解最具爆炸性的冲突。[4]

## 神话的潜意识力量

你投射在冲突上的神话对你的冲突如何发展会产生强大的潜意识影响，正如我在欧洲一次国际会议期间引导与会领导者进行谈判练习时所亲眼看到的那样。我把 50 位与会者随机分配到从精英阶层到低收入群体的不同经济阶层。精英阶层分配到大量资源，而底层几乎什么也没有。与会者有三轮机会，可以与任何人进行资源交易以求最大限度地实现独立自主的财务成功。随着精英阶层的财富越滚越多，底层的挫折感开始增长。

在第三轮谈判结束前，我出人意料地宣布进行调整。到现在为止，精英阶层已经获得巨大的财富，因此只向他们提供为最后一轮讨价还价制定新规则的机会：他们可以重新定价资源的价值，对参与谈判的双方进行限制。我请他们到旁边的一间屋里讨论，那间屋子配有舒适的沙发、香槟和瑞士巧克力。

他们喜出望外，但是好景不长。当他们离开主会议室时，底层民众开始喝倒彩并发出阵阵嘘声。一位愤怒的商人站在椅子上，大喊：“我们不能相信他们！”另一个人怒吼着：“让我们开始一场革命吧！”第三个人则呼吁：“让我们偷走他们的东西！”事实上，当精英们离开房间时，某位与会者也确实偷走了他们的一个文件夹。

引人注目的是，精英阶层在自己的房间里花了 20 分钟的时间讨论如何重新调整谈判规则，以求造福于底层而不是自己。但是，现在底层民众已经陷入眩晕的狂热，所以当精英们重新回到主会议室时，他们的发言被嘲笑声淹没。底层民众指责他们滥用权力，而精英们则轻蔑地予以反驳，同时力证他们的好意。每个人都开始大喊大叫，我意识到，最后一轮谈判永远都不会发生了。于是我花了足足 10 分钟让大家冷静下来，以使我们可以听取汇报。

是什么原因导致这些全球领导者陷入一场虚拟的阶级斗争？双方的身份神话是一个重要因素。底层接受了把自己看作独裁统治的受害者的神话，而且他们对这个神话的认同甚至在精英宣布新的谈判规则之前就已经开始了。换句话说，他们已经先入为主地认为精英一定会利用他们，而事实上，精英阶层并没有这样的打算。在精英一方，他们认同的是救世主普度众生的神话。经过有香槟酒和巧克力助兴的私下讨论，他们对于如何“拯救”底层进行了头脑风暴，并做出自上而下的决策。没有规则禁止他们咨询底层的意见，然而他们也根本没有动过这样的念头。[5] 结果，双方的神话都误读了对方的意图，情感上的暴风骤雨由此而生。

## 神话是如何发挥作用的

欲窥得神话的庐山真面目，必须先了解它的基本属性。

## 神话框定了你的情感现实

在冲突中，你的神话会将你隐藏最深的情感塑造为一种连贯叙事，让人感觉具有不容置疑的真实性。如果其他人试图质疑这一叙事的合法性，那么他们最好做足准备来面对你的狂怒。想一想谈判练习中精英阶层和底层之间的冲突。精英阶层很努力地试图说服底层，让他们相信精英阶层确实致力于共同利益的改善；然而底层阶级坚持自己的神话不撒手，拒不接受任何与神话相矛盾的事实。

你的神话可以随着情况的变化而改变。如果底层在谈判游戏中反抗精英的话，他们的神话可能已经从“受害者”转变为“革命者”。而这一新的神话也会对他们的情感现实进行新的框定，就像旧神话一样。

## 神话既源于生物本能，也源于生活经历[6]

虽然西格蒙德·弗洛伊德认为，与强迫性重复一样，冲突也主要源自我们在人生初期积累的社会经验，但其他学术流派则主张冲突也具有生物学基础的因素。[7]

心理学家荣格认为，所有人类都有集体无意识，其中蕴藏着独立于个人体验之外而存在的“丰富的潜意识图像”。[8] 这些图像被荣格称为原型（archetypes），里面封存的是全体人类的典型特征。[9] 正如鸟儿知道如何飞到南方过冬，人类也具备内在的模板引领自己在社会的海洋中航行。[10] 我们对这类原型体验都会做出情感上的响应，生和死、父与母、英雄与魔鬼，乃至创世记和启示录。虽然我对于“母亲”原型的具体有意识图像可能会与你的不一样，但我们都拥有对这一情感意义相同的原始理解。

荣格有关人类与生俱来就具备了解社会世界的内在结构的论断，得到了学术界多方证据的支持。神经科学已经发现一整套范围还在不断扩大的、可以影响我们社会行为的大脑机制，这套机制不但是人类与生俱来的“硬件”，而且所有人种都有。表观遗传学的研究成果显示，非基因来源的生物遗传是存在的。著名语言学家诺姆·乔姆斯基已经证明，我们既有理解语言含义的深层结构，也有表达其内容的表层结构。[11] 行为学研究也揭示出社会行为模式是所有动物所固有的——包括人类在内。

神话会使用你当前的生活环境（生活经历）来编织原型图像（生物本能），深化你的情感现实。想象一下，一对夫妇邀请他们各自的家人到酒店宴会厅，并要求大家看着他们从大厅的后面慢慢走到前面。如果平白无故来这么一出，那么将是一件相当无趣的事。但是如果当天是这对夫妇的新婚大喜之日，那么同样的情景就有了深厚的情感内涵，足以在围观的人群中产生共鸣。这对夫妻将唤起人们心灵深处的原型，凝聚成有关感情纽带的强大叙事：家族成员将扮演见证人的角色，看着这对恋人通过神圣的仪式结为夫妇，化作一双神仙美眷。

## 神话赋予冲突更加强烈的个人意义

在每一个时代，人们都会围绕爱情、嫉妒、怨恨和屈辱等情节编织出各种各样的原始神话。神话会把这些情节注入你当前冲突的大环境中。[12] 当你把个人生活经历投射到某个原型上时，你同时也立足于自己的亲身经历之上，立足于犹如滔滔江水连绵不绝的人类共有经历之上。当然，你会觉得自己的冲突跟别人的都不一样，独一无二——在那一刻也确实是独一无二——但冲突的基本主题却是永恒不变的。

事实上，冲突可能会吸引你进入神话时代。当你在不知不觉中承担起一个神话英雄或烈士的角色，你会把你的心理现实传送到神话本身源起的那个时代。你会发现神话原型与你现在面对的现实之间没有感情上的区别，而你则进入了宗教历史学家米尔恰·伊利亚德所称的“永恒轮回”之中。[13] 我对伊利亚德的概念大致理解为：任何时候，只要你把神话的故事情节投射到你的冲突上——无论是源自古老的历史典籍还是近期的历史——你就陷入了永恒轮回。虽然外人可以把你的冲突看作“技术性的边界争端”或“组织裂痕”，但对你而言，你是在把冲突当作善恶之间的神话斗争来体验和经历的。

## 策略：创造性内省

创造性内省（creative introspection）是我开发出的一种直截了当的简单方法，可以帮助你揭示各方的神话。[14] 这个过程借鉴了一些艺术大师的技巧，他们擅长通过有形的故事和其他艺术作品来表达自己的原型幻想和恐惧。同时，在冲突中，你也可以寻求将潜意识的原型转化为具体的形象，从而帮助自己更好地了解各方的关系身份。用荣格的话来说，你的目标就是激活自己的“神话意象”（mythopoeic imagination），也就是激发自己通过叙事和图像的创造将潜意识的体验表达出来的能力。

图 9 描述了创造性内省的关键步骤：为争议话题的真诚对话开辟空间；探索冲突对于各方的个人意义；揭示左右各方恐惧和焦虑的神话因素；重塑神话，改善关系。

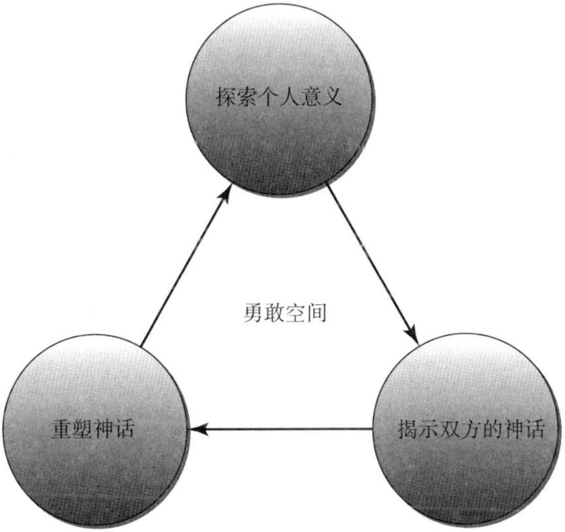


图 9　创造性内省的过程

## 为真诚对话开辟一个"勇敢空间"

为了讨论争议性问题，通常的建议是创造一个"安全空间"，但这种策略也可能会适得其反。如果安全空间的基本规则对你的感受进行了过度净化，到了让你见到棘手的话题就躲着走的程度，那么安全空间就太安全了。例如，有一条基本规则规定，通过"求同存异"来制止冲突是可以接受的。这条规则会让你感到安全，但它也为所有人出具了可以选择退出激烈对话的许可证。而且它还有可能更偏向更强势的一方，因为强势一方可以简单地说

“我不关心你的观点，我只是求同存异”，结果冲突还会继续存在。

但要真正解决高度情绪化冲突中更深层次的问题，就应该通过对话感受情绪上的不安和悸动。因此，我的建议是你和对方开辟一个勇敢空间，营造一种学习氛围，鼓励你坦然面对争议，承担个人风险，并重新考虑自己的视角和观点。[15] 在这样的氛围中，情感上的脆弱不再是软弱的表现，而是力量的标志。

“勇敢空间”的规则与“安全空间”没有太大区别——双方要约定一套保密守则，要把真情实感讲出来，开诚布公地倾听，彼此相互尊重，等等。但要注意框架的引导作用。在更加突出个人勇气的空间框架里，人们往往比在一个强调看不见摸不着的所谓“安全感”的空间里更容易探讨较为敏感的感情问题。[16]

## 探索冲突的个人意义

要化解高度情绪化冲突，就要明确冲突对你和另一方构成了哪些威胁。乍一看，你们的冲突可能是关于资源、政策或其他实质性问题的一次直截了当的战斗。而我们面临的挑战是发掘那些刺激情感的更深层次的重要因素。你一直看不上那位傲慢的谈判对手，直到你了解了他的贫困童年、生理上受到的虐待以及对社会尊重的渴望。了解对方的叙事，有利于弥合讲述人与听众之间的鸿沟。[17]

### 洞悉人类动机的深层维度

人类对外界的体验可以分为三大基本维度，每一个维度都有其特定的激励机制。最上面的维度强调理性，中间一层更加侧重于情感，而最深层次的维度则以精神诉求为核心。层次越深，对个人的影响就越大，而你为了维护它所付出的代价也就越高。如果你在冲突中控制不了这三大维度的体验诉求，化解冲突就会变得更加困难，协议和约定也就更容易被撕毁。

理性是逻辑、智慧理解和系统分析的层次。它促使你通过推理采取行动。在冲突中，你和对方都有为自身行为辩护的正当理由；在谈判领域中，这些被称为利益。虽然在某个既定冲突中人们的立场可能相持不下，但其潜在利益的兼容性往往要强得多。

情感让你周围的世界充满了更多的个人色彩。你在冲突中的情感体验往往是核心关切和基本的关系需求未得到满足的结果。[18] 在冲突中，特别容易引起情绪爆发的一般有 5 个核心关切：赏识、亲和性、自主权、地位和角色。[19] 如果一项核心关切得到满足，我们就会感觉到积极的情绪流露，而且更加倾向于合作；如果没有得到满足，我们往往会感到心痛。当我与企业和政府领导人合作时，我通常会让他们分析自己的冲突，发现那些左右各方情感、没有得到满足的核心关切。结果，这些领导者都发现了不和谐现象的隐藏因素，而另一方的不合理行为也变得更容易理解和管控了。

精神可能是三个层次中最复杂的一层，也是化解高度情绪化冲突最重要的一层。精神这个层次并不一定就和神灵本身有关，但一定是代表了更深层次的目的性和使命感。虽然理性观点的冲突会导致争论更加激烈，但是精神上的冲突则会使对抗陷于狂热。

精神通过召唤来激励你。所谓召唤，是一种直觉层面的指令，是如何以最佳方式实现个人生活目标的指示。精神对你的召唤，有时是一种耳边的窃窃私语，有时则是当头棒喝，强迫你走这条路而不是那条。因此，响应召唤也就成为一种希望能够扩大你的情感健全感的行动。你会认同比你自己更大、更重要的东西——家庭、国家、民族、宗教以及意识形态——在它们的召唤下采取行动，"告诉你"必须要完成哪些事才能获得健全的情感感受，不管付出什么样的代价。

你的理性头脑可以响应这种召唤，而你的感性头脑则会催促你继续前进。但是，这种召唤会从你身份的内部密室，也就是宗教上称为"灵魂"的地方向外辐射。当然，你也可以对这种召唤充耳不闻，或者把它淹没在日常生活的噪声中。但是忽略它，你就无法利用这一重要的指引实现和解。

## 讨论冲突的意义

在你思考冲突的理性意义时，会发现那些受到威胁的核心关切，反过来又为发现冲突的精神意义提供了基础。为了发掘这三个层次的重要意义，请研究下面这些问题对你的影响，然后再看看会对另一方产生哪些影响。

（1）哪些利益受到了威胁？要学会透过立场看到它们背后的深层利益。[20] 例如，约翰和莎拉是一家小公司的高级合伙人，为解聘两名员工发生了争吵。"为了让公司生存下去，"约翰说，"我们不得不解聘他们。"莎拉不同意。"不行，"她坚持说，"解聘他们会让我们公司良心不安。"约翰越来越生气，质问莎拉为什么表现得如此抗拒。尽管约翰和莎拉的立场截然相反，但是其实他们的利益是可以兼容的。他们都想节约公司成本，保持其精髓，维护好他们的合伙关系。出于互惠互利的考虑，他们权衡了各种选择，最终决定以一种可行方案结束两人的分歧：留用两名员工，同时将办公室搬到一座租金不那么昂贵的写字楼。

（2）个人感觉哪些核心关切受到了威胁？对照检查一下，看看哪些关切可能在火上浇油，导致强烈的情感爆发。感觉自己的观点没有得到赏识？被别人当成对手了？排除在决策过程之外？地位遭到贬低？还是被扔到一个毫无成就感的工作岗位上？然后换到对方的立场和视角，看看他们有哪些核心关切可能感觉没有得到满足。

在约翰和莎拉能够解决问题之前，他们必须先要摆脱眩晕的诱惑。莎拉做到了这一点，她开始意识到自己和约翰都存在没有得到解决的核心关切。莎拉意识到，她感觉自己的观点没有得到重视；她觉得当约翰“告诉”她做什么不做什么的时候，她的自主权受到了冲击；她觉得被约翰当成了对手；她觉得地位受到了轻视；而且她的角色无足轻重。莎拉意识到，约翰很可能会产生完全一样的感觉。这种对核心关切的自我反思帮助她平息了强烈的情绪，为解决问题创造了空间。

（3）个人感觉哪些身份支柱受到了威胁？探索神话的精神层面会是一个激烈的过程，需要你充分自省，诚实地直面你所发现的一切。但通过对精神层面的洞察，你能够发现自身存在哪些问题，能够对自己的行为产生实质上的影响——这些都是你以前知之甚少或者干脆否认的问题。

为了辨别你在冲突中的精神体验，就要反思自己的身份支柱。你感觉哪些基本信仰、仪式、忠诚、价值观或者情感上的重要经历受到了威胁？哪些支柱在要求你采取行动？

你也可以问自己一些比较问题，以更好地了解在冲突中哪些才是你真正关心的问题。[21] 在这样做的过程中，你表达自身观点的能力会得到提高，然后你就可以去问问别人同样的问题：[22]

- 你最希望自己哪一部分经历得到别人的理解？
- 从你个人来看，这次争议与以往有什么不同？
- 如果从现在起 5 年之后你再回头看看这场争论，你会看到哪些你现在看不到的东西？你会把什么看作最重要的东西？
- 你的一位好友会如何描述你在这场冲突中的经历？
- 你的母亲会如何描述你在冲突中的经历，哪些是你最让她关心的地方？如果她不理解你的观点，你会怎么想？

你可能会很有把握地认为，对方只受到理性、感性或精神关切三者之一的左右。但是千万别被忽悠了：这三方面的影响通常都不容小觑。表 9 提出了一些新的问题，可以帮助你破译冲突的深层含义。

即使是一个理性主义者，也能体验到唯心主义者的世界。不久前，我在咖啡馆碰到同事穆利·戴纳尔。他的父亲一个星期前摔了一跤，引发脑出血去世了。虽然穆利并不是一个特别相信宗教的人，但他还是给我讲述了他父亲生命的最后时刻所展现出的神秘的重要意义。他父亲的身体状况已经迅速恶化，所以穆利马上抢了一个航班的机票从国外飞回来。飞机着陆后，他得知父亲已经陷入昏迷状态，医生说他只有一个小时可活了。穆利冲进医院病房，抓住父亲的手：“爸爸，我在这里。我爱你。我们现在都在床边陪着你，爱你。”他的父亲咽下了最后一口气。穆利感到敬畏：那天恰好是阵亡将士纪念日，也是安息日前夕；这些事件联系在一起，让他感觉父亲的生与死具有了超凡的意义。

表 9　破译冲突深层含义的问题

| 核心身份<br>你的…… | 关系身份<br>从哪些方面你感觉…… |
| --- | --- |
| • 信仰感觉受到攻击？<br>• 仪式感觉濒临危险？<br>• 忠诚感觉遭遇考验？<br>• 价值观感觉受到威胁？<br>• 情感上的重要经历或记忆感觉被取消了合法地位？ | • 你的观点或努力不受赏识？<br>• 自主权受到约束，不能自由自在地做事或思考？<br>• 没有亲和力：与人疏离或被视为对手？<br>• 地位不受尊重？<br>• 承担攻击性角色？ |

## 在听中学，即使是在困难时期

你可能会感到不安，但不要被这种感觉吓唬住，让你远离倾听。正视你的不适感：它是情感学习的一个重要信号。人们问一个开放式的好问题，但随后没过多久就插嘴进行防御性的反驳，这种情况简直司空见惯。你的目标是倾听，而且要听明白，同时不要反驳。

虽然积极倾听是一种常用的方法，但在高度情绪化冲突中完全靠它是不够用的。如果你只是把对方的话机械地复述一遍，这不过是证明你可以听到他们在说什么，却没有理解其深层次的含义。在高度情绪化冲突中，正是这种深层次的含义才是人们最希望被别人听到的。像鹦鹉学舌那样简单地把对方遭到排斥的感受复述回去，只能使他们的神话还是得不到承认。因此，不要人云亦云，而要积极主动地倾听对方是如何在冲突中一点一点塑造自己的身份认同的。[23]

对倾听最重要的影响因素是你自己。义愤感、羞耻心以及先入为主的评判都可能对你的注意力产生强烈的困扰，以至于你对对方传递的信息基本上置若罔闻。因此，要养成习惯，每隔几分钟就要评估自己的情绪状态，注意受伤的感觉、身体上的紧张反应以及愤怒的想法。这一点至关重要。你要重视这些体验，才能把它们一一挑拣出来放到一边，待到你完全注意对方的感受之后再来对付它们。只有这样，你才能够成为一个更加强大的倾听者，避免被下意识的反应摆布。

在认真听取学习别人的叙述后，再分享你的故事——但要记住，你的目标是要让对方听到并接受它。这样做的最好办法是用非威胁性的语言和措辞来表达自己。例如，不要抱怨，说什么“你就是一个彻头彻尾的傻瓜，居然指责我滥用权力”，而要说“我对你的指控感到极为愤怒。我本来是想……”你要避免疏远对方，而且要表明，虽然你“极为愤怒”，但你是一个感情丰富的人，你为和解留下了开放的空间。

## 揭示你的神话——以及他们的神话

一旦你理解了冲突的个人意义，就可以从原型的角度深入分析你的关系了。你的神话就是描述你在这种关系中的情感经历的叙事：你可以把你的原型自我看作面对歌利亚的大卫，或者是被巨人挟持的一个奴仆。但在这两种情况下，你都要面对在对抗一个强大对手时产生的无力感。

讨论原型会带来一些实实在在的好处。首先，讨论原型使你能够跳出自我，从客观的角度远距离观察你的关系。对关系的变化进行想象也就变得更加容易，因为你不是在直接讨论自己，而是讨论隐喻意象。这样，也就为变革提供了可能性。

其次，原型可以用对象征意象的讨论来代表你对情感问题的讨论，而不用直接谈论你自己的情感。[24] 冲突中的人们往往不愿意分享自己的感情，他们不喜欢暴露自己脆弱的一面，也害怕说出一些可能会引起敌对反应的东西。讨论原型之间的关系可以平息这种恐惧。

再次，原型很容易记住。在冲突中，对各方情绪、抱怨、愿望和恐惧的每一个细节都保持充分的认知基本上很难做到。但是，原型意象则是令人难忘的，真实可见并且饱含各种情感信息。你可能不记得对方的复杂情绪，但你可以很容易就记住他们把你看作歌利亚。原型可以帮助你迅速把后续的交流情境化，促进“移情理解”（empathic understanding）。

最后，揭示原型可以打开你的心灵，让你的视野不再仅仅局限于自身承受的痛苦。虽然冲突会使你只注意自己的痛苦而罔顾其他，但对原型的关注有助于增强你把自身冲突情境化的能力。[25] 在你眼里，你将不只是冲突中一个孤独的受害者，更是一台大戏的剧中人物。[26] 困扰你的问题将从“为什么是我”转变为“为什么是我们”，为什么我们人类总要受到命运的折磨？为什么我们人类总要哀恸于爱情的逝去？原型把自我孤立的那根刺从冲突中拔了出来。

我觉得这种方法的安慰效果特别好。妻子和我打起来的时候，我总会提醒自己，这就是生活，这也是爱情：夫妻干架，以前不新鲜，以后也少不了。受到感情困扰的并不只有米娅和我，我们只不过是在把一个已经演了几千年的原型剧本又重演了一遍。把冲突放到一个更加广阔的人类经历和体验范围内进行情境化处理，就是对整个局面的一种全面而清醒的认识和把握。

现在，既然你已经明白原型的重要性，就可以使用它们来揭示各方的神话了。

**创建一种意象来描绘冲突各方的情感体验。**你觉得哪种意象能够代表你在冲突中的情感体验？你觉得自己像一只强大的狮子？还是一个手无缚鸡之力的孩子？什么样的意象又最能代表对方呢？尝试从神话、儿时的童话以及宗教故事中找出各种人物角色，越有创意越好。你可以把对方想象为一只偷偷摸摸的小猴子、狂风暴雨，或是不新鲜的面包。

如果你已经建立了一个勇敢空间，可以考虑与对方合作构想这些意象。我曾经推动种族政治冲突的争端各方实现这种合作，而他们经过共同协商选择构建意象的能力也着实令我感到惊讶。但最有价值的地方在于，在构建自己的意象时，他们必须倾听对方的观点，承认不同的意见，并在他们做出共同决策时考虑这些观点和意见。

几年前，我曾在中东牵头举办了一次研讨会，试图化解该地区什叶派和逊尼派之间由来已久的纷争。双方的紧张情绪如此之高，以致连关于研讨会所涉及议题这类明白简单的讨论，几乎都不可避免地演变成一场毫无意义的口水战。[27] 为此，我把与会人士分成若干小组，每组负责寻找一个比喻来形容什叶派和逊尼派之间的关系。30 分钟后，每个小组都提出了自己的讨论结果。一组把双方的冲突描绘为正在吞噬宿主身体的癌症，另一组则认为这是一场长期的兄弟之争。后一个意象在整个研讨会上引起了共鸣，并把话题转移到如何医治这种兄弟之间的裂痕上。一位与会人士建议，只有来自“家庭内部”的领导者才能够促进和解，于是大家纷纷设想各种架构，让什叶派和逊尼派的领导人会面、交换意见、构建和解进程。尽管围绕和解的问题很复杂，地缘政治竞争又加剧了问题的复杂性，但是这次练习还是帮助与会人士澄清了挑战的性质，使他们能够更加有效地解决这个问题。

有各种各样的创造性方法可以帮助你找到一个合适的意象。对于初学者来说，可以选择任何意象对其进行改造以适应你的情况。你可以从图 10 中挑选一个方案，例如狮子，考虑如何对它进行装点，来表达你在冲突中情感体验的细微之处。你是一只威胁元老的年轻狮子？还是一只受伤的狮子，正在承受病痛的折磨但仍要苦撑门面？

另一种方法是跟一位朋友一道创造意象。这种方法在荣格的病人身上产生了比较好的效果。荣格花了几年时间研究世界的神话，因此，当患者把自己的问题告诉他时，他有丰富的神话故事资源，可以从中总结提炼，描述患者的神话体验。当然，你不一定非要找一位神话方面造诣深厚的荣格式学者来做自己的红颜知己，一位有创意的朋友足矣。

**家庭关系**

- 不听话的孩子
- 离婚的夫妻
- 不忠诚的兄弟
- 苛求的父母
- 没有主见的孩子
- 背叛的配偶
- 被扫地出门的家族成员
- 被收养的孩子
- 寡妇
- 远房表亲
- 互为对手的兄弟

**传统角色**

- 救世主
- 骗子
- 女巫
- 治疗师
- 英雄
- 异教徒
- 恶棍
- 病人
- 小偷
- 顾问
- 吸血鬼
- 淘气的男孩

原型示意

**希腊神话**

- 奥林匹亚众神：从奥林匹斯山上坐瞰人间，主宰凡夫俗子、芸芸众生。
- 宙斯：使用他至高无上的权力，确保神界与凡间的稳定与安全。
- 西西弗斯：注定要一遍又一遍把巨石推上山，并在快要登顶的时候，眼睁睁地看着石头滚下去，什么也做不了。
- 赫拉：被迫忍受宙斯不停地背叛，对爱人的出轨行为没齿痛恨。
- 坦塔罗斯：被绑在树上，树上的果实和身下的泉水近在咫尺却怎么也够不到，永远也得不到能够让他活命的食物和水。
- 忒修斯：带着善意去谈判，却被诓骗堕入永恒的地狱。

**动物王国**

- 狮王：率领狮群猎杀落单的斑马。
- 大白鲨：海洋中最无所畏惧的捕食者，任何胆敢靠近身边的动物都会成为它的盘中餐。
- 老鼠：面对攻击，足智多谋，用敏捷弥补个头上的不足。
- 大象：居于主导地位，但行为相当温柔。
- 狼：追捕大型猎物直至其筋疲力尽，然后施以最后一击。
- 猎豹：快速、优雅、残忍。攻击如行云流水，一击不中则迅速脱身。

图 10 原型示意

你也可以通过艺术手段描绘出自己的意象。随机翻阅一些杂志，找到一个能够与你在冲突中的体验产生共鸣的图像，或者冒一把险画一张自画像。结果可能也颇具启发性。在一次为职业生涯已步入中期的管理人员举办的谈判培训课上，我要求学员描绘他们如何看待现时冲突中的自己。他们创造出来的意象让人拍案叫绝，而且从意志坚定的士兵到受到惊吓的孩子应有尽有，包罗万象。

怎么才能知道自己是否已经找到了“正确”的意象呢？最关键的是要引起情感上的共鸣。你要选择一个能够让你在冲突中的情感体验产生共鸣的意象。完美不是目标，没有哪种意象能够完全表达你的感受。所以，多进行头脑风暴，直到你创建一个能够引起足够共鸣、感觉有用的意象就可以了。

**澄清意象之间的关系。**现在，既然你已经有了描绘自己和对方的原型意象，就请考虑一下它们的关系性质。也许是因为年轻的狮子对元老们心怀怨恨，所以才会远远躲开以保持安全？或者，也许狮子要进攻了？

维米克·沃尔坎教授和他在弗吉尼亚大学和卡特中心的同事们从国际关系的角度对比喻的威力进行了实验。他们在苏联解体后不久促成了俄罗斯和爱沙尼亚两国领导人的非正式对话。在其中一次会议中，他们要求爱沙尼亚和俄罗斯的与会者用一个比喻来形容他们两国之间的关系。

代表们想出了两种意象——用大象代表俄罗斯，兔子代表爱沙尼亚——并思考兔子和大象之间的动态关系。他们理性地认为，这两种动物可以做朋友，但兔子必须时刻保持警惕，因为大象可能会在无意中踩到兔子。沃尔坎教授和他的同事乔伊斯·诺伊指出，“通过大象和兔子的比喻，部分俄罗斯人开始不再仅仅把爱沙尼亚看作一个对苏联过去的援助忘恩负义的国家，而是开始理解爱沙尼亚的谨慎”[28]。爱沙尼亚人担心失去他们刚刚获得的自主性，而且两个国家都竭尽全力在风云变幻的政治沙滩上构建自己的神话。通过发挥比喻的作用，这些领导人得以安全地讨论他们的关系。他们没有直接把自己的感受告诉对方，而是进行了间接的交流和沟通。

要让你的比喻更加贴切，更加一针见血，就要考虑如何通过比喻更好地表达各方对冲突全部意义的观点和看法。要确保意象代表的不仅仅是处于紧要关头的理性利益，更要包括情感和精神的利益。一边分析冲突的重要意义，一边对比喻精雕细琢，随着你一遍又一遍重复这两方面的工作，就会逐渐明白自己身份神话的精髓到底在哪里。

当然，关于哪种原型意象是你和对方关系的最佳体现，你不一定总能与对方达成一致。你可能会把自己看作一只温顺的猫，而他们则更容易视你为一头充满敌意的狮子。如果你们在意象上存在分歧，可以讨论一下为什么你们双方会用自己选择的意象来描述关系。实际上，一种比较有用的练习是，请双方都来设想一些原型，最能体现和表达你们对另一方如何描述双方关系的猜想。

## 重塑你的神话

创造性内省的最后一步是重塑你的神话。[29] 在这个阶段，你要让你为自己创造的意象保持不变——保证你的核心身份仍然是安全的，但要重塑它与对方意象之间的关系，就像重新构建大象和兔子之间的关系。

**设想如何改善意象之间的关系。**拿我和我妻子之间的冲突来说吧。“我们交流得太少。”米娅告诉我，我同意。我们把自己的个人体会告诉对方，发现两个人都意识到夫妻感情不像以前那么快乐亲近了。我忙于教学写书，她忙忙碌碌地照顾孩子和这个家。偶尔我们也确实有那么两分钟的时间可以聊聊天，但我们谁都没动那个心思。但是，尽管我们能够把这些感受讲给对方听，我们之间缺少交流的状况仍然没有得到改变。

第二天，我们进行了一次不同类型的对话：画一幅画来描述我们各自在冲突中的感受。我们决定把我形容为一朵云彩，飘荡在理论的世界，一门心思写我的书；米娅则是一个接地的锚，因为她要面对无穷无尽的家务活。现在，我们都感到更加欣慰，心情舒畅多了。

我们半开玩笑地设想如何让云和锚可以更好地进行沟通。有时，锚可能需要坐直升机到云那里去，但时间不能耗得太久，要不然直升机就没油了。有时，云也可以向下飘飘，到地面上转一转。我们还讨论了把我俩合二为一比喻为风筝的可能性，我在天上飞，她就是那根拴住我的线。请注意，我们设想的情景在逻辑上是站不住脚的——锚怎么能坐直升机上天呢？但这并不重要。创造性内省的关键是要抓住你关系体验中的情感精髓，至于把我俩的比喻揉在一起有多么不着调，其实并不重要。

**把真知灼见转化为行动。**想一想你该如何从实际出发，用新的视角看待你的关系。在我与米娅的冲突中，我们两个人都非常感激另一方为家庭乃至在社会价值贡献方面付出的辛勤劳动。我们也意识到，我们原来一直在用两种不同的语言进行沟通：我老是务虚讲理论，米娅则更加务实。于是我们决定，每天我们要花至少 10 分钟时间“参观”对方的世界：锚来拜访云探讨理论问题，云也要拜访锚聊聊家长里短。这些措施使我们的关系更加密切了。

我为玛丽亚和盖尔提供的咨询服务证明这套创造性内省的办法确实比较有用。妈妈玛丽亚和十几岁的女儿盖尔因为沟通问题可没少打架。她们能连续打上几天，甚至威胁“再也不说话”，最后又和好——不过仅仅过了一个星期又会爆发新的较量。当我们讨论哪种原型意象在她们看来能够体现母女关系互动的本质时，盖尔认为自己是一条小鱼，总是被一条咄咄逼人的大鲨鱼威胁。她妈妈也同意这种比喻，只不过认为自己是那条小鱼。

当我要求她们来形容一下鲨鱼和小鱼之间这种关系的性质时，她们争相诉说对另一方的不满和失望，但也都表达了强烈的改善关系的愿望。盖尔建议她们搞清楚怎样能成为两条友好但能够积极保护各自情感的鲨鱼。她妈妈也同意了，接下来我们探讨如何把这个建议转化为行动。

对于这对母女而言，分享个人感受的办法已经失败了一次又一次；她们很快就会陷入强迫性重复并发展到眩晕的程度。走到今天这个地步，她们的关系早已不堪重负，反而是创造性内省这种间接方式证明确实是一条特别安全、有效的和解路径。母亲现在可以通过倾听盖尔的气话，搞清楚背后隐藏的深层次的原因，而盖尔也意识到她的愤怒不过是保护自己的身份免受伤害的一层盔甲。

## 如果对方更厉害又该怎么办

一个神话不仅是一种叙事，更是施展权力的工具。基本原理很简单：谁控制了你的神话，谁就控制了你。所以也就难怪冲突的另一方会拒绝与你交谈，或者试图对你的神话进行改造以服务于他们的目标。这是身份政治最危险的地方。想想一个在感情上虐待妻子的丈夫如何让妻子接受他的主宰叙事，让她觉得只要她敢放弃这段关系就会受到伤害，让她找不到任何地方来表达她的异议；或者想一想《吉姆·克劳法》(Jim Crow segregation laws)这一类美国的种族叙事如何让白人获得了多到不成比例的商品、服务和社会影响力网络。

## 重新夺回对自身神话的主导权

在大多数冲突中，双方都会觉得要么对方对己方的身份特征判断有误，要么就是在某种程度上贬低己方的身份。在这种情况下，可以按以下步骤重新夺回对自身神话的主导权。

首先，要能够意识到哪些神话是对方强加给你的。受到感情虐待的妻子会逐渐认识到，丈夫正在试图把她塑造成为一位事事依赖丈夫、顺从听话的妻子。他是奥林匹斯山上的宙斯，而她则感觉像是一个软弱无助的凡人。认识到这一点之后，她开始扪心自问丈夫究竟想把她塑造成何种身份，这种角色身份在他们的关系中是否可以被接受。

其次，确定另一方权力的来源。[30] 判断对方是否拥有以下几种权力。

- 法定权力：他们在组织中掌握着支配你、指挥你的权力。
- 专家权：他们拥有专业知识、资质或信息。
- 引荐参考权：他们的人际关系和人脉网络更具影响力。
- 奖励权：他们拥有奖励你的权力。
- 强制权：他们有能力对你进行威胁、惩罚或制裁。
- 信息权：他们能够获得你或其他人希望获得的信息。

在我们的例子中，妻子意识到丈夫把自己视为他们婚姻的唯一法定权力人，只有他可以决定是否可以外出吃饭，享受假期，或者确定周末的活动。他声称他对于那些对双方婚姻有好处的事情“比她更明白”，从而又获得了专家权。只要她尽职尽责地把家庭照顾好，他还行使奖励权，每周给她一笔“零花钱”。最后，他能够动用强制权，威胁如果她离婚，就要切断她的财源让她活不下去。

再次，确定你可以利用的力量源泉。妻子每周都去参加帮扶小组的活动，这拓宽了她的社交网络，增强了她的引荐参考权。她意识到，她也可以成为婚姻关系中的法定权力人，成为选择自己婚姻命运的重要决策者。她咨询了律师，以求了解更多有关自己财务和法律权利的信息，增强了信息权，削弱了丈夫的强制权。最后，如果丈夫拒绝改变他的霸道作风，妻子通过安排住在她姐姐家，增强自己的强制权。

最后，重新夺回对自身神话的控制权。妻子主动与丈夫沟通，倾诉自己的不满，并要求他改变自己的行为，否则她就离婚。她的警告并非说说而已，而是认真的；她已经重新赋予自己各种权力。丈夫威胁要切断她的财源，但她已经做好精心准备。他贬低她“离了婚就活不下去”，但她对自己的帮扶网络充满信心。失去老婆的恐惧促使丈夫不得不去满足她的要求，不情不愿地与她一道重新改造他们的关系，这个过程需要一些时间，需要进行更加深入、强度更大的个人思索与对话。

## 如果对方拒绝对话，该怎么办

你不能强迫对方揭示他们的神话，也不能强迫他们倾听你的讲述。实际上，如果你在试图和解与某一方的关系，对方又认为他们比你更强大、更有力，遭到抗拒是意料之中的事。他们可能会害怕如果他们同意与你交谈，他们就会陷入自己的叙事被你看不起的尴尬境地，而那正是他们力量的源泉。[31]

最好的办法是用战术手段说服对方进行对话；用威胁的办法可以让他们坐到桌子旁，但对方心里肯定是不服气的。下面的几项建议，可以打破另一方在对话问题上的抗拒心理。

- 在与对方接触之前，你要先澄清你的目的就是希望进行一次对话。是治愈伤痛的内在渴望吗？是希望了解他们观点的好奇心吗？是一种道德义务吗？都不是。你不用对话也可以满足这些需求，比如感情上的伤痛就可以独立治愈，无须外力协助。
- 对自己和对方都要温柔一些。这对你们双方来说都是一次学习过程，需要耐心和同情心。
- 与他们举行一次交谈，聊一聊如何就较为棘手的关系问题进行对话。这样，你们就不用讨论冲突本身，而是讨论就冲突展开沟通的整个过程。

- 邀请他们进行一次不做记录的对话。这种私下里的交谈会更安全。
- 如果他们仍然拒绝对话，你可以使用个人信件的方式把你的观点告诉对方并请求他们答复响应。
- 寻找一位双方共同的盟友，请他鼓励你们之间进行对话。或者邀请一位共同的朋友、同事或是其他可以信任的第三方来组织和引导对话。
- 如果无法对话的原因在于某个体制性问题，那么需要努力改变体制架构，例如歧视性的法律或政策，以求创造更大的空间，让你的声音能够被对方听到，让对话得以实现。
- 最后一招，干脆彻底断交。但在这么做之前，你最好知道这么做会带来什么后果。

## 综合运用：一个办公室范例

揭示你在冲突中的身份神话会产生立竿见影的效果，并且让人愿意以更具创造性的精神面对冲突。把你自己的形象描述为一把弯曲的勺子或者一只谨小慎微的兔子，或是生活在当下的赫拉或宙斯，也许看起来有些孩子气，但这种做法改变了你对困境的认知，其影响可谓深远。这也正是一位名叫亚当的颇受敬重的高管在与我合作之后感受到的收获。

亚当刚刚离开一家非营利机构的管理层，开始在企业圈子里一试身手。但是，新上级杰瑞的态度却让亚当的转型感受不到一丝轻松。“他就是要整我，”亚当说，“两周前，杰瑞要我为一位重要客户整理出一份提案来。我花了一周时间来做方案，没日没夜地干，周末也加班，家也不管了。我把提案发给他，结果第二天，他挑出几处小细节一通批评，还说他认为我不具备在这一行取得成功的素质。真把我气坏了。”

我们首先逐一列出亚当在这次冲突中的主要利益，也就是保住这份工作，以及力求在职场更进一步。我们探讨了他的核心关切，包括他渴望得到杰瑞对他工作的赏识。然后我们还讨论了他在冲突中的精神召唤：成为一个对社会有贡献的人。

接下来，我们把话题转向原型问题。“如果打个比方，你会如何描述你和杰瑞的关系？”我问道。亚当想了一会儿，然后说：“他是一家私人俱乐部的会员，那个俱乐部中的每一个人都很有钱，很成功，都在追逐财富。他把我看成一个江湖骗子，一个想方设法成为俱乐部会员的外来户。对他来说，我只是一个来自非营利组织的小子，不算是真正的企业玩家。我觉得他不相信我有干这行儿的天分。”

“那你有吗？”我问道。

“当然有。”亚当说，但是口气听起来像是一种申辩，带有一丝犹豫。

“你真有吗？”我又问了一遍。

“老实说，”亚当说，“我对自己是否能够适应企业环境一直存有疑虑，我也不能确定自己能否真正融入进去，但这并不意味着杰瑞就有权苛责我的表现。”

“确实如此，”我表示同意，“但是有几个问题需要摊开来说。第一个问题，你是否希望在这里工作。第二个问题，杰瑞到底是怎么想的。第三个问题，你能做些什么来改善这种局面。”

我们的谈话触及了亚当深层的身份神话。他在这次冲突中的核心关系叙事是什么？他是否觉得自己是离开非营利组织的叛徒？他是否怀疑自己在商业丛林中生存下去的能力？

然后，我们又转向他上司的视角，研究有关他的神话的各种迹象。亚当偶然得知杰瑞的父母都是社会活动家。我怀疑亚当那种服务社会的精神一直威胁着杰瑞，对他的职业决策是一种质疑。在与亚当互动时，杰瑞可能感觉自己才是一个江湖骗子，或者更差，是他家族价值观的叛徒，从而引发部落效应。

通过运用比喻的方式，亚当得以思考如何以一种能够支持其身份的方式实现自己的事业理想。在我们谈话后，他邀请杰瑞共进午餐，坦承自己对于企业工作的矛盾心情。令他惊讶的是，杰瑞也讲出了自己的心里话，谈到他自己的奋斗史，解释说他只是把工作看作养家糊口的一种手段，还要把余生贡献给社区服务等。假如他们从未有过这样的机会进行这次交谈，可能永远也建立不起感情上的联系，而且亚当的工作可能早就被毁了。

## 小　结

缓和紧张关系的第一步，是更好地理解和重视各方对冲突的认知。但是，理性探讨双方的利益问题并不足以了解受到威胁的深层情感问题。即使直接讨论情感问题也难以奏效，因为人们往往会使用相同的措辞来描述其实差别很大的经历和体验。比如，打雷下雨，我们会害怕，炸弹从天而降落到我们身旁，我们也会害怕，但这两种害怕其实完全不是一回事儿。

所以，本章提出将创造性内省作为一种方法来帮助你揭示令冲突火上浇油的情感叙事。对双方来说，没有什么东西能比身份神话更加真实、更具情感力量了。身份神话是扎根于现时环境的神话故事，是兼具普世性和个体特征的叙事，能够揭示出那些具有深层重要意义的问题。通过揭示双方的身份神话，你就向着弥合分歧迈出了一大步。

## 个人应用工作表

1. 冲突中激励你的个人因素有哪些？
   - 理性权益（金钱，其他有形项目）
   - 情感关切（欣赏、自主权、亲和力、地位、角色）
   - 身份支柱（信仰、仪式、忠诚、价值观、情感上的重要经历）

2. 对另一方来说，冲突又让对方个人的哪些方面感觉受到威胁？

3. 用比喻的方式形容你的紧张关系。请使用本章表格举例。

4. 你如何用这一比喻强化你的力量感？

5. 你和另一方是否愿意进行讨论？如果愿意，你如何才能创建一个“勇敢空间”？考虑建立一套保密规则和议程，确保你们双方都有时间进行观点的交流。

# 第 12 章
# 平息内心痛苦

在美国南北战争最紧张、激烈的那段时间，一位对战争已经感到厌倦的联邦士兵平静而绝望地反省道："人们怎样才能宽恕这些正在与我们浴血拼杀的敌人？掠夺我们的财产，迫使我们骨肉分离，友情不再，并在战场上屠杀我们这些奉公守法的良民，这些都是无法原谅的重罪。无论如何，至少先让我有机会报复一下，然后我会以更好的风度表示宽恕。"[1]

战争使南方发现自己陷入巨大的苦难之中，而回应这种苦难的两种可能的叙事，却让这名士兵纠结不已：一种叙事希望他宽恕，纯粹是出于上帝的恩典；另一种与前者相抵触的叙事则拥有强大得多的情感感召力，敦促他伸张正义，以眼还眼，然后再给予宽大处理。

士兵的困境也是我们自己的困境。宽恕安抚我们的良心，报复则满足我们对复仇的渴望。我们一方面想与某位家庭成员或同事和解，另一方面受到伤害的感情却有着同样强烈的冲动促使我们还击，扳回一分。与那位联邦士兵一样，我们都会感到复仇的冲动，那种情绪有时如此强烈，以至于我们觉得在这个问题上已经别无选择。

但是，我们确实有选择。本章将介绍一种平息内心痛苦的方法，让自己放下必须复仇的包袱。[2] 刻骨仇恨并不容易抹平，虽然抹平仇恨完全违背了你的报复本能，但其效果也是解脱性的，而且远比报复更具建设性。

## 平　息

医治感情痛苦，最好的办法就是平息它。痛苦的感觉封冻在你的内心深处，平息它就是把负面情绪转化为积极的关系力量，就像一盏灯把电能转化为光。这个过程需要你进行深刻的内省，找到你的感情痛苦并了解它，然后对其进行控制。这个过程会让人感到恐惧，因为你要面对心魔的召唤，要求你牢记自己所受的委屈，竭尽全力报复。[3] 你可以忽略手上的伤口而它仍然会愈合，但忽略心魔的影响则会使事情变得更糟。岁月流逝无法抚平痛苦，只会让你更痛苦，一旦超过你的忍受极限，你的世界就会爆炸。

## 主宰自己的情绪

你的情感命运完全取决于你自己。在感情上没有做好准备之前，你是不可能放下心里那股怨恨情绪的。你要扪心自问：什么是你最好的，能够替代怨恨的选择？如果一切照旧，心里一直守着这股怨气，你的人生会怎样？如果现实地看待人生，不受怨恨情绪的干扰，你的人生又会怎样？一切会不会不同，或者说，更好？

人没有无缘无故的恨。当对方冒犯你的身份时，他们贬低的是你的道德秩序，你自然会觉得沮丧、没面子，甚至会产生报复的冲动。如果不报复，你就会感觉背叛了自己所受的那些痛苦。但是，一直记着这段仇是需要投入大量个人精力的，这会消耗和吞噬你自己的健康幸福，让你的人格出现分裂，是不是很有一些讽刺的味道？

所以，想一想：放下你那些有害的情绪会有什么感觉？你该如何与对方相处？选择权在你手里：决定你是否已经做好准备，让这股怨气随风飘散。你有这个力量来解决自己的痛苦，或者忽略它。战胜痛苦的情绪可不是做几次深呼吸或者念两句“积极思维”的咒语就能做到的，需要付出大得多的精力和代价。如果你感觉已经做好了治愈痛苦的准备，需要再完成以下三个阶段的历程：（1）正视感情痛苦；（2）哀悼损失；（3）考虑宽恕。简单来说就是：见证—哀悼—宽恕。

## 第一阶段：正视感情痛苦

所谓“正视”，也就意味着要承认自己的感情痛苦，无论现实多么难以接受。有一个不错的办法，就是先从承认你自己的痛苦开始，然后再邀请另一方加入这个过程，从认识痛苦、感受痛苦到破译痛苦。[4]

## 认识感情痛苦

感情痛苦分为两个方面：原痛（raw pain）和感痛（suffering）。原痛是当你的爱人说“我不爱你了”时，你的身体机能的痛苦反应。你的呼吸变得急促，喉咙哑了，脑子里嗡嗡乱响。感痛则是你如何认识、理解这种痛苦，暗自担忧：我哪里没做好？

为了检测原痛，你需要对自己的情感和身体感觉进行监测。设想自己又回到冲突的旋涡之中，继续忍受冲突的煎熬，然后慢慢对自己的身体进行扫描，从头到脚，寻找紧张点。你是否感觉肩膀发紧？你是否感觉肚子里翻江倒海？你的发现会让你吓一跳。在冲突中，愤怒几乎吸引了你的全部注意力，以致你根本注意不到其他强烈情感的身体反应，例如惭愧、羞辱或自责。拒绝这些痛苦的情绪是一件很有诱惑力的事，但如果你不能正视它们，承认它们，就会一直受它们的摆布而无法自拔。

在确定了你的感情痛苦之后，下面就要寻找感痛的信号了，也就是你如何认识、了解你的痛苦。要注意那些在你感觉受到伤害时你对自己说的话：[5] 我不能相信他们居然对我做出这样的事！他们要付出代价！请注意在你愤怒的想法之下隐藏的对自身不足的恐惧：为什么这些事情总是发生在我们身上？也许我注定要悲惨一辈子。为什么你更爱她不爱我？我还能幸福吗？

但是，虽然痛苦不可避免，你却能够减轻自己的感痛。你的内心批判者往往是你最大的批判者。秘诀在于要意识到它的存在——降低自我谴责的“机械转速”——并进行反驳。[6] 不要让你的内心批判者占上风。下次如果你再卷入一场火药味十足的争论，请仔细观察那些在你脑海中一一闪过的念头，放缓它们的速度，以便你能够仔细地倾听它们的声音：他真是个大白痴！为什么他总跟我过不去？也许我永远也适应不了这里的环境。

然后，对你的自我批评提出质疑。在脑海中召唤内心支持者——你亲爱的母亲或者一位尊重的导师——用他们支持你的观点回应批评：你已经尽力了，你为社会做了很多贡献。他看不到你的优点，并不意味着你不具备这些优点。

## 感受痛苦

有句话说得好：要治病，先知病。如果你总是绕着痛苦走，小心翼翼地不去碰它，你是没办法“见证痛苦”的。这就是解决问题本身还不够的原因所在：解决的只是问题，不是痛苦。只有当你直接面对感情痛苦，认识你感知的一切，才能解决感情痛苦。

要鼓足勇气，体验你的痛苦。愤怒很容易感知，因为愤怒让你把自己的悲惨遭遇归咎于别人。但是情感——无论是惭愧感、负罪感还是羞辱感——要求的却是面对自己的缺点，这是更加难以正视的。你可能会想办法把这些情感埋在心里，因为这些情感体验肯定都是非常痛苦的。[7] 但还是那句话：要治病，先知病。你首先还是要体验嫉妒情绪背后的那种不安全感，让你感到羞愧的那种窘迫感，以及那种悲哀的沉重。

虽然你必须要感受痛苦，但你不要沉浸其中无法自拔。有一种策略可以控制好其中的度，就是想象你自己同时在扮演两个角色：潜水员和救生员。作为潜水员，你要一头扎进你的痛苦之中，观察和体验所有你见到的情绪和感情，好像一名戴着呼吸器的潜水员浏览水下的鱼群和珊瑚礁一样。而作为一名救生员，你要时刻在海面上保持警惕，保护潜水员的安全。只要潜水员表现出有在情感的海洋中溺水的风险，救生员马上就要把潜水员拉回水面上。换句话说，你要知道什么时候从你的情绪海洋中浮上来换口气休息一下——出去散散步，读读报纸，喘口气。大海永远都在那里，你什么时候休息好了，还可以再游回去。

可以考虑请一位专业心理治疗师帮助你体会自己的感情痛苦。这种方法在你感到不知所措、被个人危机压倒，或者担心自己的身心安全时尤其重要。一位好的治疗师可以提供必要的安全保障和技能，帮助你解决已成心结的感情纠葛。

## 破译痛苦

先从搞清楚痛苦的起源开始。谁说过什么或做过什么，伤害了你的情感健康？你的痛苦仅是一件导致心理创伤的严重事件，还是长期受虐吃苦的结果？弄清源头之后，接下来就要对这种痛苦的含义进行解码。例如，我头疼了，那就意味着我需要减轻压力。同样，情绪上的痛苦也在发送着你的人生正在失去什么或者有什么东西出现裂痕的信息。你要把这种信息找出来。如果你有一种强烈的冲动要躲开某位贬低你想法的上级，你的痛苦可能就是在告诉你，你需要比你意识到的更多的赞誉。

见证了自己的感情痛苦之后，请将注意力转向对方的痛苦。想象自己站到他们的立场上，他们会有什么感受？为什么？如果你被困在强迫性重复或者眩晕之中，就很难与他们产生共鸣，但是请继续尝试。

不过，你绝不能强迫对方治疗。治疗的意愿是个人选择。一个常见的失误就是硬推着对方寻找共同点，为冲突“降温”，但如果他们感到委屈，可能就会觉得你是在剥夺他们合理表达愤怒的权利，你在试图消除愤怒所产生的作用力，并且准备强行实现自己的目标。

在这种情况下，你最好建立一个有利于情感疗伤的环境——一个可以见证彼此痛苦的勇敢空间。[8] 这个空间可以由得到双方共同尊重的第三方，例如某位深得信任的家庭成员或专业调解人来促成。[9] 如果你们双方都可以接受在没有第三方的情况下了解对方的痛苦，那么非常重要的一点是确立一些基本规则以促进谈话的建设性。例如，我知道就有一对夫妻把以下基本原则贴在了他们的冰箱上。

- 一次只分享一种感情痛苦。
- 不做主观评判地倾听对方的观点，并重复其中的关键点。
- 承担情感风险。
- 记住要互相关心。
- 记住“免责条款”，也就是说，如果感觉到不爽或者难以忍受，任何一方都可以要求暂停。

## 第二阶段：哀悼损失

平息内心痛苦的第二阶段，是悼念你已经发生的损失。[10] 任何冲突都会造成损失：一对离婚的夫妇一定会哀悼他们白头偕老的憧憬从此破灭，和解的兄弟一定会哀悼他们反目的那段岁月，正在打仗的部队一定会哀悼他们的战争伤亡。从本质上说，哀悼是损失的情感代谢。[11] 如果你没有哀悼，就会仍然困在一个痛苦情感的时间胶囊之中。为了美好的未来，你需要对损失进行情感估价，达成妥协，寻求解脱。

## 承认损失

请注意你失去了哪些东西，哪些东西是永远也不可能再找回来的。你的冲突可能使你失去朋友的信任或如田园诗般浪漫的婚姻。这样的损失会让你感到无所适从，有时甚至会对你造成毁灭性的打击，就好比至爱之人的逝去会让你感觉如在梦中一样：难道她真的走了吗？这怎么可能？

哀悼只是接受原本习以为常的一切现在都离你而去的现实。但是，虽然你在理智上可以理解你的朋友背叛了你或你的配偶离开了你，但在感情上接受现状仍然是极其困难的。面对新的现实存在，你的关系身份必须转变。

我曾目睹承认损失的整个过程。有一家人，父母都是我很好的朋友，他们的女儿娜拉十几岁时夭折了。丧女之痛让他们多年以来一直接受心理治疗。但他们还是一直保留着娜拉的房间，就跟她去世时一模一样：她的衣服散落在地上，她的日记放在床边。后来，某个烟雨蒙蒙的星期二，他们从睡梦中醒来，意识到是时候承认他们的损失了。于是，他们把娜拉的物品统统锁进了储藏室。带着无尽的爱意和伤痛，他们终于迈出了感情痛苦但又绝对必要的一步，接受了女儿已经夭折的现实。

## 接受损失

损失的痛苦会一直陪伴着你，直到你找到办法获得解脱，也就是说，直到你在感情上下决心接受损失的事实。这需要你不仅要承认痛苦，更要在感情上接受痛苦。这里的一个关键挑战是，损失的剧烈痛苦会危及你与之对抗的能力。事实上，当你的大脑记录一次痛苦的经历时，往往也不是使用语言来描述和记录，而是把这种体验当作一次情感印记，一种完全无法用语言描述的印象来保留。[12] 但是，如果没有语言的参与，你就不能从痛苦中真正解脱出来，获得对感情痛苦的控制力。

所以，你还得去寻找适当的语言来描述痛苦。问问自己：为什么这次损失让我如此痛彻心扉？我如何总结经验教训，让自己不会白白遭受这次损失？你可以与一位值得信赖的朋友讨论这些问题，也可以用日记的方式把自己的想法记录下来，用语言来描述你的感受。

不过，接受损失并不一定只能通过语言来达成。仪式也是一种把自己从痛苦中解脱出来，平息这段情感体验的有力工具。通过仪式，你可以举行一次隆重的典礼，支持你自己从损失到接受损失的内心转变。例如，在犹太人的宗教里，为了悼念逝去的家人，逝者的直系亲属会举行一个为期 7 天的坐悼期（shiva）。在此期间，他们会一直待在家里，接受一拨又一拨亲朋好友的哀悼，完全靠外人带来的食物和饮料生存。

最有力的仪式是与我们这个星球的基本元素联系在一起的：

火、水、土和空气。例如，基督教的洗礼仪式会把婴儿浸入水中，象征得到教会接纳。死者则往往进行土葬。印度教一类的宗教则使用火葬，用火来消灭逝者的肉体。另外，还有许多宗教的传统是把死者的骨灰撒向空中，任其随风飘散。[13]

接受损失，但你可以怀念它。国家可以竖立纪念碑铭记那些为国捐躯的士兵；悲伤的父母可以成立一个非营利基金会来留住对故去孩子的思念；你也可以学着通过艺术的方式来接受损失，无论是谱写一首悲伤的歌曲，描绘一幅表达愤怒的画作，还是撰写一篇怀旧的小故事。一些世界上非常充满激情的故事和歌曲都是在损失之后诞生的。纪念的意义，就是把你的痛苦从一种能够吞噬一切的体验转变为受到约束的存在，这是一种有形的结构，既让你的人生翻篇儿，让过去的一章就此画上句号，又承认它造成的伤痛永远不会被遗忘。

你需要哀悼损失，对方也需要。要给他们留出表达自己哀思的空间。在他们锐利的攻击背后，可能隐藏着对通过冲突夺回他们已经永远失去的东西的渴望。

## 第三阶段：考虑宽恕

宽恕是平息内心痛苦的第三阶段，通常也是难度最大、要求最高的一个阶段。本章开头提到的联邦士兵感到自己是受害者，有责任、有义务为他和战友们所遭受的感情创伤实施报复。而他想知道的是，怎样才能宽恕那些犯下滔天罪行的作恶者，而不必一上来就把这事儿上升到正义的高度？

这名士兵没有意识到一个关键的道理：宽恕其实是使你自己从受害情绪中解脱出来。总是被愤怒的情绪左右，意味着你永远都逃脱不了那些作恶之人的摆布。而宽恕则会打破你的感情枷锁，在你的心中腾出空间来考虑其他更值得考虑的问题。如果你花40%的时间一遍又一遍地重演历史的伤痛，抚慰愤怒的情绪并策划报复行动，那你就只剩下60%的时间去做更加有益的事了。复仇的渴望让你牢记历史，永不忘本，而宽恕则释放你的身心，享受活在当下的美好时光。

宽恕，并不是让你自己处处死抠字典里对这个词的定义，而是要形成一种行之有效、能够推进和解的定义。例如：不管发生什么事——我永远都不会忘记——我都愿意既往不咎，放弃复仇的念头，与你交谈，为更加美好的未来共同努力。

## 宽恕的特质

宽恕不是开脱。一位父亲可以宽恕他那逾时不归、彻夜在外的女儿，但他仍然会细细逼问她的周末是怎么过的。那位联邦士兵可以原谅他的敌人所做的一切，但仍会在正义的法庭上将他们绳之以法。

宽恕同样也不是忘记。银行可以宽限你的债务还款期，但它仍然会保留一份贷款记录。两个国家可以在残酷的战争中互为敌手浴血拼杀，但在和解以后，每个国家的历史都将如实记录战争的历史。

宽恕需要一个过程。宽恕并无捷径可走。这需要时间、努力以及耐心，而你对宽恕动机的认识也会随着时间的推移起伏变化。

一位朋友背叛了你的信任，好多年你都不肯原谅他——直到突然有一天，你的怨气恨意出人意料地软化了。

没有人可以强迫你宽恕，甚至你自己都不行。作家 C.S. 刘易斯用了 30 年时间试图原谅某人，而当他终于感觉准备好了可以这样做时，他意识到："有这么多的事儿，都是当你能做了以后就特别容易做。但是在那之前，你就是不行。就跟学游泳一样，好几个月的时间，不管使多大劲儿你都浮不起来；然后突然有那么一天，那么一小时，那么一分钟，甚至从此以后，想沉都沉不下去了。"[14]

不宽恕是一件很容易的事，因为能够让干了坏事儿的人重新回到你的"道德共同体"的钥匙完全握在你的手里。那个人曾经主宰着你，让你威风扫地、颜面无存，但现在力量的天平已经逆转。南非作家帕姆拉 · 戈博多 – 马迪基泽拉指出，"就在作恶者开始反省，寻求通过某种方式请求原谅的那一刻，受害者成为这些丧家犬命运的决定者，决定是否满足他们的渴望——重新获准进入人类社会"。[15]

为了开启宽恕的进程，首先要使自己坦然面对宽恕到底有多大的可能性。想一想如果你这样做你的关系身份会作何感受。好好斟酌宽容以及不宽容的利弊，并使用图 11 把它们记录下来。接下来，用你的直觉再过一遍：让你自己从那股怨恨中解脱出来会是一种什么感觉？想一想那种感觉与目前让你不堪重负的愤怒感相比，哪种让你觉得更舒服一些。可以向某位知己倾诉一下，并从各个角度审视你所处的困境。随着时间的推移，你会看得更清楚。[16]

| 我应该宽恕吗？ | |
|---|---|
| 如果应该： | 如果不应该： |
| 有哪些利处？ | 有哪些利处？ |
| 有哪些弊处？ | 有哪些弊处？ |

**图11　宽恕分析图帮助你决定是否宽恕**

最后，决定是宽恕，还是暂不宽恕，或者过段时间再来解决这个问题。仔细地通盘考虑一下你的决定，倾听一下自己的心声。如果你决定宽恕别人，会觉得更自由、更有力量。但这并不是故事的全部，你仍然需要释放你的愤怒，最好的办法可能是激发同情的力量，对对方经受的苦难表示关切。所以当你感受到愤怒的拉力时，就请问自己一个问题：我是想让自己和别人受苦，还是获得同情？

## 如果不宽恕呢？

哲学家汉娜·阿伦特提出，某些行为如此超乎想象，只能是康德所说的“根本恶”（radical evil）的产物。所谓根本恶，是指最极端恐怖的恶意，已经完全放弃了对道德准则的所有主张。作为一名犹太人，阿伦特在民粹主义和反犹太主义兴起之际逃离了她的祖国德国。她从远距离审视大屠杀，始终无法摆脱一种观念，即如此极端、如此毫无理性地攻击人性的恶行，只能是一种根本恶的行径，用她的话说，既“无法惩罚”，也“不可宽恕”。

与阿伦特一样，我也相信某些冲突会产生无法忍受的痛苦，以至人们感到这些罪行不可宽恕。但我也相信，假设我们永远不能原谅另一方，并将其作为不可置疑的终极结论，必然导致一个自证预言的出现，也就是说，我们假定不能宽恕对方，我们最终就一定不会宽恕对方。在情感创伤转化为记忆的伤痕之前，疗伤的过程可能会持续几代人的时间，但宽恕的可能性永远存在。

## 道歉：宽恕的另一面

真诚的道歉或许是恢复积极关系最有力的工具。道歉表达的是懊悔遗憾之意，传递的信息是，你希望那些伤害另一方的行动都没有发生过——你的这种愿望如此强烈，以至于你愿意为了和解而牺牲自己的骄傲。

宽恕是内在决定，道歉则是在人际关系上对懊悔遗憾的确认。你可以在任何冲突中表示宽恕，犯下恶行的一方是不是在场都没关系，但你不能对着一间空屋子道歉。道歉是与另一个人的直接沟通，你向他说对不起，而且是认真的。

### 真诚的道歉需要遵循的原则

真诚的道歉应该是发自内心的，但下面几项指导原则也非常有用。在你道歉之前，先检视一下这些指引，想一想自己应该如何真诚地把这些原则传达给对方。你把这些原则越多地融入你的道歉之中，你的沟通会越有效率：

- 诚恳表达悔恨之意。
- 承认你的行为造成了不好的影响。

- 表示你会承担责任。
- 承诺不会再犯同样的错误。
- 提出修补关系的措施。

要决定是私下道歉，还是公开道歉。私下道歉更容易建立联系，而且双方都不会冒丢面子的大风险。在恢复性司法（restorative justice）的复杂案例中，犯罪者可与受害人私下会面，检讨对犯罪的认识，乃至对不当行为道歉。但在其他场合，公开道歉可能更好，特别是当这种不公正行为具有政治性和集体性意义的时候。南非真相与和解委员会提供了一个平台，让政治暴力的受害者讲述自己的惨痛遭遇，也让犯下恶行的人认罪并为他们的错误行为表示歉意。受害者倾听并认可他们的道歉，有时甚至原谅了他们。[17]

## 进行道歉而不是申辩

如果你要道歉，那就直截了当去道歉，不要用悔恨和防备心理蒙混过关。[18] 在柏拉图的《申辩篇》（*The Apology*）中，苏格拉底接受审判。他被指控败坏青年的思想，不敬国家公认的神祇，而且还创造新的神灵。在对他进行聆讯时，他进行了申辩（apologia），这个希腊词语的意思是发表演说，对指控进行抗辩——换句话说，其实不是为错误道歉，而是申辩根本没有犯错。例如，如果丈夫或者妻子回家迟到，错过了生日晚宴，那下面这种解释将是非常不明智的："对不起，我回来晚了，伤了你的心，但我有一个项目必须要完成。"这种自相矛盾的沟通表面上看是在道歉，但其实潜台词很明显：我伤害了你，但我不应承担任何责任。

## 小 结

高度情绪化冲突会让牵扯其中的每一个人都感到痛苦，这正是它需要理解和同情的原因。通过见证各方的感情痛苦，悼念所产生的损失，最终走向宽恕，人们的伤痛是可以愈合的。正如诗人罗特克所指出的那样，“晦暗时刻，目启而观”。

## 个人应用工作表

1. 如果你没有卷入这场冲突，你又会经历怎样一种人生？

2. 你是否准备让自己卸下冲突的包袱？如果不，让你准备放手还需要做什么？

3. 这场冲突最让你感到痛苦的是什么？为什么？

4. 你如何从痛苦中汲取情感意义？想一想你在这个过程中对自己、对人生有了哪些新的感悟，又该如何纪念自己失去的一切？

5. 宽恕另一方的感觉如何？决定你自己是否愿意这样做。

   • 利

   • 弊

6. 你对自己在冲突中做的什么感到懊悔？

7. 你是否愿意公开道歉？如果愿意，你该如何解释它？

# 第 13 章
# 建立跨界交往

1991 年，一个名叫西里尔·拉马福萨的男子接到朋友邀请，请他周末去玩飞蝇钓（fly fishing）。西里尔非常喜欢这项运动，便欣然接受了邀请。走了三小时的路以后，接待他的朋友告诉他，罗尔夫·梅耶和他的家人会在周六与他们共进午餐。

如果不知道两个人的身份，大多数人对这些事儿都不会有什么兴趣，但其实西里尔·拉马福萨当时是南非非洲人国民大会（非国大）秘书长，罗尔夫·梅耶则是当时执政的南非国民党政府的国防部长。那以后又过了两周，两人计划就如何向一个多种族的民主国家过渡，针对一些最具争议的问题开始谈判。[1]

不过，在南非腹地的那个星期六下午，政治并不是他们头脑中唯一的东西。罗尔夫的儿子问西里尔："你愿意教我飞蝇钓吗？"西里尔答应了，然后他们就都去了。罗尔夫也决定亲自上阵试试手气，但他甩钩时方向错了，结果鱼钩钩到了他的无名指，而且还扎穿了。他转向西里尔，哭丧着脸问："现在怎么办啊？"

西里尔的妻子是一名护士，她试图把鱼钩摘下来，但没能成功。西里尔只好使出最后一招。“给我一把钳子。”他对妻子说。然后，他给罗尔夫倒了一杯威士忌，说：“来，干了它，看别处，相信我。”然后，他一下把鱼钩拽了出来。

两周后，两位在谈判桌上各为其主的领导人发现谈判陷入了僵局。多年以来，南非国民党囚禁了大批抵制种族隔离的人士，包括非国大领导人纳尔逊·曼德拉和他的很多同事。到 1991 年，许多人已被释放，但还有一些人被关在牢里。南非国民党愿意释放剩余的政治犯，但前提是非国大要停止其武装斗争；非国大则拒绝在犯人被释放前停止武装抵抗。谈判走到这一步，就看谁先让步了。

罗尔夫俯身在桌上对西里尔说：“我听到你说：相信我。”

他下令释放囚犯，一个星期后，非国大宣布结束武装斗争。[2]

这则逸事有力地说明，和解的中坚力量是人们之间的联系。人与人之间发生争斗时，双方通常把相互之间的联系视为对抗性质的，好比“我们”对“他们”。但即使是高度情绪化冲突，也有很多办法建立起积极的联系，加深关系并超越自身利益。关键是要建立我所说的跨界交往（cross-cutting connections）。

## 跨界交往的作用

人际关系可以通过你与他人之间的多元联系得到巩固。这些联系的数量越多，意义越重要，你的人际关系就越强。[3] 西里尔和罗尔夫通过一次钓鱼历险记、在度假地的聊天以及同是谈判专家等多条渠道建立了交往关系。这些不同层面的交往关系增进了双方的信任，使创造性解决问题成为可能。在他们编织起来的交往之网中，他们能够吵得更大声，因为他们都觉得这种关系足够安全，可以无拘无束地表达他们的关切和顾虑，分享各种信息。同样，你在影响一位盟友时也会比影响一位对手做得更好。朋友总是更愿意听朋友的而不是敌人的。

为了帮助你培养合作关系，本章提出主动建立跨界交往的策略。这套方法会告诉你：如何评估自己当前的交往水平，如何判断哪些关系看起来可能更好，如何决定是否改变你的关系，以及如果要有所改变的话，如何利用三种工具来强化它。

## 第一步：评估自己当前的交往水平（运用 REACH 框架）

人与人之间的交情有深有浅，水平不一；你们之间的关系越深，在混乱的冲突中，就越有可能绑在一起。[4] 为了帮助你准确把握人际关系的状态，我开发了一种我称之为 REACH 框架的工具，可以为评估情感亲密度提供简单的指引。亲疏远近总是在不断变化，可能上午你还和爱人好得蜜里调油，下午就互相看不顺眼了。接下来的内容将帮助你适应这种情感上的波动和变化。

### REACH 框架

这个模型将交往分为 5 个层次，REACH 就是由这 5 个层次的英文首字母合并而成的，提醒人们要努力建立尽可能多的交往关系。按照感情深浅的顺序，这 5 个层次是：

- 承认存在（recognition of existence）。
- 移情理解（empathic understanding）。
- 依恋（attachment）。
- 关心（care）。
- 神圣的血缘关系（hallowed kinship）。

**第一层次：承认存在。**对方是无视你的存在，还是承认你的存在？在电影《大笨蛋》（*The Jerk*）中，由史蒂夫·马丁扮演的纳文·约翰逊是一家破烂加油站的服务员，试图闯出自己的一片天地。一天，加油站换了一本新电话簿，纳文发现里面有他的名字，简直高兴坏了。“我现在是名人了！”他喊道，“每天有几百万人看这本书！这就是那种自发宣传吧——你的名字印在书里了——这就成名了！”他的喜悦显示了交往关系最基本形式的强大力量：承认存在。

我们都希望感觉自己是个“人物”——成为一个人人认识、一言九鼎的人，成为这个世界不可或缺的组成部分。[5] 想象一下，你和同事们参加一个会议，结果你所说的每件事他们都与你意见相左。或者假如你与家人聚餐，结果费了半天劲都插不上嘴，同时别人连看都不看你一眼。在这种情况下，你显然会感到痛苦。当种族政治团体在政治上不被承认，或者被排除在外交磋商之外时，他们肯定会非常沮丧。[6] 感到不被承认，就是感到自己什么人都不是——任何人都不希望自己就是这个待遇。

**第二层次：移情理解。**另一方如何评判你的情感经历呢？是认为无关紧要，还是由衷地赞赏？所谓移情，就是对另一个人的情感世界感同身受，你也能体会到他感受到的体验，也能理解他对这段情感经历所赋予的重要意义。[7]

移情可以分为两种。认知移情（cognitive empathy）指对某人的情感体验的理智性理解，但并不会激发你的情感反应。比如，心理变态杀手要加害一个十几岁的女孩：他会用自己敏锐的认知理解抓住女孩的弱点，施展魅力引诱她上车，仔细了解她的情感世界，但绝不会产生自己的情感共鸣。相反，如果你产生了情感移情（emotional empathy），那就意味着你在和对方共同经历着对方的情感历程。我们的大脑有这样的回路，可以做到这一点，而且这条回路在重要人际关系中的表现尤其活跃。德国神经学家塔尼亚·辛格已经证明，如果你看着你爱人的手被突然抽打，你的神经网络就会被激活，让你体验到他们的痛苦所产生的情感味道。[8]

**第三层次：依恋。**对方是把你当成用完就扔的破抹布，还是感情上不可替代的另一半？依恋让你体验一种持久的纽带关系。[9]也许婚姻最大的痛苦是发现你的配偶有了外遇，这说明你是可以替代的。依恋则意味着凝聚力，你和另一方被感情紧紧黏合在一起。这也正是依恋对于和解如此有用的原因所在：依恋会导致凝聚关系的产生。

依恋是有迹可循的，主要有两个标志。第一个标志是渴望保持情感上的联系。在我妻子使用电脑或做饭时，我 4 岁的儿子利亚姆总是缠在妈妈身边，离开稍远一点儿都不行。有些已经离婚的夫妻在离婚后还会闹腾很久，因为他们强烈的依恋感没有得到满足。这种对维系依恋感的渴望有助于解释一些看似不理性的行为。一个典型的例子是怒气冲冲的妻子装好自己的行李箱，宣布她已经受够了两个人的争吵，然后冲出家门——只不过后面跟着她的丈夫，一边走一边喊："我对这种过法也受够了！等一下，我跟你一起走。"

依恋的第二个标志是分离焦虑。当你需要的情感联系没有得到满足时，内部的焦虑警报就开始响起。对于小利亚姆来说，这种焦虑就转化为大发脾气："妈妈，抱抱！"当他与妈妈重新建立联系时，他的大脑里就会产生类似于鸦片类止痛药一样的满足感，强化他的依恋，并使他的脸上绽放笑容。那些过不到一起却又无法忍受分开过的离婚夫妇，也会产生同样的焦虑警报。

**第四层次：关心**。你觉得对方是不在乎你的命运，还是特别珍惜你呢？一个极端是，对方重视你的一切，他们的爱是无条件的。如果对方为了让你幸福而心甘情愿做出牺牲，那就说明他们确实非常关心你。我认识佛罗里达州的一位母亲，她特别担心自己那个已经有了毒瘾的十几岁的儿子，于是报警让警察逮捕了他——出于对儿子生命的关心，她牺牲了母子之情。

"爱的反义词不是恨，而是冷漠。"诺贝尔和平奖得主埃利·威塞尔写道。作为一位大屠杀的幸存者，他意识到对"二战"集中营里关押的犹太人来说，唯一比纳粹的残暴更加难以忍受的痛苦，也许就是国际社会起初对犹太人困境的漠不关心。

**第五层次：神圣的血缘关系**。对方是将你视为意识形态格格不入的对手，还是血浓于水的同族同种？神圣的血缘关系是以精神或意识形态关系为基础的超凡纽带关系。马尔科姆·艾克斯起初嘲笑种族融合的概念，但后来前往麦加朝圣，发现“朝圣者数以万计，来自世界各地。他们肤色各异，从金发碧眼的白人到黑色皮肤的非洲人一应俱全。但是，我们都参加同一个仪式，彰显团结和友爱的精神，而我在美国的经历本来已经使我认为这种精神永远不可能存在于白人和有色人种之间”。[10]

民族主义是神圣血缘关系的另一个例子。在战场上，士兵冒着生命危险拯救倒下的战友，不仅是关心战友安危，也是爱国主义精神使然。事实上，任何超凡体验，不管是宗教的还是其他形式的，都可以作为神圣血缘关系的基础。我家老大诺厄一岁的时候，我在黎明时带他到海滩上玩，一起看着太阳的光芒投射在远方的海面上，泛起金色的涟漪。与孩子之间那种神圣的血缘亲情油然而生，甚至我们身边的自然美景都让我感觉到同样神圣的亲切感。

## 盘点自己的交往关系

现在，你已经对人际交往的 5 个层次有了更深的了解，可以使用它们来评估自己的关系质量了。先从与你发生冲突的人开始，如家庭成员、同事或邻居。要以诚实的态度进行内省，这样才能准确评估当前的交往水平。你觉得承认度如何？你觉得情感理解度如何？你觉得有依恋感吗？你关心他们吗？感觉与他们有那种神圣的血缘关系吗？

请使用表 10 进行对照检查，它可以帮助你分析关系紧张的原因。例如，在一个家族企业中，你可能会觉得你的兄弟姐妹在情感上是理解你的，但没有达到你希望的程度。这说明你们之间存在移情鸿沟（第二层次）。在交往的每个层次上，请在你认为最能体现当前交往关系的位置写一个C。然后问自己一个问题：在这个层次上，我期望的交往程度是哪里？然后在你期望的交往程度位置再写一个D。你当前的交往水平和你期望的交往程度之间的差距，就是你感觉到的紧张程度。你认为的和你期望的交往水平之间有任何差距，都要引起你的注意。

现在，请换到对方的立场上设想他们会如何看待与你的交往程度。他们是否认为你承认他们？在情感上理解他们？再一次使用表10，考虑他们认为的交往水平会在哪里以及是高于还是低于他们的期望。

表10　交往水平评估表

| 交往水平 | 感受的范围 |
|---|---|
| 承认存在 | 无视 ---------------------------------- 充分承认 |
| 移情理解 | 情感评判 ----------------------------- 感同身受 |
| 依恋 | 可替代 ------------------------------------- 不可替代 |
| 关心 | 不闻不问 ------------------------------------------ 敝帚自珍 |
| 神圣血缘关系 | 精神隔绝 ---------------------- 精神统一 |

## 第二步：期待建立更加密切的关系

完成对当前交往水平的评估后，请设想你所期望的关系类型。你的设想越详细，转化冲突的成功概率就越高。最终，你会希望培养合作的共享愿景，而这种愿望的表达如此强烈，溢于言表，以至于让人感觉不仅切实可行，而且不可避免。[11]

马丁·路德·金博士就是一个光辉的榜样，他用一个大胆的梦想来描绘种族关系的未来发展。在美国种族分裂最严重的时刻，他站在林肯纪念堂前，没有把批评政府当时的政策作为唯一的目标，而是阐述了他对一个各种族相互融合、和睦相处的国家的愿景，想象“有一天，在佐治亚的红山上，昔日奴隶的儿子能够和昔日奴隶主的儿子兄弟般地平起平坐，共叙兄弟情谊”。金博士深知，要想打破社会阶级的束缚，美国人民需要一种相互包容的社会模式并将其奉为圭臬。

在创建你自己的愿景时，要时刻牢记以下指导原则。

首先，愿景要鲜明生动。一个生动的愿景是具体的、可行的，能够产生情感上的共鸣。设想用一张图片或一个短片来描述你对建立更好关系的愿景。当与以前的配偶聊天时，你能保持适当的幽默感吗？当与办公室的对手在一个项目上展开合作时，你会友善地一起工作吗？你会与邻居坐在一起讨论双方的地界纠纷吗？

其次，先不要忙于下断语。不要批评你的愿景。在白热化的冲突中，任何和解的想法都会感觉不切实际。但是，如果没有某种形式的和解愿景，你以后会为放任冲突延续下去而谴责自己。正如你在睡梦中不会评判自己做的梦，也不要在清醒时评判自己的愿景。你的目标是尽情想象，勾勒出一幅未来有可能呈现出的栩栩如生的景象。要允许自己描绘各种让人耳目一新的可能性。

创建愿景的过程可以帮助解决任何层面的冲突。我曾经主持过一个研讨会，要求参加研讨会的以色列和巴勒斯坦公共和私营部门的领导者创建具体的愿景，描绘未来20年和平到来时会是怎样一幅景象。[12] 起初，怀疑论占据了上风，几位与会人士抱怨说这种练习将是浪费时间，因为他们感觉和平可望而不可即。但是，我鼓励他们进行创造性思考，不要理会他们的想法有多么不切实际，他们不情不愿地照着做了。没用 10 分钟，屋里的气氛就热烈起来，而大家在一小时后提出的创意，也获得了惊人的结果。与会人士踊跃描述各种可能性，包括成立联合经济企业，构建社会组织的联系，进行新的政治协作。由于他们一直负责拟定促进来往的具体措施，并不就政治权利进行形而上的讨论，所以大家的热情特别高。和平的可能性就在他们的手中，这让参与研讨会的领导者们愿意发挥自身影响力，支持一个更加广泛并最终成功的行动计划，以求打破正式谈判的僵局。尽管政治谈判步履蹒跚，但这个小组的成员仍然定期聚会，为他们的和平愿景共同努力。

## 第三步：决定你是否愿意进行改变并为此做好了准备

你还不能从愿景一下子跳到行动，中间应该还要经历关键的一步：确定你和对方是否都愿意并准备加深关系。很多时候，双方都同意建立新的政治或个人交往，但是最终都自食其言，因为双方并不是真正渴望并且能够落实这些承诺。所以，你要问自己以下两个问题。

### 你是否有加深交往的意愿

意愿是做某件事的主观故意。意愿分为两种类型：情感和政治，你要以这两种意愿为标尺，检查测量你与对方进行交往的意愿。

情感意愿是指出于增进交往的目的而在冲突中打开感情大门，敞开心扉。如果冲突留下的痛苦很深，你可能会发现情感意愿之井目前已经干涸。这是可以理解的。情感意愿会随着时间的推移而发生变化，今天的不愿意可能转化为明天的愿意。

然后，请将注意力转向政治意愿。政治意愿是指你采取行动以增进交往的承诺。你可能在感情上希望与某位已经疏远的兄弟和解，但发现自己无法下定决心拿起电话并始处理这件事。同样，研究部门的经理可能希望解决与营销部门的紧张关系，但又不愿意花费政治资本来实现这一目标。

在确定了你的变革意愿的程度之后，就需要做出决定了：你是否真的愿意改变？一个明确的“是”，为你打开了增进情感交往的大门，用积极的意愿促进积极的情感。一个明确的“否”，表明你现在可能避免追求更进一步的交往。不置可否则只会给你自己挖坑，未来面临更多的关系问题。想象一下，一位牧师问新娘：“你愿意将这个人作为你合法婚配的丈夫吗？”她回答说：“我愿意，但只在一些特定条件下，我想对这些条件做进一步讨论。”那这婚干脆别结了。另外，如果你的意愿不坚定，就不会尝试加深双方的往来关系。

## 你是否为加深交往做好了准备

如果你觉得愿意通过移情，与对方感同身受，并把自己的情感与对方分享，答案很可能就是肯定的。但是，如果你只有加深交往的意愿，却在情感上没有做好准备，那就会产生问题。

两个人的恋爱关系就是一个很好的例子。男的想结婚，但女方不愿意。她不愿意并不是因为不爱对方或者不愿意做出承诺，可能只是需要更多的时间。虽然在情感上做好准备是一个很抽象的概念，但我们大多数人都能在生活中逐渐熟悉这种状态。我们凭直觉寻找“恰当的时间”结婚、买房子、生孩子、换工作，或者进行其他重大的人生决定。我们并不需要让时钟告诉我们什么是进行这类决策的恰当时间，这种判断来自我们的内心。

如果你想修补已经受损的关系，就要做好进行交往的准备。从寻找你抗拒改变的原因入手。你是害怕交往变得更加密切，感觉不满，还是需要保留尚未解决的痛苦？然后，想办法克服这种阻力。例如，在北爱尔兰冲突调解过程中，政治家乔治·米切尔就曾帮助争端双方不仅做好迎接改变的准备，更做好进行改变的准备。同时，米切尔也意识到，做好情感上的准备要求有关各方必须敞开心扉，走上全新的关系之路。他与国际领导人共同合作，使政府机构和民众为迎接新的和平现实做好了准备。事实证明，这些初步的努力对于举行谈判并最终签订和平协议发挥了至关重要的作用。

## 第四步：加强交往

哲学家叔本华曾经仔细研究过豪猪如何在寒夜保暖的问题：它们缩在一起，保持足够近的距离以便用身体相互取暖，但同时又要保持足够远的距离，以避免被彼此的刺扎到。同样的概念也适用于为人际交往寻找“恰当”的度。我将其称为“叔本华原理”：如果你想增进关系，就得靠得足够近，以便从积极的交往中受益；但同时又要保持足够远的距离，以避免侵入对方的空间。[13]要养成评估交往水平的习惯，反思自己是否走得太远或者靠得太近，让对方感觉不太舒服。

如果你想加深你们之间的关系，有三种形式的交往以资借鉴：身体、个人和结构性交往。这三种形式的交往适用的范围极为广泛，不管你想弥合分歧的是家庭、组织还是国家。另外，这三种形式的交往对于建立稳健的跨界人脉关系也是必不可少的。虽然真诚的交往关系并非完全由你决定，但通过这三个方面的努力，你还是可以培养积极的交流关系的。

**表11 交往的三种形式**

| 交往的形式 | 连接我们的纽带 |
|---|---|
| 身体 | 身体相邻 |
| 个人 | 情感上的亲近 |
| 结构性 | 同为某个集团的成员 |

## 身体交往的力量

身体交往测量的是你的身体与别人身体的距离远近。这种距离是显示你和对方如何设想双方关系的一个很好的指标。当讨论双方的冲突时，你们是肩并肩坐在一起像密不可分的好友呢，还是坐在一张长条桌的两侧形成两军对垒之势呢？即使是空间定位的微小差异，也会产生很大的影响。下次你和朋友吃晚餐的时候，你试着和他坐得比平时更近一些，看看是什么结果——他可能会显得不舒服，不自觉地退避。而在严肃的谈判中，对距离感的把握失当则可能造成灾难性的后果。

要清醒地认识到阻碍交往的身体障碍。身体上的相互接近可以对你人际交往的连接感产生强大的、潜意识的影响。在组织中，仅仅因为员工位于同一栋大楼的不同楼层，就足以引起部落式的分裂。即使是在同一楼层的员工，也会感觉与毗邻工位而不是坐在角落里的同事更能聊到一块儿去。而在一个规模更大的社会里，物理上的硬性划分也可以强化社会分化：想想柏林墙，一堵钢筋混凝土建造的政治壁垒，将德国一分为二；或者美国种族隔离时代黑人被迫坐在公共汽车后排，只能去专门服务黑人的场所消费娱乐等潜规则。

正如社会心理学家亨利·塔杰菲尔所证明的那样，只是把人们单纯地分成不同的群组，就能使各个群组的成员产生对所属群组的偏爱之情。这一发现在部落练习中屡试不爽：在部落开始谈判前，他们被安排坐在6个不同的区域里，营造出分属不同群体的印象。部落成员立即就能感受到越来越强烈的与本部落的亲近感以及与其他部落的疏离感，无论是身体上还是精神上。出人意料的是，从来没有哪个小组主动建议重新安排座位，让所有参与培训的人都加入进来，坐成一个大圆圈。我相信，如果有人这样做了，分裂的壁垒就会动摇。

**双方会面时，要精心安排座位以鼓励合作。**你是坐在高高的讲台上俯视其他人，还是与别人并排而坐？围绕圆桌落座或是坐在桌子的同一侧，往往要比相对而坐或者坐得比别人还高能够产生更大的交往动力。同样，你也可以在办公室或者家里专门辟出一个空间满足不同类型谈话的需要。我认识一位咨询顾问，他曾为共同管理一家大公司的兄妹俩提供过很多有用的建议。那对兄妹虽然是企业的共同管理者，但在每件事情上都打个不停，于公于私都是如此。由于沟通恶化，他们的生意也受到影响。咨询顾问告诉他们，业务上的争执在办公室解决，家庭里的纠纷回家去解决，同时安排专门时间处理公务和私事。这条指令简单而有效，因为它帮助兄妹俩对他们之间的分歧进行了有效区分，公事就公办，私事就私了。

## 个人交往的力量

对于斯日达·波波维奇来说，个人交往发挥了至关重要的作用。他领导的青年抵抗运动协助组织了推翻南斯拉夫总统斯洛博丹·米洛舍维奇的革命，在每次抗议活动的前一天，他的组织都会挑选一批大学生与警察局长见面，做好解释工作："这就是我们要做的。我们知道你不得不逮捕我们，我们也会在现场提供安全保障，确保一切有序进行。"[14] 通过这种方式，革命者们有条不紊地与警察和军队建立了友好关系，并吸引他们加入学生们的事业。

在我们交往的过程中，我们认同彼此的情感体验，让我们感觉更加亲近。无论我们试图敲定一笔重要的商业交易，还是调解延宕日久的冲突，长期的成功只能通过个人交往来实现，下面就是促进个人交往特别有效的五大策略。

**第一，与人生的重要方面联系起来。**问一些问题，了解哪些东西对另一方具有重要的感情意义。你的目标是透过他们留给人们的正常表象，了解他们会向一位好友透露哪些秘密。你的问题不应敷衍客套，而应该发自由衷的好奇，让谈话从他们的个人履历延伸到以下这样一些话题上。

“你有兄弟姐妹吗？孩子呢？跟我聊聊他们吧。”

“你平时有什么娱乐活动？”

“你在哪里长大的？和老家还有联系吗？”

不过，有一点很重要，那就是要逐步进入个人的隐私空间。从天气、交通、今天的新闻这些比较安全的、不太涉及个人隐私的内容开始交谈，让谈话双方更加自在放松，然后一点一点切入对方的个人生活，逐步了解情况。在听他们讲述自己的故事时，留意倾听那些对他们特别有意义的线索。他们想表达什么？他们想要谈什么？如果他们聊来聊去总是绕着某个特定的话题转，便可以此为线索，了解他们在情感上优先关注的是哪些问题。

当你发现哪些话题对他们最重要以后，就要想办法让你自己的经历体验与他们的挂起钩来。例如，如果对方提到自己的母亲在几个月前去世了，你可以这样回答：“我很难过。我还记得当时我们都在一起度假，她是一个多么迷人的女性。你不想再聊聊她吗？”

**第二，展现你个人生活富有意义的方面。**在了解对方的同时，也要把你自己展现给对方看。通过开诚布公地谈论你自己的私生活，你向对方展现你人性的一面，让他们看到你也有他们认同的品质，鼓励他们加深人与人之间的交流。

在讲述自己的故事时，要尝试与对方人生的各个方面有所联系。“我知道养孩子有多累人。我家有三个小男孩，我爱死他们了，但也要被他们累死了！”要对事件进行绘声绘色的描述，这样对方才能很好地体会他们对你所具有的情感意义。“就在昨天，我回到家，发现4岁的利亚姆把整个厨房的地板都涂满了蓝色的颜料。我们花了两个小时才清理干净。”要鼓起勇气，在讲述自己的长处时也不忘介绍自己的短处。你可以让对方知道在你的人生中，有哪些东西让你引以为傲，比如“我儿子刚刚考上大学！”但是同时你也要用自己脆弱的一面做一下平衡，“我担心他不能适应离开家的生活”。

**第三，逐步合拍，形成个人默契。**在冲突的情况下，要注意你会在什么时候感觉与对方的交往变得自然、轻松。这种个人之间的默契会改善你的对话和决策。[15] 另外，如果你们的个人交往感觉不同步、不搭调，那就要考虑请一个与对方确实能够形成良好默契关系的人作为中介。例如，几年前我应邀调解某位政府官员与某个商界大佬之间持续不断的冲突。政府官员很看不起那位商界大佬，拒绝与他进行直接沟通。但这两人有许多重要的政策分歧必须要解决，可他们的谈话已经陷入僵局。最终还是通过双方顾问代表之间的友好关系才实现和解。

**第四，留意那些寻求交往的信号。**要时刻留意对方发出的“求交往的信号”——一些微小的尝试，试图与你建立友好关系——并及时做出回应。[16] 例如，丈夫问妻子想不想看电视，妻子说不，因为她需要做晚饭。结果当丈夫大发脾气时，妻子根本无法理解他这种“毫无来由的愤怒”，而丈夫自己其实也不清楚这是怎么了——直到双方意识到他的邀请是一次求交往的微妙信号，但没有得到满足，所以让丈夫感觉被拒绝，很没有面子。夫妻感情比较好的两口子通常会发出更多求交往的信号，同时回应的次数也更频繁。即使是在国际争端中，那些最老到的外交家也都对微妙的和解暗示以及对消极修辞的克制表现得极度敏感。

**第五，建立交往的仪式。**你每天都会在毫无意识的状态下完成无数仪式，无论是在孩子们上学前拥抱他们，还是坐在一起共享家庭晚餐。仪式可以使你通过可预测的、有意义的互动，随着时间的推移加深关系。因此，你可以考虑在冲突关系中引入仪式。不需要耗费太多的时间，但一定是反复进行的、有意义的。[17] 例如，在恋爱关系中，你可以将冲突后的和好过程仪式化，互相给对方做做按摩。而在大规模冲突中，你可以将谈判进程的某些方面仪式化，比如在每次会议开始前默哀一分钟，向所有受害者表达敬意；或者在一起吃饭，要不就承诺每周沟通一次，即使在遭遇政治逆境时也坚持下去。

## 结构性交往的力量

结构性交往——第三种交往模式——以具有同一个组织的成员资格为基础。你和对方是否为同一家俱乐部的会员？是否在同一个机构共事？或者是同一个国家的国民？个人交往注重情感上的接近，结构性交往则注重包容性。你可以借助三大策略来促进这些关系的发展。

**第一，寻找与对方的共同点。**你们可能出生在同一个小镇，上同一所学校，或者你们有相同的爱好。结构上的共同点不一定要特别巨大才能促进积极的交往。几年前，在中东的一个水上乐园里，我排长队等着玩一个大滑梯，在我身后的男人问我："你是哪里人？""美国。"我回答说。"我也是！"他回答说，高兴极了。

美国人有千千万，在美国国内这种共同点几乎没有任何意义，然而在异国他乡的环境下，不过是国籍上的简单共性就引起了 30 分钟的交谈。

**第二，创建一个由不同部落组成的社区。**冲突双方往往忽视创造一个新的、更具包容性的团体来处理派性分歧的可能性。在那么多次的部落练习中，只有一次是所有的参与者联合起来宣布了一项战略，反抗外星人的指令。但是，从来没有哪次练习的参与者想过把外星人从对手变为合作伙伴，例如发起成立部落合作星际委员会，请那位外星人出任杰出创始会员。

在现实生活中，无论意见分歧的群体达到何种规模，都能在共同效忠的旗帜下联合起来。我们的忠诚可以使我们增进对家人、朋友或文化部落的熟悉程度。但它也有可能创造一个部落社区，形成一个总体框架，让许多群体都可以在共同效忠的旗帜下加入进来。而最有效的策略莫过于形成对某一象征的认同，从而将这些群体统一纳入一个社区中来。例如，国家是由一系列部落所组成的，每个部落都有它自己的文化和传统，但处于支配地位的往往是对国家和民族的认同。这是为什么？受人尊敬的社会心理学家戈登·奥尔波特指出，“国家有国旗、公园、学校、国会大厦、货币、报纸、节假日、军队、历史文献”等各种象征物，使人们无论在思想还是心灵上都体现出一个国家国民的独特性格，获得精神的归依。[18]

本来四分五裂的群体寻求和解，创建各部落共同参与的大同社会，这样的例子有很多。第二次世界大战之后，几个欧洲国家决定寻求欧洲大陆更大范围的统一。经过无数次的国际整合，《马斯特里赫特条约》正式宣告欧洲联盟的诞生，这个管理机构将全欧洲的国家联系在一起，在经济、法律、教育、军事以及卫生等领域展开合作。为了巩固统一成果，欧盟设计了欧盟旗帜，发行了共同货币，定都比利时，并组建了外交使团。虽然欧盟还没有消除成员国之间在文化和语言上的差异，但它已经在尊重各地区特色和传统的基础上，激发了区域经济增长和凝聚力。

另一个能够展现大型组织所迸发出的强大力量的例子来自中东地区。我曾经是巴以谈判伙伴网络计划（Israeli-Palestinian Negotiating Partners network）的教练和顾问。这个组织成立于第二回合戴维营谈判失败之后，作为这一网络计划工作的一部分，来自以色列和巴勒斯坦的学员在马萨诸塞州的剑桥市参加了为期一周的研讨会，学习各种谈判方法，并有机会在小组内部和各小组之间建立关系。在这次研讨会举办前，学员之间几乎互不相识，但在研讨过程中，他们多次在谈判情景练习时共同充当同一方的谈判伙伴，在社交活动中进行非正式的交谈，并在讲座中扮演“学生”的角色。这类活动帮助他们消除了相互之间的敌意，不再把对方视为对手，而是看作为解决共同问题而协同工作的同事。这个项目取得了切实而且惊人的成果。例如，伯利恒圣诞教堂（Church of the Nativity in Bethlehem）38 天的致命僵局，就是通过这个网络巴以成员之间的闭门谈判得到解决的。[19]

**第三，强调超凡交往。**最强大的结构性交往超脱于日常事务，并引领我们进入神圣血缘关系的境界。超凡交往通过在更高层次的意义或者理想上达成相互尊重，进而将我们团结在一起，无论这种意义或理想是精神的、历史的、文化的还是社会的。参加宗教仪式的会众能够体验到与神圣力量的超凡交往，而一对观看落日美景的夫妇也会感受到与大自然的超凡交往。甚至精神信仰完全不同的两类人，也会因为拥有共同的宗教敬畏心理而心有戚戚焉。我们可以设法让自己也建立这种超凡交往，从而更容易地解决长期冲突，为实现和平共处铺平道路。

在南非种族隔离时代内乱达到顶点时，大主教德斯蒙德·图图将他的主要精力投入到培养超凡交往上，而他所依托的是非洲传统哲学乌班图的思想，教导人们“你我的人性，息息相关”。[20] 随着他的国家逐渐摆脱种族分裂的阴影，乌班图也慢慢发展成为一种强大的社会力量，帮助人们从对手转变为植根于同一种精神传统的兄弟姐妹，走出历史的创伤，向着未来大同起航。

## 小 结

当思考如何加强积极交往时，我的脑海里突然浮现出我 10 岁的儿子诺厄在冰球比赛时穿戴的冰鞋：冰鞋的鞋带交叉组合得如此紧密，以至于我们在比赛后需要足足 5 分钟的时间来解开它们。同样，跨界交往也有助于你和对方保持交往。当你创造更多的跨界链接，而且链接更加多样化时，你的关系的强度和抵抗外界影响的能力也就越强，这又反过来会帮助你建设性地解决你的高度情绪化冲突。

## 个人应用工作表

1. 你感觉和另一方交往如何？

2. 想象一下，与另一方的更好的关系会是什么样子？描述一下。

3. 你在多大程度上乐见双方改善关系？

1 2 3 4 5 6 7 8 9 10

（不乐见） （非常乐见）

4. 你能做哪些事来加强你们的交往？是强调共性？还是试图了解对方人生的重要意义所在？或者，分享一下各自的小秘密？请具体谈一谈。

# 第 14 章

# 重构人际关系

想象一下，你接到纽约市市长的电话。自从恐怖分子用两架飞机撞击世贸双塔之后，9 年的时光倥偬而过。“我需要你的帮助，”市长告诉你，“我们必须弄清楚如何解决 Park51 的争议。我正在召集重要人物开个会，你来主持好不好？”[1]

一家开发商买下了位于曼哈顿下城的老伯灵顿服装厂，希望将其改建成一个有着 15 层楼高的清真寺和伊斯兰文化中心，名叫 Park51。但是，改建工程进行得并不顺利，现场爆发了多次抗议活动，因为这里距离世贸双塔遗址大约只有两个街区。许多反对者认为，在离“零爆点”（Ground Zero）这么近的地方兴建伊斯兰文化中心，简直就是对神圣的世贸遗址的玷污，是对那些在袭击中失去挚爱亲朋、伤心欲绝的人的污辱。但同样激动的项目支持者则认为，这座清真寺将向全世界发送一个信息，那就是 19 个恐怖分子的行动不能代表整个伊斯兰世界，美国坚定地支持宗教包容。

我的任务很明确：帮助意见相左的各方找到一个能够解决

Park51 争议的可行方案。但这一定需要某一方做出妥协吗？

在这本书中，我们已经探讨了如何抵御五大诱惑，促进合力作用，包括剖析各方的身份神话，解决感情痛苦，以及建立跨界交往。虽然这些策略都将有助于改善你的关系，但在任何冲突中，你仍然要弄清楚如何在不影响核心身份的前提下解决面临的实际问题。在这一章中，我要向大家介绍 SAS 系统，一个帮助你解决这些问题的简单框架。

## 何以问题难解决，只缘身在问题中

随着核心身份开始受到威胁，冲突很容易变成一场零和博弈的战斗：不是对方屈从于你的身份认同，就是你屈从于他们的。但是鉴于你不可能背叛你的身份，所以只剩下一个可行的选择：让对方投降。但是，让对方屈从于你的身份认同的可能性，并不比你向他们低头大到哪里去，这就让你们双方都陷入令人不安的僵局。金钱和其他有形资产可以谈，但核心身份没法谈。正像部落练习所表明的那样，大多数人宁愿让世界成为一团火球也不会牺牲他们的那个我。

那么，如何才能完成不妥协的谈判，把不能谈的谈成？有这种可能吗？

当然有可能，但要想做成这件事，要记住关键一招儿：你不能从问题的内部来解决问题。你需要将目标从“赢得”身份之战转移到重构你的人际关系上，使自己的核心身份和对方的实现共存。但仅仅实现共存还不是你的目标——例如，一个家庭可以在相互折磨中共存多年。要想真正解决由身份导致的分歧，你就需要将冲突重新塑造为对和谐共处的追求，从而为无须妥协就化解冲突开辟新的可能性。

## 重构你的人际关系

建立 SAS 系统有几个步骤：(1) 厘清身份如何受到威胁，(2) 设想和谐共存的方案，(3) 选择对于促进和谐最有利的方案。一旦完成这些步骤，你就能够占据一个强有力的地位，解决问题，甚至是那些最具实质性的问题。

### 厘清身份如何受到威胁

请回忆五大诱惑如何勾引你，让你的冲突陷入螺旋并最终失控。你最初可能只是被某位同事不让你参加会议激怒，但在几分钟之内，眩晕和强迫性重复就会使你暴跳如雷。这就需要寻找冲突的更深层次的意义——身份神话。结果往往是这样一种情况，你正面临的冲突本身固然很重要，但其实可能只是一种表象，其真正核心是某种身份导致的关切。有关 Park51 的争论表面上是对这栋建筑物的实际功能的担心，但骨子里是深层次的民族认同问题：谁是美国人？谁才是美国这块土地的主人，谁又是外来者？伊斯兰教在美国社会中扮演着什么样的角色？

由于这些问题都很难直接讨论，因此建筑物本身成为一个情感宣泄的对象，通过它，人们可以表达他们有关自身身份塑造的愿望和恐惧。这样一种宣泄对象要比有关身份的直接对话更安全。[2] 在这种情况下，清真寺成为一个可以量化的有形存在；你可以争论它是放在距离“零爆点”两个街区的地方好，还是10个街区以外的地方好。但只要你明确表达你关于身份本身的个人观点，马上就会把自己置身于对你的自我的直接攻击之下。

要努力了解推动各方参与冲突的深层次动机。一个比较有帮助的出发点是研究某个高度敏感的问题如何会成为身份问题的情感宣泄对象。你们两个部门之间的明争暗斗，真的是因为资源分配吗，还是归根结底因为董事会认为哪个部门对运营更具核心作用而引发的冲突？你们兄弟之间的争吵，真的是因为遗产继承吗，还是为了显示妈妈最爱的人是谁？

几年前，需要了解深层次动机的问题曾经引发我深深的思考。当时，我在为一对年轻夫妇（琳达和乔希）提供咨询，他们的婚姻已经摇摇欲坠，到了崩溃的边缘。他们在大学相识，交往了三年，然后结婚了。他们的关系很好，直到他们的双胞胎女儿长到四岁，开始知道圣诞老人的故事。问题是，琳达是新教徒，乔希则是犹太人。随着圣诞假期的临近，他们又一次面临一个老生常谈但总也谈不清的问题：如何用一种双方都能接受的方式庆祝节日。琳达越是想弄一棵圣诞树，乔希越是拒绝。他们已经就这个问题讨论过无数次，也读了好几本关于谈判的书，希望帮助他们找到一个双赢的解决方案。他们甚至为此寻求朋友的建议。但夫妻之间的怨怼情绪变得如此之深，以致找到一个妥协方案似乎已无可能，尤其是现在，他们的女儿也卷入这件事中。

我感觉有关圣诞树的斗争其实只是一种表象，根本原因还是身份认同的深层次差异，而身份认同的分歧才是这对夫妻需要共同解决的真正问题。于是我问他们："在这场冲突中，你哪一部分的身份感觉受到了威胁？"我仔细倾听他们的回答，试图了解他们的五大身份支柱哪一项受到的威胁最大：信仰、仪式、忠诚、价值观以及情感上的重要经历。

琳达解释说，母亲去世时她只有10岁，父亲成为她唯一的守护人。每年圣诞节，她醒来后都会看到成堆的礼物，这已成为她家的一种仪式。忆及此处，琳达对父亲强烈的忠爱之情总会油然而生，那棵树也成为琳达对父亲一片深情的寄托；没有圣诞树，就会让人感觉是一种背叛。但对于乔希来说，冬天只会让他想起与父母和祖父母一起秉持的犹太教仪式和价值观。他能够想象得到，如果他们知道他家里摆放了一棵圣诞树，他的两个女儿等着圣诞老人送礼物，他们会有多么失望。在他看来，这棵树是对他的血统的背叛，是对他的家族之根的可耻亵渎。

虽然这种讨论能够帮助琳达和乔希明白为什么对方在圣诞树的问题上一直如此抗拒，也改善了夫妻关系，但仍然没有解决如何处理圣诞树这个实际问题。

## 设想和谐共存的方案

SAS系统提供了三种共存方式：隔离（separation）、同化（assimilation）和融合（synthesis）。[3] 但这三种方式都不是万能的，不可能适合所有情况。以下三个问题可以帮助你设想各种可能出现的情况，以解决你的冲突。

问题1：让你的身份认同与别人隔离开来会是一种什么情况？如果你的婚姻出了问题，你可以决定先分居一段时间，或者提出离婚。如果你的邻居有很强的攻击性，装上栅栏可以有所帮助。结束战争的第一步是撤军。即使是在我自己家里，我又能拿两个打架的儿子怎么办？把他们分开了事。

但是，物理隔离并不是唯一可能的路线。你也可以追求心理上的隔离，例如禁止讨论你的人际关系中的某些具体问题。当我还是个十几岁的半大小子时，我妈妈总是习惯性地用一些我在和哪个女孩约会之类的个人问题刺探我。我就会告诉她“那是禁区”，从而把那些问题排除在母子关系之外。国家有时也会使用相同的战术，搁置争议，以求保持良好的关系，避免军事冲突升级。

问题 2：让他们的身份同化你，或者反过来，会是一种什么情况？同化是将他们的一部分身份变成你的身份。隔离可以使你保持身份不变，同化则会扩大身份的范围。例如，我的一个朋友从俄罗斯移民到美国，他很快就被务实、快节奏的美国文化同化，但同时仍然在家里讲俄语，时不时享受一顿霞舒尼克和红菜汤，借此保持自己的民族认同。

你可以通过顺从或者皈依的方式被另一方的核心身份同化。所谓顺从（conformity），就是按照对方的游戏规则行事但并不会发自内心地接受这种规则。奥巴马总统对日本进行国事访问期间，他在与日本天皇明仁会面时深深鞠了一躬。换句话说，奥巴马总统“顺从”了日本的礼仪，但并没有把这种行为当作他身份一个不可或缺的组成部分，他在会见其他国家的领导人时并不鞠躬。[4]相反，如果是皈依，你会发自内心地接受对方核心身份的各个方面，例如传教士劝导别人信奉新的宗教。由于皈依是你所做的选择，因此你的核心身份并没有受到伤害。你已经改变了自己的身份，而且不是通过武力的方式强迫完成的。[5]

问题 3：身份认同的融合，会是一种什么情况？重构人际关系的第三个途径是融合：你对与另一方的人际关系进行重新定义，从而使你的核心身份与他们的和谐共存。[6] 你既拥有独立的身份，又保有丰富的人脉，既有自主性，又有亲和力。以居住在美国的大批族群为例——非裔美国人、犹太裔美国人、美国基督徒、美国穆斯林以及美国印度教徒等，所有族群都有其鲜明的文化传承，但同时又都以美国人作为自己的身份认同。[7]

在访问韩国的过程中，我遇到了一个颇具创意的融合范例。我在首尔举办过一次研习班，项目结束后，接待我的主人带我去首尔市中心的中区观光。她向我讲述了旧市政厅的一段往事。[8] 这幢简朴的混凝土大楼是日本殖民朝鲜半岛时期修建的，韩国摆脱日本统治独立后，首尔市政府仍然还在这幢大楼里办公。然而到了 2005 年，市长李明博要求建设新的市政厅。[9] 但老楼怎么办呢？

首尔市民分为两派。一派主张将大楼拆除：当一栋新楼能够雄辩地证明这个国家的现代化成果时，为什么还要保留这个代表韩国苦难往昔的历史遗迹呢？另一派则反对破坏大楼，理由是韩国历史的每一个侧面都值得尊重认可。[10] 两派都有道理，无论从哪个角度讲，市政厅都是韩国民族身份的象征。

当我的朋友领着我从大楼边走过时，我意识到，市政府已经用融合解决了这个因为身份认同而导致矛盾激化的窘境。他们把旧大楼改建为首尔市立图书馆，静静地伫立在新市政厅的阴影中，而那栋现代化玻璃建筑弯曲的弧线，则仿佛是一个迎头盖向其前任的巨大波浪。[11]两栋大楼并肩屹立，讲述着一个关于韩国多重身份的故事，将其黑暗苦涩的过去和容光焕发的现在一并展现在世人面前。[12]

图 12 勾勒出了隔离、同化和融合的过程。

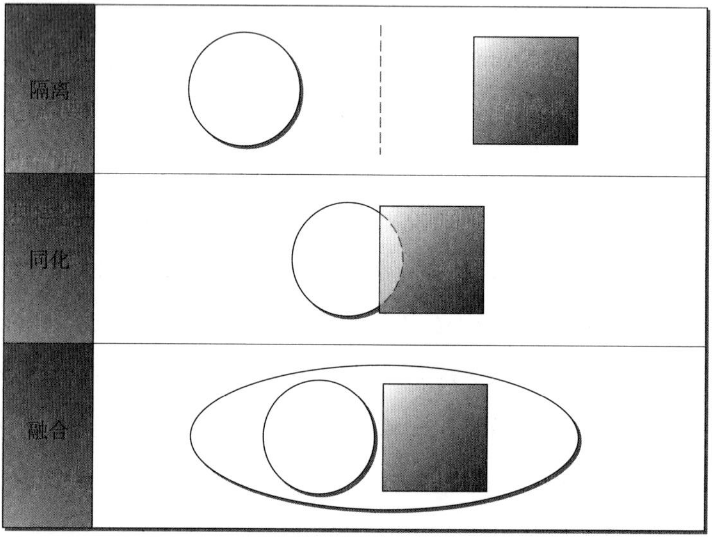


**图 12　隔离、同化和融合的过程**[13]

回到圣诞树的案例上。琳达和乔希想方设法解决他们在圣诞树问题上的困境，但目前已经陷入僵局。为了帮助他们探讨和谐共存的可能性，我向他们介绍了 SAS 系统。虽然他们都固守自己的精神信仰，但愿意开诚布公地探讨如何弥合鸿沟。我解释说，他们的目标是集思广益，寻找各种各样的选择方案，从现实可行到牵强附会都可以，希望这种创造性思维能够帮助他们找到一个感觉可以接受的方案。我还要求他们不要评估每个方案的优劣，这件事可以放到以后再做。

夫妻俩先开始设想各种隔离方案。他们可以假装双方的矛盾并不存在，把这个不可调和的分歧从两人的关系中隔离出去，在一年的大部分时间里都不去碰它，只在圣诞节临近时再来处理它。要不然，一方或另一方可以明确地同意对方的愿望，但肯定心里是不高兴的。或者，他们可以采取更不寻常的一步，把他们的家进行实际区分。他们可以同意，“在房子的这部分，我们将庆祝圣诞节；在其他部分，我们将庆祝光明节（Hanukkah）”。如果还不行，他们也可以决定找律师准备离婚。

接下来，他们考虑各种同化方案。乔希可以皈依到琳达的宗教信仰，成为一个新教徒。或者，他可以接受在家里摆放圣诞树，不是带着背叛祖先的负罪感过一辈子，就是想办法让这棵树来适应他的信仰。反过来，琳达也可以同意顺从犹太教仪式，同时仍然忠于她的新教信仰，但遵守犹太礼仪。或者她可以转换为信仰犹太教。

最后，夫妻俩又设想了一个融合分歧的方案。他们可以买一棵树放在屋子里，与孩子们一起装饰它，然后大家用自己的含义来解释它：琳达可以认为这是一棵圣诞树，乔希则可以把它当作光明节的节日装饰。

## 选择对于促进和谐最有利的方案

我给琳达和乔希几分钟时间对各种情景进行反思，然后评估选择方案。我要求他们关注一个问题，那就是：“哪个方案，或者哪套组合方案，看起来对你们最具吸引力，也最可行？”

**权衡利弊**。琳达和乔希逐渐意识到，并没有一个和谐共存的完美方法。隔离可以降低冲突的情感强度：把部队隔开，危机就避免了。不过，虽然隔离可以用于创造和平，但也可以成为保持和平的一个障碍。[14] 在北爱尔兰那段被称为“乱世”的血腥敌对时期，人们用钢铁和砖块建起一道道的“和平墙”，把那些容易引发暴力冲突的地区围起来。在最近一次对北爱尔兰的访问中，我惊讶地发现那些墙还伫立在那里，而此时距《贝尔法斯特协议》签订已经过去十多年了。实际上，在和平协议签字后，和平墙的数量不减反增。[15] 这些墙保护着社区的安全，但付出的代价却是无法建立一个相互融合的社会的心理成本。[16]

同样，尽管同化可以让你与对方携起手来，但也会导致长期的怨恨。如果你接受对方的身份认同，但对这种身份的不满也与日俱增，最后的反弹可能相当激烈。试想一下，乔希决定接受圣诞树的存在，但一旦看到这棵树进到家中，可能又会改变主意。他的心里开始慢慢感到一丝惆怅，再慢慢被这股怨气吞没，带着他陷入眩晕，他不禁要问自己：我为什么要背叛我的根？

融合的优势有很多。如果你和对方共同形成一个具有深远影响意义的身份，你们的关系就能够经受暴风骤雨的考验。你们会认为双方心意相通，有一种责任感驱动着你们不离不弃，既能同富贵，也能共患难。你们愿意进行信息和思想的交流，形成一种更具建设性的合作伙伴关系，并进一步强化双方之间的融合。而且由于你们是“同在一条船上”，任何破坏你们之间关系的企图都不会得逞。

然而，即使是融合也并非包治百病的灵丹妙药。寻找发现一处双方都能接受的交往领域，让敌对双方能够和谐共存，是一件极其困难的事。例如，政府怎么可能与某个恐怖组织消除分歧，和谐共处？另外，更加强势的一方试图将自己的意愿强加给较为弱势的一方，这种风险也是存在的；双方的结合，将以牺牲弱势一方利益为代价，自然也就削弱了双方融合的合法性。最后，保持一个融合的身份认同需要有意识的长期努力。婚姻就是一个融合的伟大范例，但仅说“我愿意”，并不足以让这段感情地久天长。

**不要用斗争撕裂关系，而是通过团结建设关系。**这么说吧，如果你想融合，而对方要求你同化，那么冲突是很难调和的。双方的主要诉求只要有一点不搭调，就会导致更多的冲突。Park51的反对者要求把清真寺修在离“零爆点”更远的地方，他们要的是隔离。这个项目的支持者则倾向于融合，支持在那个地方修建清真寺，但要加进去一个社区中心，为祈祷者提供空间，并为袭击的遇难者修建一座纪念碑。

与其在各种方案上争斗不休，不如试着设计其他途径，重构关系，消除各方恐惧，满足各方愿望。琳达和乔希听从了这条建议，最终找到了爸爸、妈妈和宝宝“三全其美”的解决方案，实现了和谐共存。他们同意不在自己家里安放圣诞树，而是每年去佐治亚州琳达父亲家过圣诞节。这个办法让夫妻俩的身份神话都得到了满足：琳达、乔希和孩子们能够与琳达的父亲共度圣诞，既满足了琳达对这套家庭仪式的依恋感，又尊重了乔希的信仰。同时，琳达也再次重申了她的婚前承诺，以犹太教的规矩抚养孩子们长大，消除了乔希对于背叛自己族群传统的恐惧。夫妻俩渐渐理解和接受了对方的身份认同，让双方的分歧逐渐与夫妻感情融为一体，并使这种身份认同随着两人感情的加深而更加鲜明。当然，确切地说，他们的约定最后到底效果如何，现在还是一个未知数，但至少已经迈出了前进的一步。

**要对权力斗争有清醒的认识。**人们热衷于权力，更害怕失去权力。因此，有权有势的一方往往希望把别人同化，按照他们的路子走，无权无势的一方则更愿意融合。[17] 由此产生的冲突可能会产生爆炸性的破坏力。这方面的一个例子是第一次世界大战结束后签订的《凡尔赛条约》。战胜国寻求“彻底地羞辱和毁灭他们的敌人——主要就是德国”，[18] 因此把德国人排斥在和平谈判之外，对德国进行各种制裁，旨在让德国的经济彻底丧失活力。德国深感屈辱，为“像阿道夫·希特勒这样的领袖和他的极端民粹主张登上权力的舞台”创造了条件，而“这在仅仅 20 年前是不可想象的”。[19]

如果掌权者以合法的方式告诉人们去做什么，并由此使你陷入结构性的权力之争，那也要正确对待。许多谈判并不涉及结构性的权力问题：当你在为一辆新车的价格讨价还价、斤斤计较时，你并没有挑战经销商的权威性，你也不能迫使他给出你想要的价格。但如果某个少数派别寻求更大的决策权，那他们就是在争取更大的结构性权力。与此类似的是，如果一家公司的两个股东为谁能获得公司半数以上的股权而爆发争斗，他们的冲突就是结构性的权力之争，因为只能有一个股东独揽公司的决策权。

最激烈的冲突往往涉及权力斗争，因为掌权的一方害怕失去权力，无权的一方则渴望获得更多的权力。所以，要对权力关系进行前瞻性的再平衡。以下是我的几条建议。

- 避免羞辱对方，尤其是在你权势更大的时候。“二战”结束后，战胜国没有再对战败国进行污辱，而是实施马歇尔计划，帮助战败国重建家园，重新融入国际社会。
- 寻求体制变革：《民权法案》规定，在美国，黑人和白人须被平等相待。
- 发挥调解人的作用。调解人可以发挥平衡作用，确保各方获得同等的机会，阐述自己的观点，解决分歧，重构双方关系，让双方皆大欢喜。
- 牢记“舍”的必要性。要提醒自己，和谐共处需要双方都出于和谐共处的目的，放弃一定程度的自主性。

## 再来谈谈 Park51

就在你挂断市长的电话前，他对你提醒道：“纽约和我们的国家就全指望你了。”你开始准备这次由你来引导的会议——设计议程，联系受邀与会人士，逐一提醒他们会议不对外公开，也不做记录等。不过，你仍然感到担心，因为你意识到只有两种可行的解决方案：最后取得胜利的，不是项目的支持者，就是反对者。值得一提的能令双方都接受的方案几乎没有，而已经提出来的那些方案，比如在这块地方同时修建清真寺和纪念碑，都已经遭到婉拒。

几天后，争议双方的 12 位代表躲开媒体的追踪，来到纽约上州的一家酒店，举行为期两天的研习班。在解释了此次研习班的目的之后，你讲述了五大诱惑，并引导了两个小时的讨论，帮助大家了解五大诱惑如何升级为冲突。与会人士讨论了整个国家和媒体如何围绕 Park51 的问题陷入了眩晕状态，强迫性重复又如何影响着人们对“9·11”事件的创痛做出反应，以及美国社会在就对待国内伊斯兰势力的种种态度进行公开讨论时所存在的禁忌。小组的各个成员还意识到，这个问题感觉不仅是对他们自身神圣价值的攻击，更是对卷入冲突的其他各方的神圣价值和信仰的攻击。少数几位勇于自省的人士甚至承认，Park51 的问题已经出于身份政治的目的而被利用，他们发现已经有几位爱放炮的政客开始操弄这个话题，为即将临近的中期选举做准备。

下面，你带领整个小组大致领略了合力作用的影响，先让每位与会人士用 10 分钟时间讲述自己的身份神话，然后提供机会，让其他人针对这一神话提出问题。你要求每一位学员都回答一个问题：“Park51 对于你具有哪些重要的个人意义？”你提醒其他学员要带着尊重仔细倾听；目标是学习，不是辩论。

随着每个人渐次发言，一种共同的情绪浮现在大家面前：所有人都承受着感情痛苦的折磨，都感到害怕。“9·11”事件深深地影响了人们对身份认同和安全的看法。会议室里弥漫着同样的悲伤恐惧之情，面对这种情况，你要求大家一起为袭击的遇难者默哀。随着静谧时刻的降临，你感觉整个小组的关系互动正在发生变化。他们在共同表示哀悼之情，而这是克服感情痛苦的重要一步。他们在加强相互之间的人性联系。

现在，小组成员开始讨论是哪些原因驱使着他们支持相互对立的观点，每一位学员都对自己的动机进行了深入剖析。到了午后，整个小组似乎已经做好准备解决实际分歧问题。于是，你向大家介绍了 SAS 体系，并规定了两条基本规则：（1）集思广益，设想尽可能多的解决方案；（2）先不要对各种创意品头论足。在开始前，你问大家："处理 Park51 的出路在哪里？"

大家设想了各种可能的解决方案，最后两个以隔离为基础的方案脱颖而出：将中心迁往距离"零爆点"更远的地方，或者保持建筑物旧貌，只是进行内部改建。同化方案包括将 Park51 建成一个文化中心，把它完全变成一个纪念恐怖袭击遇难者的纪念物；或者将清真寺整合到 Park51 社区中心里面。融合方案则包括将 Park51 建成一个面向所有宗教的中心；继续兴建伊斯兰文化中心，但为恐袭遇难者增建一个纪念碑；以及按照美国前总统比尔·克林顿提议的那样，"把这个中心奉献给在'9·11'事件中遇难的所有穆斯林"。[20]

你邀请学员们共同评估哪种方案会让参与进来的每个人都感到最满意。大家进行了积极而激烈的辩论，并将最终的候选方案缩小到三个最具成功可能性的方案上。然后，你把这三个方案报告给了市长，得到了他的热烈响应：每个方案都比公众正在热议然而意见相左的主流方案要好。市长私下与主要的利益相关方讨论了这些思路，大家最后同意从三套推荐方案中选择一套予以推进——而他们最终选择的那套方案，也确实消融了各利益相关方对于自身身份神话的隐忧。

## 小　结

你能"与虎谋皮"，完成不妥协的谈判吗？我的回答是肯定的。SAS 体系使你理顺自己的核心身份与关系身份之间的关系，并进而重构你的人际关系。你的核心身份基本是固定的，所以在这个问题上的谈判不太可能取得成果。然而你可以把突破口放在调整关系身份上，改变你与对方相处的方式，实现和谐共存。

SAS 体系提供了三种工具，可以帮助你在保持核心身份不变的情况下重构关系：隔离、同化和融合。每种工具各有其利弊，必须谨慎权衡。你的目标是识别，然后制定最能满足各方身份神话需求的解决方案。

所以请记住：何以问题难解决，只缘身在问题中。通过运用 SAS 体系，你就可以跳出冲突的迷局，进而化解冲突。

## 个人应用工作表

1. 你该如何重塑关系，培养和谐共存？

   隔离？（分开居住，隔绝特定问题的讨论等等）

   同化？（遵守他们的规则，皈依他们的信仰）

   融合？（开辟新路，让你的身份认同与他们的身份认同彼此接受）

2. 上面哪种情景，或哪些情景的结合，感觉最具吸引力，最有可行性？

3. 你如何采取切实行动重塑关系？

# 第四部分　如何进行不妥协的谈判

# 第 15 章

# 实现辩证统一

在一个古老的美国原住民传奇中，爷爷告诉了孙子一个秘密："我心里头有两匹狼在打架。一匹是爱与仁慈之狼，另一匹是恨与贪婪之狼。"

男孩的眼睛睁得大大的。"哪匹赢了？"他问道。

爷爷停顿片刻，回答说："我喂的那匹。"

和解涉及人与人的对话，但最难的是你内心深处的对话。在任何冲突中，你都必须决定去喂哪匹狼。你能不能放下委屈，宽恕别人，然后让这事儿过去？你是不是足够信任对方，欢迎他们重新回到你的朋友圈里？你是不是发自内心地愿意改变？这些问题的答案在任何一本教科书里都找不到，它就藏在你的内心深处。

让这些问题特别棘手的地方在于，人们在处理过程中会产生相互矛盾的心理冲动。你既想化解冲突，又想保护自己。把对方再请回到你的生活中是一件冒险的事，因为他们曾经反对过你，他们曾经伤害过你。你如何能够确信他们不会再来一次？超越分歧本来就需要示弱于外，但这种弱势心态自然会不可避免地引发对于和解的矛盾心理。即使是我们当中那些最富同情心的人，也会产生复仇的渴望；最温柔的心灵也会掠过一丝仇恨；最包容的胸怀也会经历要将对方绳之以法的挣扎。

我把这些相互冲突的矛盾心理称为“辩证关系”（relational dialectics）。它们就是你心里头的狼群，把你的情感拉向两个不同的方向：建立关系和破坏关系。在冲突中，相互矛盾的心理冲动既无法避免也难以化解，因为这些都是你人性的组成部分。但一旦你开始意识到它们的存在，你就能够决定去喂哪匹狼。

## 辩证法的简明历史

辩证法的概念已有数千年的历史。古希腊哲学家、以弗所的赫拉克利特提出“对立统一”（unity of opposites）的观点，主张世间万物都由其对立面所决定。例如在美国政治中，共和党的政治主张会影响到民主党，反之亦然。这就是辩证法的精髓所在：揭示两个相互对立的观点如何相互联系的本质。

哲学家伊曼努尔·康德进一步发扬了辩证法的思想。[1] 他提出理念的发展分为三个阶段：先有正题（thesis），再有反题（antithesis），最后形成合题（synthesis）。这一简单而又精致的公式揭示了理念、历史、经济等几乎所有思想领域的发展过程。一位中世纪的渔夫假设世界是平的，地平线就是世界的尽头（正题）。可是有一天他驾船向着大海深处航行很久，最终却登上了一片与他的家乡遥遥相对的海岸，迫使他不得不重新审视他的假设（反题）。最终他得出的结论是地球是圆的（合题）。

尽管康德才华横溢，但他的理论仍有颇多漏洞，或者用辩证法的观点来说，他的理论并非没有反题。德国哲学家弗里德里希·黑格尔试图补上这些漏洞。黑格尔认为反题的概念太过模糊，所以他主张理念的进步分为三重境界：抽象—否定—具体（abstract-negative-concrete）。最初的正题是抽象的、无法验证的，也缺乏试错的精确"否定"。每一个想法，无论多么深刻，总有它内在的不完整的地方。地平线就是世界尽头的想法本身就存在谬误，也就是"否定"，只能通过新的想法让辩证关系变得完美来加以克服。[2] 一旦抽象与否定碰头，就会出现更加具体的合题。[3]

辩证法呈现给你的是必然矛盾，是你内心深处无法逃避的冲突。但是，矛盾本身并不会阻止你化解冲突——如果你知道如何控制矛盾的力量的话。

## 在充满矛盾的丛林中穿行[4]

不止一组辩证关系主宰着冲突的情感世界：接受还是改变，救赎还是复仇，以及自主还是亲和。你希望救赎，但又心存报复。你试图接受对方，但又希望他们有所改变。你建立了亲和关系，但失去了无拘无束的感觉。为了有效应对这些辩证关系，需要采取三管齐下的策略。

首先，要对你内心深处正在相互斗争的辩证关系有所留意。如果不加留意，哪怕是最令你满意的协议，也会被辩证关系的拉力破坏。所以，要时刻警惕辩证关系对你的影响。你是否在和解时感到抗拒？在变化时感到犹豫？

其次，要培养哺育那股能够带你到你想去的地方的力量。如果你想改善与前配偶的关系，也许是因为你要分担做父母的责任，那么首先就要面对内心的搏斗，面对同时把你向救赎和复仇两个方向拉扯的两股力量。然后，为了重建关系，你就要把重心放在救赎上，哪怕同时你也承认多年郁积的愤怒可能让你的内心充斥报复的呼声。承认敌对感情的存在，但不去喂养它们。

最后，也要正视影响对方的辩证关系。只有意识到对方面临的辩证挑战，你才能帮助他们减轻对与你和解的恐惧。例如，你可以让前配偶知道，你明白在经历了你过去留给对方的所有痛苦之后，再与你建立合作关系有多困难。

## 辩证关系之一：接受还是改变

大多数冲突的背后都隐藏着两条基本真理：（1）卷入冲突的每个人都希望得到接受，（2）没有人希望改变。就拿苏珊和罗恩来说吧，夫妻二人已经结婚 30 年了，现在两人正坐在沙发上看电

视。苏珊说："我的新年愿望是减肥 20 磅，而且我要从少吃零食开始。你愿意帮我吗？"

"当然。"罗恩说，笑着表示支持。

"哦，"苏珊马上跟了一句，"那你是说我零食吃得太多了？"

罗恩噎住了，他发现自己被苏珊脑子里的辩证逻辑给套住了。在她请求支持的背后，隐藏着两个特别让人难以回答的问题：我是应该接受我自己现在的样子呢，还是改变呢？罗恩是接受我现在的样子呢，还是认为我应该改变呢？支持苏珊的新年心愿，罗恩反而不聪明地损害了他对苏珊的支持。

当然，辩证关系是没有"正确"答案的。如果罗恩回答说："你不需要减肥，你现在这样就挺好的。"那苏珊很可能就会说："你为什么不支持我？"

## 我们渴望接受

当你感觉自己这个人，包括你的瑕疵和一切的一切都得到了接受，你就会感觉到既宽慰又解脱。你不必再担心自己的言行举止。你有信心无论怎样对方都会支持你。

当你感觉受到评判，那就是另外一番滋味了。评判是接受的敌人。每个人都拥有一套情感雷达系统，能够对任何拒绝接受的迹象发出警报。只要有人指责你的感觉"不公平"，你的思想"不正确"，你的性格"有缺陷"，你就会产生被拒之门外的感觉，而且这种感觉很伤人。

但是，最痛苦的评判形式来自你的内心。你不能接受自己的部分或全部性格，对自己的行为、感情或思想进行特别苛刻的评判，并得出你自己做得还不够好的结论。心理学家威廉·詹姆斯曾对自己的一本著作嗤之以鼻，认为那是“一部令人厌恶、结构臃肿、内容浮夸、言过其实、水分太多的滥竽充数之作，只能证明两个事实：第一，没有心理学这种玩意儿；第二，威廉·詹姆斯是个无能之辈”。[5] 詹姆斯是他那个年代最受崇敬的人物之一，但就是他也免不了会对自己的著作严词批判，甚至“恨屋及乌”，把自己这个人也捎带上了。

打破自我批评的牢笼是件格外困难的事。你最终会陷入一种自我塑造模式，但塑造的却是有缺陷的思维方式，心理学家将其称为“认知扭曲”（cognitive distortions）：你越是批评自己，就越是觉得自己应该被批评。[6]

## 我们抗拒改变

冲突会让你全身都绷得紧紧的，让你希望改变对方的行为，而不是你自己的。你相信你是正确的，所以为什么你要改变呢？但由于对方的理由与你完全相同，结果就是你们双方越是要求对方改变，你们就越是感到不被对方接受。用黑格尔的话说，你们双方都觉得自己的观点被对方“否定”了，多少有些误差或隔阂，导致你们都固执地坚持各自的立场。

在一次又一次的“部落练习”中，我目睹了对接受的向往如何与改变的压力激烈碰撞。在第一轮练习中，部落首领往往试图说服其他部落加入他们，强调他们自己部落的吸引力，同时贬低别人的长处。然而，这些领导者唯独没有考虑到身份对于改变的抗拒力有多大。一个部落感觉受到外部的改变压力越大，他们就越会要求其他部落接受他们现在的样子。结果就会爆发一场争夺自主权的战斗，每个部落都坚持要其他人接受他们当领导者。冲突也就成为几乎不可避免的结局了。

五大诱惑进一步削弱了你寻求改变的动力。例如，眩晕会把你卷入一个充满对抗的扭曲的世界。强迫性重复则把你拖入更深的分裂模式中。禁忌横加阻挠，甚至连你和对方进行有关变化的讨论都不行。渎神辱圣和身份政治则使分歧的界线更加鲜明。

## 接受还是改变?

正视接受和改变的辩证关系，你就可以改善你和对方处理紧张关系的方式。我曾为马歇尔和贝蒂这对夫妇提供咨询建议，他们二人长期不和，而且一吵起架来就特别激烈，但两个人又想把关系处好。马歇尔告诉我贝蒂会如何出人意料地发脾气，他又如何试图安抚她，说些这样的话："冷静下来，我们可以解决这个问题。"但贝蒂只会更加愤怒，导致马歇尔放弃努力。

双方都感到自己的情感表达风格没有被接受。贝蒂对于宣泄愤怒并无不适，但这让马歇尔感到紧张焦虑。他是在一个回避冲突的家庭中长大的，他的家人很少表达强烈的情感。贝蒂的父母则恰恰相反，经常相互骂得狗血淋头然后又和好。贝蒂越是表达愤怒，马歇尔越是无法接受她；而马歇尔越是试图改变贝蒂的愤怒，贝蒂就越是感觉不被接受，这只会进一步助长她的愤怒。这对夫妻陷入了一个灾难性的螺旋，核心问题就是接受与变化的辩证关系。

我把这条意见告诉了马歇尔，他开始用新的眼光看待两人的关系。夫妻俩又一次干架时，马歇尔换了一种回应方式。他承认并接受他对贝蒂的愤怒感觉不适，但没有采取行动，也没有试图安抚她。令他惊讶的是，贝蒂的愤怒软化了。通过接受他们的辩证之争，马歇尔让夫妻关系重获新生。

要调和高度情绪化冲突，接受和改变都必不可少；关键是知道接受什么，改变什么。这是一场艰苦的、需要改变一个人核心身份的战斗，而人们往往抵制改变自己的基本信念和价值观。不过，放任一种紧张的、没有任何建设性的关系存在，对任何人都没有好处。

因此，要想原封不动地接受对方的核心身份，就要不做任何评判地承认他们的价值观和信念。同时，寻求重新调整你的关系，将各方的核心身份嵌入更广泛的关系叙事中。马歇尔重新调整了自己的婚姻关系，办法就是承认贝蒂的愤怒但不做回应，结果这一策略奏效了。

## 辩证关系之二：救赎还是复仇

“你们要是用刀剑刺我们，我们不是也会出血的吗？你们要是搔我们的痒，我们不是也会笑起来吗？你们要是用毒药谋害我们，我们不是也会死的吗？那么要是你们欺侮了我们，我们难道不会复仇吗？”

——威廉·莎士比亚，《威尼斯商人》

想象一下，把一个埋藏得很深的黑暗秘密告诉一位密友，结果却发现她把这事儿贴到自己的网页上去了。你惊呆了。就在她背叛你的那一刻，复仇与救赎的辩证关系开始主导你的注意力。一方面，一股本能的力量迫使你要进行报复，以求恢复你的道德秩序感，比如把她的一些秘密上传到你的网页上。另一方面，因为她是朋友，在你的内心也有一种声音敦促你去找她，把事情讲清楚。你应该听谁的呢？

我们面临的挑战是如何才能不让冲动左右行动。即使是对你的身份微不足道的冒犯，也会引发强烈的复仇冲动。如果你没有注意到这种冲动，就会任其摆布。而当你无法避免冲动时，就要考虑周详如何应对。

要想察觉复仇的冲动，就要注意你幻想一定要报复的任何对象。[7] 如果你的上司经常贬低你，你是不是会梦想有一天把他的丑事曝光给全世界？意淫是没有限制的，可以反社会，也可以骇人听闻。你的那个“小我”可能很享受这些白日梦，因为它们安抚了你受伤的自尊心，并且唤起正义感：你的上司让你受苦了，现在你要以其人之道还治其人之身了。但是，你是否决定真要报复，是一件完全不同的事情。

## 复仇也有好的一面

复仇能够让你充满力量，不管是寻求正义，还是权力，抑或是纯粹的精神宣泄。

**正义**。复仇促使你消灭不公，“双方扯平”。[8] 不让你参加节日聚会的亲戚，当然别想收到你下次家庭聚会的邀请。让复仇之火熊熊燃烧的，不是期望冒犯你的一方幡然悔悟，而是惩罚他们的欲望。你希望那些亲戚在感情上经受的切肤之痛与你在他们那里遭受的痛苦不遑多让；当你得知他们现在真正了解你的痛苦并且为此付出代价之后，你就会获得极大的满足。正义得到了伸张。

威胁复仇还可以遏制未来的不公平。如果校园混混知道欺负你女儿，她就会拼个你死我活，那么他下次动坏心眼儿的时候可能就会掂量掂量后果了。实际上，你女儿可能只是威胁要对他使用过度武力。虽然她的威胁似乎是非理性的，但它形成了一道威慑之墙，反而可以促进合作。

**权力**。复仇会刺激你改善相对于对方的立场。你的女儿反抗校园混混，可能正是她夺回主导权、重建社会等级秩序的出路所在。对地位上升的渴求可能会压过对正义的期盼。

**精神宣泄**。复仇为你提供了一种精神宣泄的办法，让你从痛苦的情感中走出来，得到净化，进而打破受迫害的锁链获得解放，摆脱屈辱和羞耻，扬眉吐气。[9] 实际上，苏黎世大学的研究人员已经发现，当你实施报复时，流向包括尾状核和丘脑在内的大脑奖励中心的血液就会增加，而你若吸食尼古丁或可卡因，大脑感到兴奋的也是同一个区域。[10]

## 复仇的另一面

虽然复仇会提供几个方面的激励效果，但科学研究和案例证据也让人们对复仇的最终成效产生了怀疑。

**正义渐行渐远。**复仇确实可以增进正义感，但只是你的正义感。在对方眼里，你的正义则是非正义，从而引发冤冤相报的恶性循环。即使你笃定你给对方造成的痛苦与对方让你承受的苦难大体相当，他们也会认为你惩罚过度。就像我的奶奶经常说的，“自己的手指头更知道疼”。换句话说，你对自身伤痛的判断，总会比外人判断得要严重一些。这就使得以牙还牙、以暴制暴的主张不那么站得住脚了。

**权力转瞬即逝。**虽然复仇能够为你带来短暂的权力感，但原来的作恶者怎么可能甘心变成你的受害者，他们马上就会计划自己的报复方式。例如，丈夫寻求报复前妻——比如拒绝让她回家收拾自己喜欢的油画——他当时肯定觉得大权在手，总算出了一口恶气。但一天之后，他就被又一笔律师费打回原形——前妻把他告上法庭了。

**精神宣泄只奏一时之功。**复仇的快感不会持久。精心策划报复令人厌恶、行为不端的配偶或同事，固然能让你出口恶气，但是研究表明，复仇行动带给我们的实际感受，其实比预期还要糟糕。[11] 不仅如此，对于损失造成的情感痛苦，复仇的宣泄体验只能起到暂时的缓和作用。一名看到战友在战斗中牺牲的士兵，当他为了复仇打死开枪的敌人时，可能会感到正义得到伸张，复仇心理得到了满足，但他仍然要带着沾满鲜血的双手，在提防敌人报复的紧张情绪中活下去，而且也无法改变他的战友已经永别人世的现实。

## 宣泄怒火：折中之法？

其实，你可以选择宣泄怒火而不是寻求复仇。你抓住一只枕头，把它想象成那个伤害了你的人，然后把枕头打个半死；你再找一位密友，向他倾诉你感觉自己如何遭遇不公的血泪史。这些宣泄心情的流行做法肯定都是有效的，对吧？错！一大堆科学证据已经证明，宣泄怒火实际上适得其反：你宣泄得越多，你渴望复仇的欲望就越强烈。[12]

宣泄怒火这种做法，是把你的愤怒当成了茶壶里的水蒸气：揭盖子放气，压力就小了。但是，怒气跟水蒸气可不是一回事儿。你对自己受的委屈想得越多，你就越把自己往丧失理智情感的道上赶。[13] 宣泄怒火起不到消气的作用，只会让怒气越来越盛。

布拉德·布什曼教授通过一次精心设计的研究为这个观点提供了更加有力的证据。[14] 研究对象得到的指令是写一篇关于流产的文章，要么支持生命权，要么支持选择权。然后，由另一间教室的一位学生对文章进行评估，手写一句评语之后退还本人。这句评语是：这是我读过的最差的文章之一！但研究对象们不知道的是，隔壁屋里并没有学生，评语实际上是一位实验人员写的，目的就是要激怒研究对象。接下来，实验人员把研究对象分为三组——第一组在击打拳击沙袋时脑子里想着的就是那位令人厌恶的学生评估人（实际不存在），第二组在击打拳击沙袋时脑子里想的是健身，第三组则是安静地坐两分钟。

下面，所有三组研究对象会戴上耳机与那位给他们的文章打分的（虚构的）学生玩一局电脑游戏。游戏每个回合的负者会接受巨大噪声的轰炸，同时胜者则可以选择噪声播放的时间长度和强度。游戏的结果是受到控制的，以保证有一半的研究对象可以赢。那么，哪一组会把噪声放到最大？是打沙袋的那两组人，不管他们当时想的是讨厌的对手还是自己锻炼身体，[15]他们都具有相同的攻击性，而这些测试结果也证明了宣泄怒火的危险性。

当然，精神宣泄还有其他有效得多的方式。临床心理学研究有大量的证据表明，把你的感受讲出来，能够更好地发挥它们的作用。虽然宣泄的重点是摆脱愤怒，但精神宣泄的更好的方法是使用对话的力量，理解你的愤怒并摆脱它的影响，比如在前面那些有关合力作用的章节中所描述的那样。但是，问题的关键，是你的心态。

## 重在救赎，不是复仇

报复是在破坏关系，救赎则体现了互帮互助的大同精神。要想挽救关系，就需要你坚信有可能重建关系，进行修补，恢复积极的人际关系纽带。但救赎更多的是一种心态而不是技巧。它的特点是勇于承认你的不安全感，同情他人的痛苦并拥有要建立更好关系的道德意志。救赎的潜能人人都有。[16]下面介绍几种具体方法来帮助你熟悉它。

**1. 鼓足勇气进行自省。**在几年前的一次国际会议上，我与巴以冲突的一位高级政治谈判专家交谈。当我们聊到一些有关冲突的敏感性问题时，他的脸颊开始涨得通红，舞动双臂，语速加快。我看到他这副样子，终于忍不住问他：“你觉得情绪会不会影响冲突中的你？”他怒气冲冲地回答说：“绝对不会！”显然，这是拒绝自省的一个典型例子。从某种程度上说，他的分析是正确的：结构性因素是导致争议冲突的主要原因，但在这种表面理性的问题背后，他和其他利益相关方在情绪上处于一种僵持状态。对我们的情绪——恐惧、不安全感进行客观自省都是需要勇气的，但只有这样才能打开救赎的大门。

**2. 对别人的苦难报以同情**。你可以不赞成对方的信仰或行动，甚至可以对他们的言行表示反感。但你同时要记住，他们也是人，而且在一场高度情绪化冲突中，可以肯定他们也在遭受痛苦的折磨。对他们的痛苦表达感同身受的同情，是恢复积极关系的最好方式。

同情意味着你对别人的痛苦感同身受，并产生减轻痛苦的强烈渴望。[17] 佛祖将同情视为“以慈悲之心度众生之苦”。而同情在拉丁文中衍生的意思就是“共同受苦”。同情会在感情上推动我们采取行动。

虽然我们每个人都有能力表达同情，但我们面临的挑战是唤起同情。问题在于，面对故意伤害你的人，怎么能够对他产生关切之情呢？对于新手来说，首先是要记住，对某人表达同情并不妨碍你伸张正义、纠正这个人已经犯下的错误。

其次，要主动了解对方的痛苦。你可以这样问：“这次冲突对你个人有何影响？”倾听不是为自己的观点进行辩护，而是理解对方。

再次，换位思考，设身处地想一想如果你是对方会是一种什么情况——不是简单地代入，而是真正体会他们的痛苦。前不久，我从波士顿飞往芝加哥。在我身后几排，有一个 4 岁的女孩不停地哭叫。同行的乘客和我交换了一下同情的目光，但我们除了忍受几乎什么都做不了。然后，突然就那么一下，我发现自己把这个女孩当成了部落的局外人，而这种做法正是我一直反对的。我决定把她想象成我自己家庭的一分子，很快我的烦恼变成了怜悯之心。我沿着过道往后走去，试图做几个鬼脸来分散她的注意力。她的哭声停了几分钟，而她的妈妈抬起头来，感激之情溢于言表。

最后，唤起同情心的第四种方法是建立情感联系，哪怕这种联系特别细微，特别琐碎。在一次实验室实验中，学生们两人一组接受测试。两人一起跟着音乐用食指敲击节拍的组对学生，更愿意在接下来的一项为时 45 分钟的任务中主动帮助他们的合作伙伴，比例比没有一起打节拍的组对学生高出 31%。一起打节拍的学生平均要花费 7 分钟的时间来提供帮助，而没有一起打节拍的学生平均只用 1 分钟。[18]

但是，你又该如何对一位理应受到谴责的对手产生同情之心呢？我请拉赫达尔·卜拉希米大使来回答这个问题。他是一位杰出的外交家，曾经与阿富汗、伊拉克、叙利亚、利比里亚、南非以及也门的独裁者和武装分子进行谈判，实现政治稳定。我们都是同一个理事会的成员，探讨促进全球冲突解决的各种方案。卜拉希米大使是一个标准的外交官，做什么事情都是面面俱到，考虑周全。他思考了一下我的问题，然后说："我在他们身上寻找令人敬佩的东西。"他还积极地在每一位会谈者的身上寻找人性的光辉，努力欣赏他们的某些品质，无论是对子女的舐犊之情，还是对事业的忠诚。

唤醒同情心的另一种有效方法是借鉴沉思的做法。有一项经过精心研究、被称为"慈爱的冥想"（loving-kindness meditation,

简称 LKM）的技巧，鼓励通过系统性培养对自己和他人的善意，增强积极情绪。这种技巧听起来平淡无奇，却有扎实的科学数据支持其积极作用。著名神经科学家理查德·戴维森和他的同事发现，LKM 练习能够强化与移情敏感性相连接的大脑电路[19]；而芭芭拉·弗雷德里克森教授则发现，LKM 练习有助于“让个性变得更加丰满，具备更多素质，包括细心观察、自我接纳、与他人建立积极关系以及健康的身体”。[20]

进行 LKM 练习，首先要从培养对自己的善意情感开始。学会拥抱这种情感，让它在你的全身流动。现在，想象这种积极的情感正在向你的亲人辐射。几分钟后，让这种同情心感染每一位同事、熟人和陌生人。然后脑子里回想那些曾经让你感到困扰的人，向他们展露你的同情心。[21]

总之，高度情绪化冲突会诱使你寻求报复。不要对抗这种感觉，但也不要屈服于它们。让这句话成为你的至理名言：重在救赎，而非报复。

**3. 唤起道德决心，改善关系**。为了战胜报复的诱惑，你要在道德上下定接受救赎的决心：咬紧牙关，坚守自己的目标，绝不轻言放弃。为了做到这一点，你首先要确定自己的指导价值观，然后坚持不懈地履行这些承诺。接下来的实践部分才是关键所在。例如，在“部落练习”中，各个部落经常会宣称拥护诸如平等、和谐和同情之类高尚的价值观，但当他们开始谈判时，这些价值观统统消失不见了。

花几分钟时间列出 3~5 种你最珍视的价值观，比如尊严、同情、平等、公正、安全和尊重。把它们贴在冰箱门上每天提醒自己。当你处理新的冲突时，反思一下你在生活中是否始终如一地践行了这些价值观。如果没有，修正你的行为，或重新定义你的价值观。

在有些冲突中，共同定义相互共享的价值观有助于冲突的解决。例如，卷入某种冲突样式的配偶可以在心平气和的时候坐下来，一起确定能够定义他们关系的三种核心价值观——尊严、公平、尊重、善良、同情等，并同意承担自己的一份责任，永远尊重这三大核心价值观。实际上，夫妻双方是创造了一项社会契约，对构成夫妻关系的道德基础相互做出了承诺。[22]以后再发生冲突，单单建立社会契约这件事就可以增强他们之间的相互尊重。

不过，并非所有关系都那么容易调和。寻求救赎的最大障碍在于你坚信对方根本就无可救药。你谴责他们的行为是不道德的，反对他们的态度如此强烈，以致你会感觉与他们建立一种情感联系不仅难以忍受，而且毫无可能。所以，为了在这种情况下寻求救赎，你就需要拥有高度的道德操守，要具备容忍与那些在道德规范上受到你谴责的人交往联系的内在力量。

这正是当年我的同事罗伯特·杰伊·利夫顿所面临的挑战。他是一位杰出的学者，曾经采访了数十名被指控对男女妇孺进行骇人听闻的医学实验的纳粹医生。这项工作极大地考验了利夫顿的道德操守，尤其还因为他是一名犹太人。他对我说过，在这项研究开始之初，他曾征求他的导师、受人尊敬的心理学家埃里克·埃里克森的建议，导师告诉他："你知道吗？你正好可以触及他们的人性。"[23]要想真正掌握这些纳粹医生的心理，利夫顿就必须深入他们的灵魂，了解他们如何为这些暴行寻找合理的理由，说服自己把这种医学上的折磨当作一种善行而心安理得地进行下去。

利夫顿是一位虔诚的人道主义者，但就连他也发现，救赎也有力所不逮的时候。这些访谈留给他的后遗症是“经常做噩梦”，他说他遇到的“最大的挑战，是在巴伐利亚探访期间采访一位堪称历史上最令人厌恶的纳粹医生。我登门拜访，去与这个从未因他的罪行接受审判的具有迷人魅力的老人会面。从他打开门的那一刻，我就感觉到对他产生了一种奇怪的亲近感。当然，我为这种感觉感到汗颜，因为我知道自己很了解他的过去。但这个人慷慨地接待了我，而且极尽坦诚地回答了我所有的问题”。

救赎和复仇之间的辩证关系很快到了必须做出选择的关键时刻。通常情况下，利夫顿会拒绝与受访者共餐，他需要通过这种方式把研究所必需的客观交往关系与他对采访对象的行为的道德谴责分离开来。但在那个特别的日子，利夫顿身处巴伐利亚的森林中，方圆数千米没有一家餐馆，他害怕失去宝贵的采访时间，于是接受了一起吃饭的邀请。正如他所指出的，“接下来的一个小时是我整个研究经历中最困难的时刻之一。我们摆脱了泾渭分明的采访角色，倏然进入一种社交状态，聊的话题全是鸡毛蒜皮的小事儿”。他为“跟这个人和他魔鬼一般的想法进行表面如此和气的交往沟通”感到自责，但最终他还是认为自己的行动是为了达成研究目标，因此没有什么不对的地方。他后来承认：“我不后悔。”[24]

并不是所有的关系都那么容易救赎，这与一个人的道德操守有多大弹性没关系。在冲突中相互敌对的双方政治领导人都会承认恢复良好关系能够实现社会、经济以及长期的政治价值，但同时他们也会认识到，向着和平去努力基本就是政治自杀。他们该怎么办？

在这种情况下，最好不要放弃自己的决心，而是换一个方向去实现它。那些政治上较为棘手的冲突，可能需要有一个第三方来“强迫”达成协议。双方政治领导人可以委任代表，与某个中立国家的官员私下会面，通过中间人的帮助为达成协议扫清障碍。然后，由这个第三国的领导人出面邀请冲突国家领导人举行峰会，并在峰会期间签订协议，做出那些政治上较为敏感的、仿佛是“强加”给他们的决定。

## 辩证关系之三：自主权还是亲和性

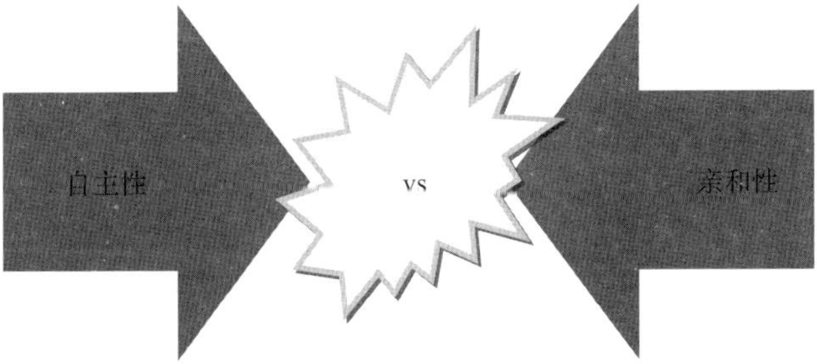


“一”这个数字充满着神秘感。两人结婚，就结为“一”体。想生孩子了，两个人的生命创造“一”个娃。组织合并，两个实体合二为“一”。但这个亲和过程本身是有它内在的紧张关系的。夫妻双方感觉被对方拴得死死的，孩子渴望独立，而合并后的组织则要费尽心力对原有的实体进行整合。

这种双方想合（亲和性）又想分（自主权）的双重欲望就是

第三种辩证关系。[25] 我相信这是相互共存必需的辩证关系，而这种关系把两股都能导致冲突升级的力量摆在了我们面前：一股力量威胁着你的自主权，另一股力量则使你的亲和性变得岌岌可危。

## 地盘之争

每个组织都免不了为争夺地盘而争斗——为了保护乃至扩大己方的自主权而大打出手。在同一个组织中工作的员工，在依附于组织的同时，也限制了自己的独立空间。自主权基本上成为一种固定的资源，人们为了获得更大的自主权而相互竞争，但如果有人侵占了自己的地盘，那就一定要反击。

试想一个常见的情景：两家公司的首席执行官同意将企业合并。纸上的协议说得很好，合并可以保证利润暴涨，但当双方的高管落实协议后，整个形势却变成一场灾难。新建立的隶属关系导致了地盘之争的爆发：由于员工在并入新合并的组织过程中没有得到适当的引导，他们仍然保持对原有组织的忠诚。结果，大家就分成了两个部落，竭力避免各自部落成员的工作、权威和文化遭受潜在损失。权力之战由此爆发，企业的生产效率和员工的士气都遭到沉重打击。

企业合并要想落到实处，领导者必须要认识到地盘之争是不可避免的，并积极主动采取行动来防止内斗。公司领导层在制定合并策略时，应该组建多个跨部门、多层级的协商小组，集思广益，多方下手，提高合并的成功概率。他们要制定政策，确保每个“部落”都有自己的成员在新企业里占据要职。协商小组的制度化将有助于建立新的企业身份认同，让每个人都感觉与有荣焉。

地盘之争还是会有——自主权与亲和性的辩证关系是不可避免的——但是可以通过前瞻性的预防措施来削弱它，进而强化每个人对新组织的亲和性以及在新组织内部的自主权。

## 空间入侵

地盘之争，争的是自主权，空间入侵则事关亲和性。在这种情况下，你会产生极其强烈的情感窒息感，以致你无法将你的身份与另一方的身份分离开来。紧张关系由此而生。过度的亲和性冲撞了你的自主权。

在家庭中，空间入侵是不可避免的。我朋友彼得的岳母在他家暂住几天，两个人相处得还不错。但当她后来搬进来一住 6 个月，双方的关系就变得非常紧张，彼得发现自己没有与妻子和孩子独处的时间了。没过多久，岳母就开始大力掺和每件家庭事务。从她的角度来说，她在提供有益的思路和想法；但从彼得的角度看，她在影响自己做出决策的能力。彼得知道，如果他跟岳母表达这种不满，很有可能就会得罪她。而如果他不说，他的自主权还会继续大打折扣。彼得在这种双输的环境下感到左右为难。

但他后来还是解决了这个问题。彼得和我聊过事情的经过，他决定和妻子讨论这个问题，这样就不会和岳母搞僵关系了。妻子自然对彼得心有戚戚焉，于是便和老妈私下聊了聊，如何才能更好地扮演每个人的家庭角色。岳母大人心领神会，不再参与若干家庭决策。通过让妻子打前阵，彼得以一种富有建设性的方式解除了空间入侵的困扰。

你必须要控制自主权与亲和性之间的紧张关系，否则这种关系将会吞噬一切。几年前的一次经历让我明白了这个道理。当时，我与同事在哈佛大学为商界和政界的高级管理人员共同主持一次高管教育项目。我的合作引导师与我一起进行部落练习，一般情况下我们不让学员在谈判时使用麦克风，但那天恰好有一支可以用。结果出人意料。那支麦克风使得代表必须轮流发言，减少了混乱并鼓励大家彼此倾听。部落间的谈判一开始，一位名叫约翰的代表就积极利用这一形势主导了讨论。他站在屋子中央，把麦克风递给每个部落让大家轮流阐述己方观点，然后把结果在挂图上归纳总结，促进了协商一致的决策过程。最后一轮谈判刚至中场，约翰就转向我说："我们已经全体达成一致。"

"真的？"我问道，不敢相信自己的耳朵。所有6位代表点点头，指着约翰的部落表示那就是大家选择的结果。我请代表们回到自己的座位上以便我们对练习复盘，小声对我的合作引导师说："这次总结可要没劲了！"

结果，我错了。

我用一个问题开始了小组讨论："你们感觉怎么样？"

一位坐在教室后面的商界人士举起手，指着约翰问道："为什么你要拿着麦克风？"

"是啊，"另一位学员抢在约翰回答前附和道，"谁给你的授权？第一轮，我们都有机会使用麦克风。到了第二轮，你垄断了它！"

"我说话的时候你根本没认真听！"旁边一桌的女士说，双臂交叉，"你就像一个独裁者！"

"但我救了你的命！"约翰抗议道。

坐在后排的一位商人一直摇头，他突然站起来喊道："我宁可死，也不愿意和你这样的人待在一个部落里！”

教室陷入一片寂静。我请那位商人解释他那句话是什么意思。他说，约翰在谈判过程中篡夺了每个人的自主权，其程度已经深深激怒了他。尽管约翰的意图是好的——毕竟他是想拯救世界——但是他没有尊重每个人的独立性。结果，商人和一大半学员都感觉他们的权力被剥夺了，他们的自尊受到了羞辱，他们要奋起反击。

但是约翰应该怎么做呢？不管怎么做，他都处于一种两难的困境中。他承担起领导角色，拯救了世界，却付出了引起对他本人更大仇视的代价。但如果他不负起领导之责，世界极有可能已经毁灭了。哪一种选择似乎都有问题。尽管约翰的领导帮助各个部落达成了一致，但我可以肯定地说，在现实社会中，这些部落现在所积聚的怒火早就引发了内战。

## 小 结

化解高度情绪化冲突，你必须培养一种大同心态。就好比大海航行靠舵手，这种心态也会使你对辩证关系的推力和拉力进行不间断的监控。你必须保持好接受和变化之间的平衡；专注于救赎而不是报复；而最重要的是，努力争取更多的亲和性和自主权，为了我们和他们，也为了现在和永远。

那才是和解之路。

## 个人应用工作表

**接受还是改变？**

1. 在哪些方面你感到不被另一方接受？

2. 你发现哪些因素令你难以接受对方？

3. 你能怎样做来帮助对方更好地理解你的立场和观点？

**救赎还是复仇？**

4. 你是否曾经感到有一种寻求复仇的冲动？什么时候？

5. 你是否认为另一方也有这种寻求复仇的冲动？为什么？

6. 你能怎样做来表示对另一方遭遇的同情？

**自主权还是亲和力？**

7. 你是否曾经感觉这段关系快要让你窒息？

8. 另一方是否也会有感到窒息的时候？

9. 你如何创造一个“喘息空间”以便你们的关系得以维系下去？

# 第 16 章
# 培养和解精神

理论再宏大，也有论述完的时候。我们也不例外。我们在化解冲突的理论世界里徜徉，一路上找到了很多工具，消除造成冲突的分裂力量，激发合力作用。但是，纸上得来终觉浅，绝知此事要躬行。只有当实际运用的时候，理论才能发挥它的作用。所以，要把理论付诸实践，真正用一用，看看在你面对的具体冲突中到底哪些理论是有效的。尽管如此，你还是要记住，和解不是操纵民意、骗取信任的社交工程，你要真心实意地、全心全意地投入这个过程中。和解的精神才是最终实现和解的推动力。所以，我要留给各位几条基本原则。

## 和解是可以选择的

没有人强迫你和解。开始的时候，那只是一种感觉，感觉变化是可能的。当然这种感觉可能很难形成气候，因为部落效应一起串通起来反对你——虽然这股反对力量并非不可战胜。如果你选择打破部落效应的魔咒，就能够打破它。

为了促成变革，你就要成为诺曼·文森特·皮尔所说的“可能主义者”（possibilitarian）。[1] 发挥你的想象力，寻求积极的可能性。[2] 知识决定了你的现在，想象力则开启了你的未来。[3] 爱因斯坦有关“想象力比知识更重要”的论断是非常正确的。

## 小改变，大不同

和解的涟漪效应能够产生深远的影响。你富有成效地解决的每一次争斗，都是落入这个世界的一滴水滴。与某位家庭成员的和解，也为建立更好的工作关系提供了可能；而工作上的得心应手，进而又会让你的人际交往更加如鱼得水，自由自在，最终惠及整个世界。正如印度哲人克里希那穆提所指出的，“一块石头就能改变河流的走向”。

## 坐而论道，不如起而行之

如果冲突令你困扰，那就马上给予冲突应得的关注。和解的根本斗争不是与别人的斗争，而是你内心的斗争。来自内部的阻力是实现和平的最大障碍，除了你自己，谁也打不开这个结。

在《绿野仙踪》（*The Wizard of Oz*）中，小多萝茜费尽心思想离开奥兹国的魔法乐土，重返堪萨斯的老家。在她最绝望的时刻，好女巫格林达现形，告诉多萝茜她一直都拥有回家的力量。“那你为什么以前不告诉她？”稻草人问。好女巫回答道：“因为我说了她也不会相信我的。她只能自己去感悟。”

实现和解没有捷径可言。这个过程你必须要深思熟虑，周全应对，而且最重要的是，你需要起而行之。不是把责任推给别人，也不是眼睁睁地看着你自己的关系受到伤害，而是要问自己：“我现在能做什么——就是今天——能够朝着化解这个冲突的方向前进一步？”对多萝茜来说，她结束旅程的地方，也正是旅程开始的地方：她那舒适温馨的家。如果你踏上和解之旅，也会发现，旅程的终点就是你的起点：你的内心。但在这个过程中，你要实现自我超越。

“达沃斯练习”数年以后，我偶遇曾经参加了“部落练习”的副首相。他告诉我，他的小组没有能够拯救世界确实触动了他。这件事让他从此在每次谈判前的准备工作上采用了新的做法，不仅要思考合理的策略，更要反思对方——以及他本人——的身份认同是否受到威胁这类深层次的问题。

这就是克服部落效应的关键所在。达沃斯的世界并不一定就要毁灭，你自己的生活世界也是如此。和解的力量牢牢掌握在你的思想中、你的心里。是否使用它，完全取决于你自己的决定。

# 致 谢

“人非孤岛”，诗人约翰·邓恩这样写道。他的诗句恰好成为这本书写作经过的真实写照。为了完成此书，我不但要从各种角度研究冲突的化解，还要与许多人沟通交流。令我感到骄傲的是，正是在家庭、朋友和同事的鼓励和支持下，我终于完成了这段不平凡的学术之旅。

感谢学术界的朋友们。感谢哈佛法学院教授罗杰·费希尔和霍普金斯大学教授杰罗姆·D. 弗兰克的协作，他们二人虽已故去，但与他们的合作令我受益良多，也让我更加深刻地体会到我祖父的人生信条：世上无难事，只要肯登攀。感谢哈佛法学院谈判课程（PON）教席教授鲍勃·姆努金和哈佛谈判项目中心主任吉姆·塞本尼斯，他们的丰富学识和不懈鼓励对我来说都是最宝贵的支持。我还要特别感谢PON管理主任苏珊·哈克利和主任助理詹姆斯·柯文提供的巨大支持和真知灼见。

除此以外，哈佛法学院谈判课程的众多学者也对我启发良多，令我从更加多元的角度研究和了解谈判。我本来可以独辟一章，专门介绍每位学人如何对本书的写作发挥极其重要的影响，然则篇幅有限，只好对他们表示我最由衷的感谢：伊琳·芭比特、马克斯·巴泽曼、加布里埃拉·布鲁姆、罗伯特·伯尔多纳、汉娜·瑞丽·鲍勒斯、戴安娜·芝加斯、贾里德·柯尔汉、弗洛丽·达尔文、戴维·费尔曼、玛丽·费兹杜夫、马歇尔·甘兹、舒拉·吉拉德、黛比·戈尔茨坦、希拉·赫恩、大卫·霍夫曼、凯斯丽·洪、彼得·卡明加、赫伯特·克尔曼、金伯琳·利里、阿兰·朗伯勒、珍妮弗·勒纳、贾米尔·马瓦德、迪帕克·马哈拉、布莱恩·曼戴尔、梅利莎·曼瓦宁、哈尔·莫维斯、布鲁斯·巴顿、霍华德·瑞法、纳迪姆·罗哈那、杰斯沃尔德·萨拉克斯、弗兰克·桑德、大卫·塞贝尔、奥弗·沙龙、博斯科·斯坦科夫斯基、道格·斯通、古汉·萨博拉曼尼安、劳伦斯·萨斯坎德、吉丽安·托德、威廉·尤里、约书亚·魏斯、迈克尔·惠勒和罗伯特·威尔金森。感谢 PON 的员工和咨询师：沃伦·丹特、阿比盖尔·厄尼斯、艾力克斯·格林、贝丝·汉克斯、克里斯蒂·汉斯塔德、波莉·海姆伦、凯思·鲁茨、盖尔·欧登尼尔、凯蒂·尚克、席奥娜·萨默韦尔、南茜·沃特斯和特蕾茜娅·伍兹。

本书的创作灵感也颇多得益于我与心理学领域一些最伟大的学者的协作。非常感谢哈佛大学医学院附属麦克莱恩医院院长、首席心理医生、著名神经学家斯科特·劳奇在知识和精神上的鼎力支持。而对哈佛医学院 / 麦克莱恩医院心理科的泰斗菲利浦·列文达斯基博士主任宛如指路明灯一般的支持和指引，我更难以用语言来描述心中的感激之情。我的研究还受教于多位学者的格外关照和支持，包括瑟罗斯特·约格文森、布鲁斯·科恩、凯茜·库克、苏·德马尔可、贾森·埃利亚斯、洛利·埃特林格、朱迪斯·赫尔曼、丽萨·霍尔维兹、罗伯特·杰伊·利夫顿、迈克尔·米勒、史蒂夫·尼森堡、塞西莉亚·奥尼尔、蕾切尔·潘罗德–马丁、莫娜·波特、布鲁斯·普莱斯、理查德·施瓦茨和布鲁斯·夏克莱顿。

哈佛大学的各类教研机构一直是激发思想和学术碰撞火花的源泉，例如哈佛全球健康研究所及其所属教职员工。我要特别感谢阿西什·杰哈、戴维·卡特勒和苏·高迪。我很荣幸地成为伯克全球健康奖学金（Burke Global Health Fellowship）的获得者，这也为我提供了进一步精炼本书理论并将其转化为课程教学的机会。此外，在我对冲突化解进行深层维度的探索过程中，我还借鉴了哈佛神学院宗教与和平倡议实践课程并从中学到很多东西。这门课程得到了哈佛神学院院长戴维·海普顿和博士生伊丽莎白·李–胡德的大力推动。

我的一些最重要的知识，来自与我的哈佛学生们的研究协作。他们新颖的视角和敏锐的思维令我丝毫不敢懈怠，更令我认识到自己的许多盲点。特别感谢哈佛国际谈判课程的现任和以往各位研究助手以及助理研究员：阿米拉·阿人拉菲、萨拉·阿人沙阿、弗拉吉米尔·伯克、梅利萨·布罗克、亚历山大·达吉、哈琳·甘比尔、珍尼·加思赖特、布沙阿·盖农、梅尔达·古拉卡、艾米·古特曼、埃里克·汉戴、约瑟夫·卡恩、亚当·金农、玛丽亚·列文、布鲁克·麦克莱恩、阿比盖尔·莫伊、乔伊·纳瑟尔、肯德拉·诺顿、杰斯米·奥梅克、阿什利·奥尼尔、米兰达·拉维切兹、萨拉·罗林克朗茨、约翰尼·谭、戴维·汤–泉、泰·沃尔克、凯尔西·沃尔纳、贝茜·张和阿里·祖比。还要感谢我在哈佛的教学同人：米凯拉·克里赛、卡西夫·汗、索拉波普·吉亚特旁森和米汉·李，以及哈佛国际谈判课程特别运营部教职主管兼助理主任瑞贝卡·盖特曼。

感谢国际社会的朋友们。作为一个独立的国际组织，世界经济论坛已经证明是一个重要的现实世界实验室。我在这里进行了大量实践性质的研究。对于世界经济论坛的创始人，充满激情的克劳斯·施瓦布教授，我一直深怀敬意。在他的眼里，我们的世界并非彼此迥异的散沙，而是一个全球系统。正是在他的鼓励下，我在达沃斯进行了那次部落练习。

我与许多杰出的学者和国际政商领袖的协作，对本书的写作助益尤多，其中很多人都是我在世界经济论坛工作期间认识的，包括伯蒂·埃亨、大卫·艾克曼、布鲁斯·艾林、奎西·安宁、刘易斯·阿伯尔、罗尼特·阿夫尼、塞琳·比夫、贝蒂·拜贡比、托尼·布莱尔、克维尔·邦德维克、威廉·保尔丁、詹米·德·伯尔本·帕尔默、拉赫达尔·布拉希米、卡罗琳·凯茜、米尼娅·查特基、安德鲁·科恩、珍妮弗·克里奥、切斯特·克劳克、拉吉达·德格汉姆、基里尔·德米特洛夫、比内塔·迪奥普、约翰·达顿、玛丽·格拉蒂、凯瑟琳·加莱特－考克斯、皮埃尔·甘庭、麦克·吉尔、詹姆斯·吉利根、赫兰德·甘斯坦、茱莉亚·哈、戴维·哈尔兰德、沙米尔·伊德里斯、马丁·英戴克、帕拉格·汉纳、史蒂夫·基勒利、蒂姆·拉伯瑞克、安德鲁·李、盖尔·伦德斯塔德、丹尼尔·马兰、杰西卡·马休斯、米歇尔·米斯切尔、米瑞克·米洛斯拉夫、阿姆雷·穆萨、克里斯蒂安·缪汶萨勒、奥克萨娜·米施洛夫斯卡、普丽娅·帕克、亚伦·佩尔罗拉、乔纳森·鲍威尔、吉尔伯特·普罗斯特、玛丽·罗宾森、阿尔瓦罗·罗德里格斯、玛丽-弗兰比·罗杰、卡利姆·萨加普尔、赫伯特·索伯、玛丽亚·施密特、丹尼斯·斯诺尔、田村次郎、梅布尔·范·奥兰治、保罗·范·齐尔、吉姆·瓦利斯、斯图尔特·瓦利斯、斯科特·韦伯、维克多·威利、阎学通和凯尔·齐默，以及荣获世界经济论坛全球青年领袖称号的一大批奋发昂扬的青年才俊。

我的国际研究离不开两位中东学者的长期协作和支持，亚萨尔·杰拉尔和哈立德·埃格哈力。而与沙菲克·加伯尔、鲍威·李这两位极富远见的和平建设者以及他们家庭的合作，也激发了我的研究热情。我还要感谢罗梅罗·布里托，他多次加入我的哈佛课程，与我的学生们共同合作，创造出令人惊叹的视觉杰作，将《不妥协的谈判》的要点清晰描述。最后，我更要向其他众多好友和同事表达我的谢意，感谢他们的鼓励和启迪：汤姆·亚伯拉罕、梅利萨·奥戈奇、奥利佛·艾姆仁、乌尔里希·阿斯乔夫、丹和西蒙娜·巴乔夫妇、米歇尔·巴尔麦齐尔、安德烈·比萨索尔、梅利莎·布罗德里克、贾维尔·卡尔德伦、莫妮卡·克里斯登、艾琳·楚、彼得·柯尔曼、纳迪亚·克里森、珍妮弗·德尔穆斯、亚历山德拉·迪米特里亚迪斯、利奥·弗兰肯茨塔恩、马里科·加吉亚、尤兰达·加尔松、西北大学职业研究学院主任汤姆·吉本斯、戴维·格伦菲尔德、玛娅·霍利特、朱利安·哈沃利、阿什拉夫·海格齐、保罗·亨利、路易·赫兰兹、帕特里克·海达尔戈、安吉拉·霍姆齐、克里斯·哈尼曼、格里·伊什瓦兰、瓦利德·伊萨、维拉和伊万·简尼克、凯尔·琼斯、约翰·肯尼迪、伊哈·哈提卜、希夫和乌瓦什·坎姆卡、金英勋董事长、克莱尔·金、奥德利·李、伊芙琳·林德纳、瓦妮莎·刘、玛丽·麦克戴维、奥利佛·麦克特能、比特·梅耶、马休·米勒、珍妮弗·莫罗、迈克尔和伊瑟·穆尔罗伊夫妇、桑德罗·穆里、琼·麦尔、约瑟夫·奈、尤拉伊·昂德烈日科维奇、犹大·波拉克、索妮娅·劳斯舒茨、贾维尔·罗霍、卡特琳娜·罗加斯、苏珊娜·萨姆斯塔格、佐伊·西格尔–瑞奇林、奥弗·沙龙、卡利姆·赛伊德、凯文·斯坦伯格、艾丽卡·苏特–甘兹、斯蒂芬妮·泰特里茨、阿卜杜拉·萨尼殿下、丽兹·提皮特、瑞·佩得罗、特罗帕·古斯塔沃、刘易斯·维拉斯格、罗瑞·范·罗、弗兰克·怀特、德波拉·惠特尼、丽贝卡·沃尔夫、扬·扬诺夫斯基、克雷格·赛利泽和凯蒂·玛丽·佐海利。

感谢惠赐书评的朋友们。《不妥协的谈判》荣幸地得到各方人士详细而深刻的评论和反馈，他们全都是国际知名学者和实干精英，可谓一支全明星阵容。其中包括：国际知名记者米娜·奥莱比、组织内情商研究联合会联席会长加里·车尔尼斯教授、麦克莱恩医院战略规划和执行副总裁凯瑟琳·吉尔德斯加姆、厄瓜多尔前总统贾米尔·马瓦德、麻省理工斯隆管理学院罗伯特·麦克西教授、佛罗里达大学和西北大学伦纳德·瑞斯金教授、麻省理工创始监察员玛丽·罗威教授、和平诉求基金会会长杰夫·索尔以及哈佛大学多位学生研究员。

感谢出版界的朋友们。维京出版社的“部落”一直有着令人惊艳的表现。杰出编辑里克·科特确保文章中的每一个词、每一个论点都尽可能切中肯綮，令人信服。他带着我走完了整个出版流程，不分昼夜地给我打电话，真心希望这本书成为一部无可挑剔的完美之作。里克，向你致以最深的谢意！

在维京团队的帮助下，高强度的出版工作变成一项乐在其中的探险历程。感谢你们：布莱恩·塔特、安德烈·舒尔茨、卡罗琳·科尔本、梅瑞迪丝·伯克斯、凯特·斯塔克、丽迪娅·赫特、玛丽·斯通、克里斯·史密斯和迪耶戈·纽耐兹。

在出版界的朋友里，还有一位深藏不露的高手，那就是凯蒂·阿诺德－拉特里夫，《奥普拉杂志》（*O, the Oprah Magazine*）的文章编辑。我请她来负责前期的编辑工作，而她则对文章、段落乃至措辞进行了大刀阔斧的删修精简，让阅读变得更加轻松。我信任她的直觉，她的工作令这本书焕然一新。

感谢我的代理人，安德鲁·威利、萨拉·乔芳特和杰基·柯，谢谢你们领着我走出出版世界的复杂迷宫。

写好一本书是一回事，传播思想则是另一回事。感谢小哈里·罗兹、克里斯汀·法莱尔和华盛顿演讲人公司，以及马克·弗提尔、科特尼·诺比尔及其出版团队的其他成员，谢谢你们帮助我将我的理念传播给更多的人。

感谢生命中最神圣的他们。我的家庭“部落”是我最核心的小圈子，也是我坚持不懈的力量源泉。在如何理解看待这个世界的问题上，没有谁能像我的父母那样对我影响至深。我真切地感到，我的人生能有他们护佑是一件非常幸运的事。他们坚信，人性终将使世界变得更加美好，他们更鼓励我向着这个目标前进。感谢才华横溢的姐姐马德琳，以及和她一样魅力十足的姐夫迈克，还有我的哥哥史蒂夫和嫂子茜拉，他俩可能是我知道的最具创造力的人。感谢你们的支持！苏珊·道尔是我的“二妈”——有时称呼她“岳母”，但听上去实在太机械了，因为她已经成为我们家庭的一分子，融入我们的心灵，谢谢你们，苏珊和约翰。

我对姑姑贝齐和姑父彼得感激不尽，他们提供了宝贵的资源，幸运地让我明白成为一名卓有成效的领导者意味着什么。我的姑姑玛格丽特也帮助我理解了生存的含义，在这个看似简单，未加留意就会轻松从我们身边溜走的词语中，其实蕴含着更多深层次的意义。

我无法用语言来形容自己对妻子和孩子们的感激之情，他们把全部的爱和支持都给了我。我经常把几个小男子汉当成我的研究对象，而他们纯洁的视角也确实令我受益良多。他们天生就能看透复杂理论背后那些简单的真理，有些意见足以发人深省，甚至已经成为本书内容的一部分。所以，谢谢你们，诺厄、扎卡里和利亚姆。你们的爸爸爱你们胜过一切。最后一个要感谢的，是我的妻子，米娅。感谢你每一天，每一刻的陪伴，更感谢你为让本书面世而付出的诸多牺牲。我从你身上学到的东西，比从这个星球上任何人学到的都要多。我们彼此不同，所以爱更牢固，我们相知同心，所以爱更长久。我们的爱情，永不妥协。

# 附录一　战胜高度情绪化冲突综述

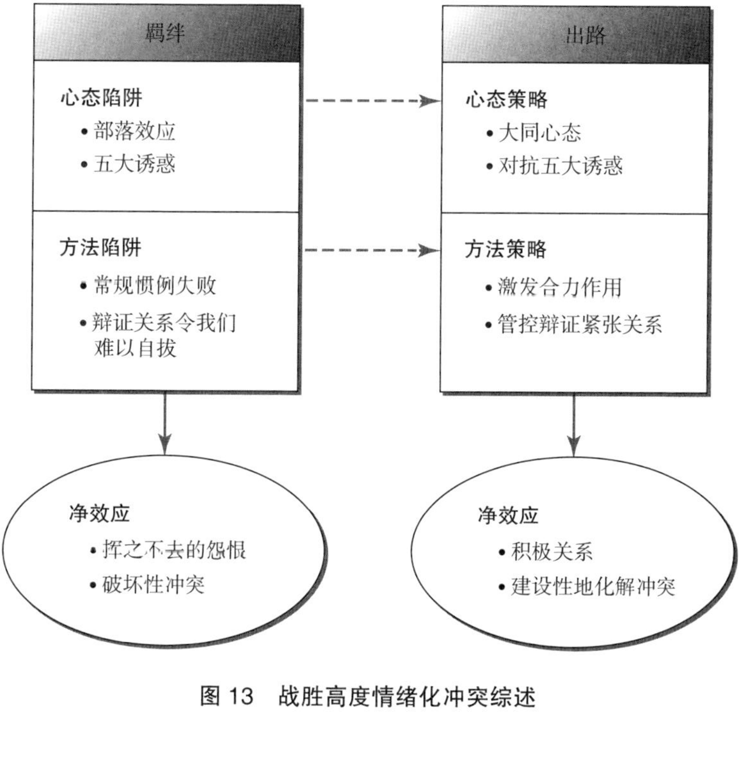


图 13　战胜高度情绪化冲突综述

# 附录二　存在的阶梯

存在的阶梯（Ladder of Being）是我研究出来的一种概念性工具，用于扩大对人际交往的认知和意识。由于冲突让我们对这类交往的自觉意识变得狭隘，因此建立一个实质性的框架，可以帮助引导我们更加重视这些交往关系的深度和广度，提醒我们关系意识也是可以扩展的。

例如，我们全家每年去罗德岛休假期间，我和妻子都会坐在门廊下看日落，这已经成为我们两个人之间的一种仪式，让我们感觉与对方建立了一种超凡脱俗的情感连接。相反，当我们开始吵架时，就会加固身份之墙，把对方看作“危险”的异己，抵抗来自对方的攻击。在这些高度紧张的时刻，我们的超凡连接就会退居幕后。它仍然存在，但我们不再注意到它。冲突产生了分离的错觉。

存在的阶梯源于德国存在主义哲学家马丁·海德格尔的一个深刻观点，即人不是物，而是世界中的存在方式。我们并不隔绝于我们生活的这个世界而存在，而且在本质上与之有联系。没有我们的意识，世界就不存在了；正如没有这个世界，我们的意识也就不存在了。

因此，存在的阶梯提请我们注意自我意识的 5 个层次。层次之间没有“真实性”的差别，好比洋葱的外皮与核心都同样真实一样。

在冲突中，这套工具可以帮助识别你的存在层次，然后考虑你希望达到什么样的层次。

## 第一层次：完全以自我为中心

在这个层次上，你从客我（I）的角度，通过纯粹意识来感知世界。就像一个婴儿，面对崭新的世界，感受不到自我与他人之间的边界，也感受不到内部和外部世界之间的区别。你的身份没有潜意识的压抑力。在白热化的冲突中——与被激情冲昏头脑一样——你陷入一股强大的激流，甚至失去了主我（me）的感觉。

你肯定会在这个层次经受冲突，即使你根本意识不到这一点。由于在架构上没有你我之分，所以你也不会体验到什么是责备、愤怒、羞耻，只是需求和满足。如果母亲没有及时给她的新生儿喂吃的，宝宝哭闹也不是因为愤怒，而是出于需要。

## 第二层次：关系中的独我

在这个层面，你的主我会加入客我，你对你自己讲述你的故事。你会构建一套单独的主叙事，来回答“你是谁”“对方是谁”

以及“你们如何交往”这类问题。由于你认识到只有一个主我，你会严密地保护其免受任何威胁的影响。

## 第三层次：关系中的群我

到了这个阶段，你开始意识到你有一整套身份构成。你可以是一名商人、父母、朋友以及和平使者。你的身份的每一部分，都有其自身的叙事，有其自身的情感内涵，也都有一套与他人和你自己交流互动的剧本。你可以随时随地强调某个子身份，在不同的子身份之间变换。

## 第四层次：不同世界观的自我

在这个层次，你承认自己拥有不同的世界观，而且每一套世界观下面都有好几种子身份。每套世界观为你某套子身份的使用和发挥提供了外部框架，也为这些子身份提供了极具凝聚力的存在哲学。

例如，我有一位发小儿，他是一位韩裔美国人，父母在他出生之前就移民美国，但是，他的家庭生活遵循的完全是韩式传统。他学习两种截然不同的世界观——韩国式的和美国式的——建立了一整套子身份，与不同环境下的人员交往联系。他在家和家人待在一起时的行为、反应以及思维方式，与他在学校和朋友们在一起时的行为和思维完全不同，差异之大已经到了让人瞠目结舌的程度。

## 第五层次：超凡自我

关系意识的最广泛形式，是承认你的世界观通过共同人性的唯一连接联系在一起。你和其他人都不是一个个飘浮在空中的身份之球，属于相互隔绝的存在，而是通过你们共同的人性保持基本的相互联系。你会超越自己那一层存在的外壳，在存在于普世共存的超凡平面内的同时，保持自我。

为了达到超凡的心态，就要认识到你在冲突中的身份存在于一个相互连通的庞大网络中。高度情绪化冲突会把你从存在的阶梯上往下推，让你对你的自我在这个世界中的意义做出更利己的理解。要解决这种情况，就要反击这种倾向。要试图了解你目前处于存在阶梯的哪一个层次，有意识地向上攀爬，对你的存在的可扩展性产生越来越强的意识。

矛盾的是，第五层次和第一层次基本上是一样的。全面超凡的体验也是一种纯意识的体验。两者都会导致对在这个世界中存在的无差别体验。因此，存在的阶梯可能更应该被视为一个“存在的循环”，我们的存在体验越深，就越会回复到原来的状态。

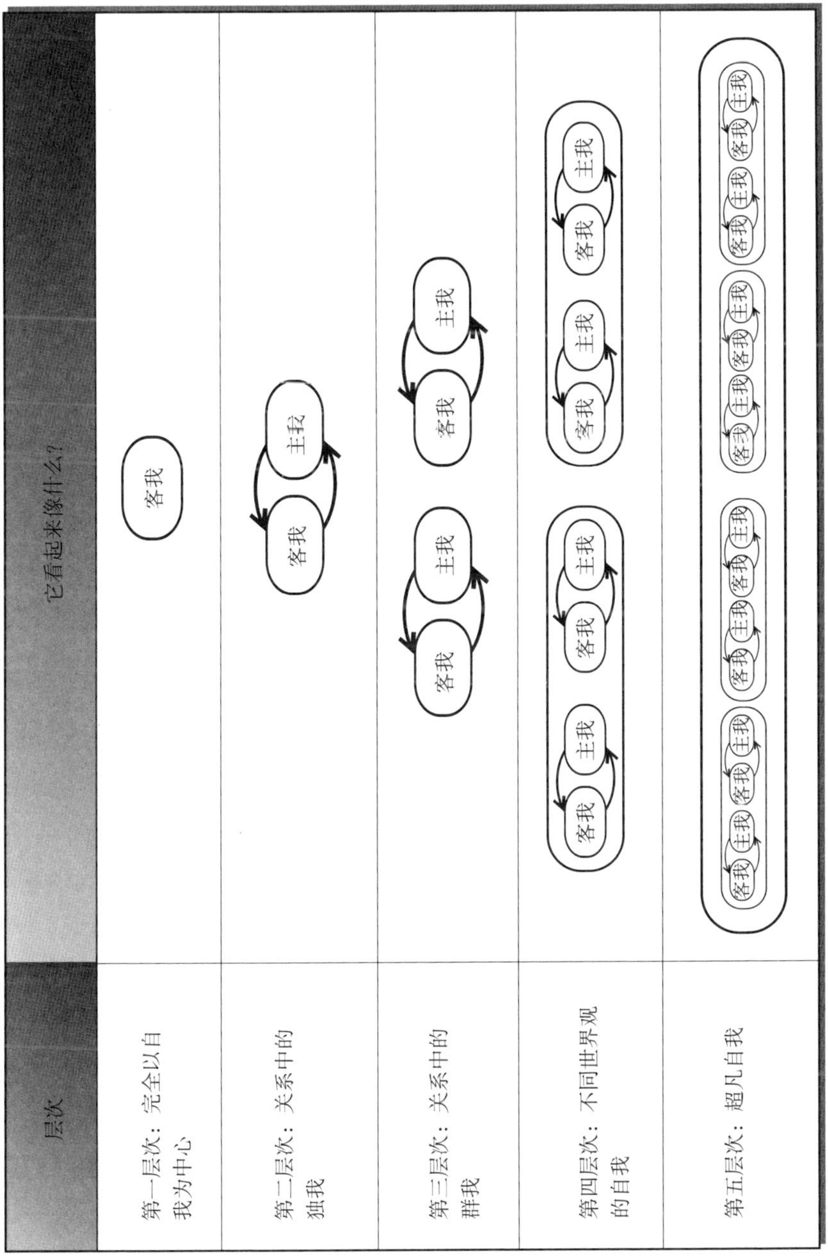
层次
它看起来像什么？
第一层次：完全以自我为中心
第二层次：关系中的独我
第三层次：关系中的群我
第四层次：不同世界观的自我
第五层次：超凡自我
客我
主我

图14　存在的阶梯

# 注 释

## 前言 为何撰写本书

1. 研讨会由我主持，还有两位引导师珍妮弗·德尔穆斯和梅利莎·奥戈奇参与培训，她们也是我的好友。

2. “合力作用”（Integrative Dynamics）理论使我们从解决问题上升到“共同实现人生意义”的新高度，试图帮助我们在人与人的关系中认清自我，学会如何与他人更好地合作和相处。这是一种务虚的理论，也是一种务实的理论，侧重于通过心理学的方法使认同由人际交往的障碍转变为宝贵的财富。这种方法的独特之处在于，它强调了在化解冲突中关系动力学发挥的固有作用。

传统上来说，谈判研究的关注焦点是谈判中的离散元素。我的导师罗杰·费希尔教授一直是这方面研究的核心泰斗。费希尔教授是哈佛谈判项目中心（Harvard Negotiation Project）的创始人，也是该中心的首位主任。他总结了谈判的七项要素，成为研究谈判工作的关键立足点。这七项要素包括：利益（interests）、选择（options）、合法性（legitimacy）、承诺（commitments）、替补方案（alternatives）、关系（relationship）和沟通（communication）。如果把谈判理论比作人体，那么七项要素就是人体的七大器官，合力作用则是这些器官之间的互动机制。高度情绪化的冲突也有其内在动力机制，这从达沃斯领导人的理性思维被各种外力因素牵着鼻子走却无力反抗就可以看出来。合力作用所研究的，正是这些刺激理性的人们采取看似不理性的行动的强大力量，呼吁人们加强对“关系身份”的关注。即使一方的核心认同与另一方的核心认同看似到了不可调和的程度，也会有多种办法改变关系体系，从而减少冲突，促进合作。

## 第 2 章　超乎认知的身份问题

1. 本章部分内容节选自我于《美国心理学家》（*American Psychologist*）杂志发表的一篇文章（夏皮罗，2010 年）。

2. 我对部落的定义是：一个群体，其成员认为他们属于同一类人，相互之间关系密切、有若亲人，同时对这个群体有感情投入，使群体更具凝聚力。正如我在《美国心理学家》杂志的一篇文章（2010 年）中所说，一个群体只有具备全部三大要素，才可以判定为部落。

同属一类，表示一个集体的成员认同自己是某个拥有共同身份的集体的组成部分。种族政治群体——如巴勒斯坦阿拉伯人和以色列犹太人、北爱尔兰的天主教徒和新教徒——也可以是部落，但部落往往不是建立在种族或血缘关系的基础上。相反，部落是一种社会和心理构成。只要个体拥有共同的身份认同，则无论其是否同属于某个邻里社区，或是某个宗教派别、企业、国家乃至国际政治组织的成员。

然而，一个部落不只是一种松散的依附关系，或是因为某些纯粹的功利性目的而组建的联盟。亲如家人的关系具体描述了身份群体的关系性质，因为部落成员在主观上彼此的定义是“同一拨人”。这种关系基本上可以建立在任何共享特征的基础之上，包括物理性状、思想、语言、地理上的“家”、组织的使命或宗教信仰等。由于关系亲如一家，部落成员会强化他们对部落的身份认同，他们对与部落其他成员交往关系所赋予的情感重要性也因此得到加强。

部落成员感觉为部落的存在和强化投入了感情。他们在感情上对部落的生存和巩固变得如此投入，以至于他们愿意——同时集体的规范往往也要求他们——抛开私利，相互保护和彼此捍卫，共同推进集体的事业。这种投入在最极端的时候甚至可以促使部落成员牺牲自己乃至子女的生命。

3. 我是将部落练习作为教室练习而不是控制实验来引导的。我会调整每次小组练习的问题，重新设计教室布局，使其感觉封闭、阴暗、拥挤；播放激烈的鼓乐，让整个情绪环境保持高度刺激和紧张，要不然就在环境背景的营造上自由发挥，大做文章，增加部落效应的可能性。但是，我也会确保部落有机会拯救世界。在世界得到拯救的极少数情况下，部落往往对练习掉以轻心，未能真正进入角色，按照他们新设计的部落身份进行练习：他们认为演习只是一个游戏。而如果整个小组真正进入幻想与现实的边缘世界，世界几乎不可避免地会毁灭。

4. 我尽量避免使用基于身份的冲突（identity-based conflicts）这个标签。原因有二。首先，每次冲突或多或少都会牵涉到你的身份。高度情绪化冲突源自你的需求没有得到满足，你的价值观没有得到践行，你的信仰没有得到实现。你的身份决定了你认为哪些事情更有意义，也为你的情绪反应的强度提供了测量标准，所以只把部分冲突归结为基于身份的冲突是没有意义的。其次，身份从来都不是冲突的唯一依据。把某次冲突贴上身份认同的标签，是一种擅自赋予身份压倒性优势地位的做法，贬低了其他潜在根源的重要性，无论是神经生物学倾向、宏观经济力量，还是社会结构、政治动机。

5. 为了实现可持续的和谐关系，化解冲突必须从三个方面入手。首先，你需要解决双方的实质性差别，如土地或金钱的分配。其次，你需要改变关系的情感性质，把对方从敌人变为盟友。最后，你需要把修正后的关系内在化。因此，化解冲突包括解决、转化、和解三个层次，每个层次对应化解冲突的一个重要维度：利益、情感和身份。参见克尔曼（1956年）和鲁哈纳（2004年）。相关示例参见达马西奥（1994年）。他具体侧重于情绪、认知和决策之间的相互关联性。

6. 参见勒纳等（2015年）和夏皮罗（2004年）。

7. 由于本书关注的是高度情绪化冲突，因此对以下两点进行区别就显得非常重要：（1）积极情绪和消极情绪，这两种情绪描述的是我们的感觉，比如情绪高涨或情绪低落；（2）有益的情绪和有害的情绪，这两种情绪描述的是行为对我们的感情的影响。

8. 婚姻研究学者哈维尔·亨德里克斯和海伦·拉克莉·亨特对于婚姻关系表达了相似的观点；参见亨德里克斯和亨特（2013年，第54页）。心理学家鲁斯伦·约瑟尔森讨论了空间关系，参见约瑟尔森（1992年）。

9. 查尔斯·霍顿·库利（Charles Horton Cooley，1902年）推出了“镜中自我”（looking-glass self）这个概念，来描述他的理论，即人通过了解他人如何看待自己而逐渐形成自我。

## 第3章　身份可以谈判吗?

1. 政治学者一直在争论族群身份是原生的（基本存在）还是构建的（人际交往导致）。换句话说，族群身份是天生如此，还是通过社会互动构建而成？我认为身份是在社会结构、政治力量、文化假设，以及生物属性等因素的制约下构建而成的，这也就意味着我们都有一些——但不是全部自由来创造我们的身份。社会呈现给我们的就是我所说的身份模板（*identity templates*），我们从中构思自己的社会脚本，而我们也有自主权在那些模板中做出选择。正如肯普尼和乔洛斯卡指出的那样，“身份与连贯而综合的社会实践密不可分”（2002年，第4页）。

因此，文化身份可以实现代际转移，从而使其披上原生主义的外衣，虽然他们可以而且经常改变。大卫·莱廷提供了一个令人信服的案例研究，显示了像国家身份认同这类的文化标识并非一成不变；冲突本身就可以改变一群人的身份。有关原生论/建构论等重要观点，请参见学者塞缪尔·亨廷顿、克利夫德·格尔兹、亚历山大·冯特和罗伯特·希斯罗普的研究。

2. 马西娅（1988 年）提出构建身份的两个维度：探索和承诺。探索是通过多种存在方式进行分类排序的过程，承诺则表示对一整套理念的采用。一旦你承诺接受一套理想体系，你就会获得延续感、使命感和忠诚感——让身份混乱的病症药到病除。参见马西娅（1988 年）和施瓦茨（2001 年，第 11 页）。

3. 虽然政治学家、心理学家和社会学家已经为身份提出了数百个定义，但显然并没有一个完美的方式来解析这个复杂的话题。我在本章中所做的分析旨在介绍一些重要的概念，以帮助你更好地处理你在生活中遇到的冲突。我试图建立一个包容性的身份定义，借此改变身份认同学者往往只通过自己狭隘的调查领域来对身份进行概念化处理的现状。例如，社会心理学家倾向于把身份看作一种社会标识，却忽视了它的物质和精神内涵。

我对身份的定义较为松散，也不够完善，却很实用。它的范围足够窄，能够让你把注意力集中在冲突中发生激烈碰撞的特点上；同时范围又足够宽，能够全方位覆盖你这个人的定义属性。你拥有一具肉身，各种器官、脉动不停的血液、可以运动的肌肉和骨骼以及相互关联的组织。你拥有关于人物、地点和事物的稳定和不断变化的回忆。你拥有不断丰富的性格，由许多决定如何行动的子系统组成。你拥有一套完整的信仰，有些虔诚，有些则不那么坚定。你的思绪有如白驹过隙，你的情绪仿若阴晴变幻，而你对现实的感知都会经过下意识的心理过程。你扮演着多种角色，既为人子，又作人父，还是别人共事的伙伴。事实上，这个名单可以无限伸展至无穷，而这也正是冲突中的身份问题如此棘手的原因所在。真可谓剪不断，理还乱。

4. 参见斯通、巴顿和赫恩（1999 年）。

5. 详细内容请参见附录。我主张身份具有多重性，造就了身份本身的动态复杂性。

6. 参见威廉·詹姆斯（1890 年）和 G. H. 米德（1934 年）。他们对主我和宾我的使用是其所谓“符号互动论”（symbolic interactionism）社会学理论的核心。

7. 你的核心身份有三个方面需要注意。第一，你的核心身份之所以成为“核心”，是因为它在各种情况和关系中都相当稳定。例如，你的姓就是你的核心身份的一部分，你不会每次与不同的人进行互动时都要改变自己的名字。第二，你的核心身份承载的不仅是你心灵深处的信念，更包括任何有关你的稳定特征，无论这些特征处于你生活的中心还是边缘。例如，你喜欢的颜色是黄色而不是蓝色，也是你核心身份的一部分，虽然与你对父母的忠孝相比，喜欢什么颜色的个人意义微不足道。第三，你的核心身份不仅仅是你告诉自己你是谁那么简单，它还包括许多下意识的和生物学特征——心灵的和身体的——以保持各种互动的连续性。乔纳森·特纳教授对于核心身份也有类似的定义，他认为核心身份是“个体在大部分言谈举止中所表达的关于他们自身作为人类的观念和情绪”（特纳，2012年，第350页）。

8. 参见阿马蒂亚·森（2006年，第30页）。

9. 参见 L. Mlodinow, *Subliminal: How Your Unconscious Mind Rules Your Behavior* (New York: Vintage Books, 2012), 153. For additional resources, see (1) H. T. Himmelweit, “Obituary: Henri Tajfel, FBPsS,” *Bulletin of the British Psychological Society* 35 (1982): 288– 89; (2) William Peter Robinson, ed., *Social Groups and Identities: Developing the Legacy of Henri Tajfel* (Oxford: Butterworth- Heinemann, 1996), 3–5; and (3) Henri Tajfel, *Human Groups and Social Categories* (Cambridge: Cambridge University Press, 1981).

10. 弗雷德里克·巴特利特多年以前的论述恰好可以为我有关身份的目的是寻找人生意义的主张提供佐证。他指出，人们可以“说出每一种人类认知反应——感知、想象、记忆、思考以及推理——作为对意义的追求”（1932年）。在我们和自己以及我们周围的世界进行互动的过程中，我们会使用心智图式的叙事，对我们的经验进行意义建构。我们有这种意义建构的本能。从这个意义上说，整个心理生活都可以看作为了实现个人意义建构而进行的叙事建设和应用。

11. 我对名义身份和语义身份进行了区分。你的名义身份是指你和别人给对方贴上什么样的标签，无论是美国人、德国人，还是老师或朋友。你的语义身份则是你赋予标签哪些含义：美国人、德国人、老师或者朋友都有哪些含义在里面？同样，社会人类学家弗雷德里克·巴思则将身份分为名义身份和虚拟成员。参见巴思（1981 年）。

12. 你的社会自我没有完全固定。参见弗雷德里克·巴思（1969 年）。

13. 关系身份理论主张每个人的身份都是通过与他人的关系来界定的，这一理念与法国哲学家让–保罗·萨特不谋而合，萨特曾经打趣说："犹太人就算不存在，反闪米特人也会把犹太人发明出来。"（1965 年，第 13 页）。

关系身份理论对于努力避免在多种族社会中引发大规模暴力冲突的政策制定者们来说是极为关键的工具。对那些试图弄清楚社会面对暴力冲突的脆弱性的决策者来说，稳妥的做法是检查：（1）依附性：某个特定群体是否感到被排除在重大政治、社会、经济和文化平台之外？（2）自主性：某个特定群体是否感到他们在影响有关政治、社会、经济、文化等方面决策进程的自由度受到了制约？一个群体感觉依附性和自主性受到威胁的次数越多，强度越大，这个群体就越容易为了满足其受到阻挠的需求而奋起抗争。

牛津大学的弗朗西斯·斯图尔特教授的研究与关系身份理论颇有相合之处。他的研究表明，就多种族社会的暴力冲突表现而言，一个重要原因似乎并不是个体平等上的差异（"横向不平等"），而是种族政治团体之间感知到的不公平（"纵向不平等"）。斯图尔特和布朗（2007 年，第 222 页）认为，当文化差异（无论是基于种族政治、宗教、性别、年龄或其他方面）与群体之间的经济和政治分歧相一致时，就会产生深深的怨恨情绪，进而导致暴力斗争。

14. 人的思想会对社会环境进行不断评估，探测那些威胁身心生存的潜在因素。社会生存需要我们能够下意识扫描自主性和依附性的威胁因素。杏仁核可能会促进这样一种评价过程，发挥“相关性探测器”的作用，对范围广泛的一系列活动进行探测，包括但不限于我们的社会和身体健康所受到的威胁。参见桑德等（2003 年）。

15. 我研究关系身份理论，目的就是试图满足化解冲突的实际需要。这一理论根植于威廉·詹姆斯、亨利·塔杰菲尔、埃里克·埃里克森和吉恩·贝克·米勒等学术大师的研究成果。关系身份理论不但借鉴了精神分析的一些深入见解，更是对精神分析学说的一种发展。精神分析的鼻祖西格蒙德·弗洛伊德提出了人类是由快乐原则驱动的理论，即我们永远是在寻求快乐和避免痛苦。他认为驱使人类行为的动力就是满足他们的性欲。精神分析学家罗纳德·费尔贝恩则彻底否定了这一假设，他认为我们不是贪图享乐，而是在追求客体。用精神分析的术语来说，“客体”是我们与之有关的一个人或一个团体的内在表象。所以费尔贝恩的意思是说，我们不是通过与人交往来满足我们的性欲，而是正好相反：我们通过寻找快乐来与人交往。驱使我们的是对交往的追求。

费尔贝恩的实证研究强调了交往的本能。他发现，受虐待的儿童优先选择的是回家，而不是留在一个安全的庇护所里。换句话说，遭到排斥和拒绝并没有让孩子们减少对母亲的依恋之情，相反，这让他们感到更加依恋母亲。母子关系中没有得到满足的需求，只能由母亲来满足。参见塞拉尼（1994 年，第 29 页）。同样，精神分析学家 D.W. 温尼科特强调了关系在人类经验中的系统重要性，指出在母子关系中，“存在的重心并非始于个体，而是整体的架构”（1952 年，第 99 页）。

16. 参见巴思（1969 年）。特雷尔·诺思罗普 (1989 年，第 81 页 ) 对身份冲突进行了动态分析，并得出结论认为，化解冲突最有效的策略“似乎应该从……关系的性质着手，因为在这个层面上的变化压力不像当事各方身份层面的压力那么具有威助性”。

17. 关系身份更多是研究你构建的关系而不是你的性格特点。实际上，关系身份可以定义为透视化的关系性（perspectivized relationality）：你基于如何看待你与他人的关系来界定自己的身份。

18. 多个学科的学者不约而同地认为自主权和亲和性是推动社会行为的基本动力。部分举例如下：

- 莫尔文·弗里德曼、蒂摩西·利里、阿贝尔·奥索里奥和胡伯特·高飞对主导/从属以及友好/敌对进行了辨析（1951 年）。
- 卡罗·吉利根对正义和关爱进行了区分（1982 年）。
- 厄文·斯托布对自主/个性身份和关系/集体身份进行了对比（1993 年）。
- 黛博拉·科尔博和朱迪斯·威廉姆斯描述了倡导和联系的重要性（2000 年）。
- 罗伯特·姆努金、斯科特·派佩和安德鲁·图鲁梅罗着重阐述了自信和移情之间的张力。（1996 年）。
- 埃里克·弗洛姆将单独身份与世界的同一性进行了对比（1941 年，第 39~55 页）。
- 爱德华·德西、理查德·瑞恩及其同事描述了情感和行为自主的影响。参见德西（1980 年）以及德西和瑞恩（2000 年）。
- 罗娜·本杰明（1984 年）运用社会行为结构分析法（SASB）对自主权和亲和性之间的张力进行了系统分析，SASB 是 H. 穆雷关于“人格学”研究的衍生成果；SASB 是一套从焦点、亲和性和相互依存性（即自主权）等方式对社会互动进行分类的系统，从而对人们如何看待社会事件的意义获得更为清晰的理解。
- 杰瑞·威金斯（1991 年）对自主权和亲和性及其概念性的关联关系研究进行了回顾总结。
- 戴维·巴肯对于主体性和共享性的根本重要意义进行了深刻的、令人信服的阐述。他揭示说：“我采用‘主体性’和‘共享性’这两个术语来总结生命形态中存在的两种基本形式的特点。主体性用来表示一个有机体作为一个个体的存在，共享性则用来表示个体参与某些更大的有机体，个体是这些有机体的组成部分。主体性表现为自我保护、自我主张和自我膨胀；共享性表现为相对于其他有机体的一体性。主体性表现为分离的形成，共享性则缺乏分离。主体性表现为孤立、疏离和孤独，共享性表现为接触、开放和团结。主体性表现为掌控一切的冲动，共享性则是无契约合作。”（1966 年，第 14~15 页）。

19. 自主权与亲和性不是完全不固定的：你的人际关系通过你扮演的角色和你占据的地位获得结构上的连续性。这些结构都是自主权和亲和性的包装形式。例如，在开罗参加部落练习的学员迅速进入相互为敌的角色。一旦这种角色得以确立，他们就知道他们之间的关系能够预期带来什么：负面的亲和性以及无视对方的自主权。

角色本身就包含了对于你的亲和性与自主权范围的预期。如果我去看医生，做年度体检，他让我脱掉衬衫，我会爽快地服从命令。在病人这个角色中，我赋予医生检查我的身体是否健康的自主权，并且预期他会在我们的亲和关系中继续保持专业的距离。但是，如果我走在街上，一个陌生人要求我脱下衬衫，我会很快走开。陌生人的角色并不赋予相同的自主权和亲和性预期。

你还会通过地位获得人际关系上的连续性。所谓地位，就是你在某种等级结构中相对于其他人所处的位置。例如，在一家公司里，你的正式地位越高，你所持续拥有的进行决策授权的自主权就越大。但非正式的地位也会影响你的关系。在一个团队中，员工知道谁拥有正式的决策权，同时也能心领神会地去找适当的人进行项目咨询、寻求情感支持或者进行一次饶有趣味的交谈。

虽然角色和地位是相当稳定的，但你仍然可以对其进行重新定义以帮助化解冲突。详细论述参见费希尔和夏皮罗（2005 年）。

如果你建立了积极的结构关系，和解会变得更容易。事实上，和解的目标是实现积极结构关系的内在化。在部落练习为数不多的几次对世界的成功拯救中就有一次属于这种情况。当时是为中东地区某个政府的领导班子举办的研讨会。五位部落发言人在会议室中央举行谈判。几分钟后，他们达成了完全和最终协议。我很惊讶。这怎么可能？原来，在五名谈判者中，有三人碰巧是穿制服的军官，在谈判时，他们对新创建部落的效忠度，面对大家都是军人的共同身份自然显得苍白无力。这种共同角色建立了积极的亲和性以及对自主权的相互尊重。级别最高的军官提出了一项协议，其他军官表示服从，而落单的那两位政府官员只好与小组共识保持一致。共同的角色和可预测的地位等级构成了一个明确的关系结构。

关系的大环境确定了对自主权和亲和性的限制预期，以及违反隐含关系契约所产生的责任。这些预期体现在我们所扮演的角色和占有的地位上。相关详细论述，请参阅麦考尔和西蒙斯（1978 年），斯特斯（2006 年）和斯特赖克（2004 年）。

20. 神经科学为洞察亲和性提供了神经化学的基础。一种叫作催产素（oxytocin）的神经肽促进了相互信任的关系，而信任关系反过来也会产生催产素。在扎克及其同事（2005 年）的一项研究中，感觉谈判对手值得信任的谈判者就会释放催产素。在科斯菲尔德及其同事（2005 年）的一项研究中，研究人员给志愿者服用催产素，结果这些志愿者在使用真实资金进行的投资游戏中对他们的投资对象表现出强烈得多的信任，愿意向投资对象投入更多资金。迪岑及其同事（2009 年）的一项研究显示，鼻内催产素可促进夫妻之间的积极沟通，降低皮质醇水平。

其他学科的学者对于亲和性的重要意义也有同样的认识。R. 鲍迈斯特和 M. 利里对归属需求的经验证据进行了全面审查，并得出结论：“人类从根本上普遍受到归属需求的驱动，也就是说，人类有着形成并保持持久人际依附关系的强烈愿望。人们谋求在长期的关爱关系范围内进行频繁的、情感积极的互动。”（2000 年）。参见鲍迈斯特和利里（2000 年）。

社会学家唐纳德 · T. 坎贝尔指出，“彼此靠近的元素更容易被看作同一个组织的一部分”（1971 年，第 105 页）。坎贝尔的观察非常有见地。如果我们把具有某些类似特征的人归为“一拨人”——无论是宗教信仰、头发的颜色或任何其他特征——我们更有可能认为他们拥有一个相同的身份。仅仅一个特点相同，就能促使我们把他们看作一个整体。

21. 参见夏皮罗（2008 年）。

22. 参见帕克（2006 年）。

23. 参见艾森伯格等（2003 年）。

24. 参见赫尔曼（1992 年，第 51 页）。

25. 爱德华·德西和他的同事阐明了自主（self-determination）对情绪和行为的影响（1980 年）。当你认为自由的范围受到过分压制时，你就会做出负面反应，并可能出于满足你对自主的渴望而放弃“理性”的权益。

26. 这些观点来源于我和冲突双方领导人之间的对话。此外，我的措辞完全基于美国国务院的官方用语。然而，我用这样一种方式提及马其顿共和国，可能会无意中得罪一些希腊人的自主权，他们觉得自己才应该是马其顿这个名字的唯一仲裁者。

27. 有关自主权和亲和性的冲突往往发生在象征层面上。一个突出的例子来自捷克作家米兰·昆德拉的著作《无知》。这本书的主人公伊雷娜在法国度过 20 年后才回到捷克共和国的老家，她的朋友们对她在国外的那段时间没有兴趣，就好像他们已经把这段岁月从她的生活中砍掉了。通过排斥伊雷娜自主身份（discrete identity）的关键部分——她的自我的某些方面——他们把她的自主权隔离封闭起来，好像她自己想那样似的。伊雷娜对亲和性感到苦恼：我的朋友们会接受哪一部分的我？他们又会拒绝哪些部分？我能承受拒绝吗？还是说我应该放弃这些友谊？与在现实生活中一样，这些关系问题都通过象征性的信息间接地表达出来，例如捷克朋友表示对喝伊雷娜的法国葡萄酒没有兴趣（昆德拉，2002 年）。

28. 这一解释来自威金斯（1991 年），其来源是哈克特（1979 年，第 27~28 页）。“天人合一”的概念甚至可以在达尔文的进化理论中找到，这一理论就是建立在人类世系与一切众生的起源相互联系的假设基础上。从这个意义上说，对于超凡统一（transcendent unity）的追求和奋斗背后，仍然不过是重返我们“天人合一”的原初状态的野心。

29. 我描述了各种身份“结构”，也就是所谓的“体系架构”，但也同意精神分析学家亨利·史戴克·沙利文的见解，即内在心理结构其实是虚构的：在现实中，这些结构不是物质元素，而是能量转换模式。参见格林伯格和米切尔（1983 年，第 91 页）。

## 第 4 章　如何避免陷入冲突的漩涡

1. 哪些因素导致了部落效应中“我们”与“他们”的心态？关系身份理论（relational identity theory）认为，当自主权和亲和性的重要方面受到威胁时，就会触发部落效应。现实冲突理论（realistic conflict theory）认为，一个群体的军事、政治、社会或财政资源受到威胁时，就会使群体内部产生身份认同和民族优越感。社会身份理论（social identity theory）提出，仅仅对某一群体的认同就足以导致冲突：个体认同该群体，渴望获得积极的区分。欲了解更多现实冲突理论的内容，请参阅谢里夫等（1961 年，第 155~184 页）和坎贝尔（1965 年）。欲了解更多社会认同理论的内容，请参阅塔杰菲尔和特纳（1979 年）。

2. 部落效应是我们的关系身份相对于另一个人或群体的区分固化。

3. 虽然部落效应可能会抗拒改变，但其功能还是保护性的。在这种心态下，我们的目标是保护人民以及那些对我们的身份最为重要的原则。事实上，进化生物学家一直在努力量化我们保护自己的亲属和同类免受外部威胁的程度。印度生物学家 J. B. S. 霍尔丹对亲缘选择（kin selection）的数学理论进行了研究，打趣说：“我会为两个兄弟和八个堂兄弟冒生命危险。”他的观察为汉密尔顿法则（Hamilton's rule）提供了基础，该法则对亲缘选择的本质进行了量化：$br - c > 0$。在方程中，“b 是任何社会行为对接受者的达尔文适合度的有益影响，c 是从事该项社会行为的个体的达尔文成本，r 是双方之间的相关性系数。由此产生的不等式明确了在何种条件下自然选择有利于明显的利他主义行为”（莫克，2004 年，第 20 页）。当这项法则的不等式成立，我们表现为利他；如果不成立，我们表现为自利。

4. 在《美国心理学家》2010 年 10 月刊的一篇文章中，我描述了几种性质的部落动力，这些部落动力可以证明对部落是有助益的，但也会使群体间的和解更加困难。

（1）忠于部落优先。部落是重感情的实体，其成员愿意为那些关系更亲密的人做出更大牺牲。

（2）部落的规范强化了忠诚度。事实上，部落的根本禁忌就是从事任何削弱部落合法性以及将大家结合在一起的关系的行为。部落本身可能被视为神圣不可侵犯，维持它的存在可以成为一个神圣的使命。不忠于部落的身份叙事可导致羞愧、羞辱、排斥和死亡。

（3）当部落成员共享同一个集体身份叙事——我称之为共同血脉的神话，部落的忠诚度往往最高。人们坚信，他们有着相同的血统，被共同的血脉和命运联系在一起，通过这种信念，共享叙事把人们凝聚为一体。受到威胁的群体可以迅速变成一个部落，在那一刻，部落成员会感到通过共同血脉的神话彼此相通。虽然跨国公司在冲突中可以成为一个部落，但更有凝聚力的部落——那些人们愿意为之牺牲最宝贵财富的部落——往往是以精神纽带或实际血统为基础。部落成员更有可能在正义的鼓舞下，为实现上帝赋予的使命而不是实现公司的愿景去拼搏奋斗。

（4）共同血脉的神话是抗拒改变的。部落以他们所认为的胜利、损失、创伤和受害历史构建叙事，而这种叙事令人惊讶地抗拒政治和社会变迁（沃尔坎，1998 年）。在许多方面，保护一个部落的历史叙事就是一次将它的自主权建设成为水泼不进、无法融合的实体的实践。

5. 部落效应是剧烈冲突的一个基本方面，让人想起科塞（1956 年）在其经典著作《社会冲突的功能》中提出的冲突的表征：冲突越激烈，就会产生更多的冲突，导致：（1）各方界限泾渭分明；（2）集中化的决策结构；（3）结构性的和意识形态的团结；（4）对异议和越轨行为的压制，这种动态关系我称之为禁忌。

6. 强烈的情感会加剧部落效应。实验研究表明，情绪激动会降低社会知觉的认知复杂性，导致对另一方的极化评估（保卢斯和利姆，1994 年）。对于一直生活在恐惧和威胁状态中的个人或群体，极化可能会成为常态。

实际上，实验证明，人们在面临死亡时会提高对所在群体的意义感知，同时贬低外群体（格林伯格等，1990 年）。

7. 汉斯·马格努斯·恩岑斯贝格是一位杰出的德国政治和文学评论家。他认为，群体间冲突的症结不是碎片化，而是自闭症：各个群体将自己隔绝在自己的圈子里，陷入自以为是的受迫害情结之中，拒绝倾听、理睬、学习他们之外的任何人。他们缺少的是移情（empathy）以及由此产生的学习他人观点的力量。

8. 参见马卢夫（2001 年，第 31 页）。

9. 部落效应的封闭特性可能部分来自你将另一方划为异类所导致的抗拒移情的神经生物壁垒。当你思考你自己的想法和感受时，就会启动大脑的一个关键部分，也就是所谓的腹内侧前额叶皮层（vMPFC）。引人注目的是，当你倾听某人的观点，而你又认为他与你的观点类似时，这部分大脑就会变得很活跃；但当你倾听你认为与你的观点不同的意见时，这部分大脑就不那么活跃了。移情似乎总是倾向于自己的亲属和同类（詹金斯等，2007 年）。这与我的观点一致，即在冲突的情况下，我们需要几乎是“逼”着自己对另一方移情。在部落效应中苦苦挣扎并不会自然而然地产生对外人的移情。

10. 当我们面对真实的或想象的威胁时，凯利·兰伯特和克雷格·霍华德·金斯利讨论了一种类似的焦虑反应（2010 年）。冲突解决学者特雷尔·诺思罗普描述了涉及身份的冲突的四个升级阶段，首先是威胁，其次是为避免失效而对社会现实的扭曲，解读世界的刻板化以及共谋拖延冲突关系（1989 年）。

11. 对你身份的威胁，会使你担心你的身份解体。因此，分裂与不和会建起一道防御墙，保护你的身份免受伤害。但是，这道防御墙也会煽动敌意，而更具讽刺意味的是，它也为存在冲突（existential conflict）创造了条件。

12. 精神分析学家维米克·沃尔坎描述了两种身份：你的个人身份就像是一件只有你穿的服装，它保护你免受周围环境的危险侵害。你的社会身份就像是一个“大帆布帐篷”，保护你和帐篷之下的所有东西。只要帐篷结实，领导者坚持，你的社会身份并不是一个需要迫切关注的问题。但如果有人撼动了帐篷，帐篷下的每个人就会担心他们的集体安全并尝试重新把帐篷支撑起来（沃尔坎，1996 年）。从社会身份理论的角度来看，部落效应会导致群体间的分裂，因为它凸显出每个派别的社会身份，而这又抑制了与其他群体的积极关系，巩固了群体内部的关系。冲突创造了我们和他们的认知（克罗斯特丽娜，2007 年，第 44 页）。

但是，强大的身份认同是加剧冲突还是能够保护我们免于冲突呢？一方面，强烈的社会身份可能会导致我们通过贬低外部群体的方式来提升自尊，增加了群体间冲突的可能性。另一方面，埃里克·埃里克森认为，如果具有较强的自我身份，我们更不容易陷入难以预料的冲突。我们对于自己是谁有坚定的信心，因此并不需要通过冲突来证明我们的优势。有关更加细致入微的视角观察，请参见玛丽莲·布鲁尔的章节，阿什莫尔等（2001 年）和吉布森（2006 年）。

最后，引发部落效应的不仅仅是侵略性冲动。有时，人们打斗的原因只是觉得无聊，希望通过打斗保持生活的刺激。我称之为无聊综合征（ennui syndrome），而且我认为它在冲突升级中发挥的作用比人们通常认为的还要大。例如，如果年轻的兄弟姐妹感到厌倦，有人可能就开始取笑另一方，从而燃起部落效应的怒火。我的部落练习也一样，我发现人们有时会挑起一场争斗或采取强硬立场，目的只是想使练习更吸引人、更惊险刺激。但是，虽然他们起初的意图是提高这项练习的参与度，但很快“自我”这条大鱼就会咬钩，让部落效应接管一切。

13. 微小差异的自恋可能有进化的根源。达尔文曾经讨论过“生存斗争”，不是物种之间的斗争，而是近亲之间为争夺一些遗传性创新的竞争，目的是使自己的后代在代际传递中生存下去。物种层面的生存问题往往不是通过物种间相互竞争来解决的，而是通过任何此类物种的内部竞争来解决。参见洛伦茨（1966 年）。

14. 随着我们的世界通过互联网和相关技术联系得日益紧密，微小差异的自恋就有了更多发挥作用的机会。我们与别人进行比较的社会领域日渐开放和广阔，我们需要更加努力地捍卫我们身份的心理边界，以保持我们的独特感。

15. 关系矩阵只是对人际关系主观领域的简化表示，因为无论自主权还是亲和性都是多维度的。例如，一个有宗教信仰的人将他的忠诚奉献给了神祇，同时也就为自己的宗教信仰放弃了自主权；然而通过同样的行为，他同时又通过与他认为能够给自己带来永恒平静的力量建立亲和关系而扩大了自主权。再举一个例子，情侣在吵架时彼此会又爱又恨；他们会感觉在有些问题上要有自主权，却给对方造成了限制。

16. 苏珊·瑞辛格和托马斯·雪夫（2000 年）主张，旷日持久的冲突根源在于“双向异化”（bimodal alienation）：群体之间的相互隔离，以及各群体内部的吞没效应（engulfment）。这与部落效应是一致的，我们也会与其他部落保持距离，并与“我们自己的同类”融合在一起。

你也可以自己体验部落效应。例如，假设我与我的妻子发生争论。我知道我应该移情并证实她的观点，但在我的脑子里，我的不同“部分”之间正在全力以赴地进行着部落战争。心理学家迪克·施瓦茨把这些部分之间的相互作用称为“内部家庭系统”：我拥有一个由各个部分组成的完整家庭，任何部分都有可能占据主导地位、服从、适应或反抗。所以在我的脑子里，我的“母亲”敦促我倾听与和解；我的“父亲”告诉我只要解决这个问题就可以了；我的“骄傲”也发声了，告诉我应该先让我妻子对我移情，然后才轮到我对她移情；我的“冲突解决专家”则努力友好而高效地解决问题。这些部分在我的脑子里打成一锅粥，“骄傲”感觉出离愤怒，因为我没有听它的，而“母亲”告诉我要冷静下来，伸出橄榄枝。参见施瓦茨（1995 年）。

17. 张力是许多有关人类动机的理论的核心组成部分。宗教经文描绘善与恶、光明与黑暗之间的张力。心理学家也对冲突的建设性和破坏性力量进行了各种阐述，这最早可以追溯到西格蒙德·弗洛伊德进行的开创性工作。他假设死亡力量（萨那托斯）和生命力量（厄洛斯）之间存在着根本的张力。在写给阿尔伯特·爱因斯坦的著名信件中，他对人类能否抑制自己的侵略天性表示悲观，建议“我们可以尝试的是将其通过战争以外的其他渠道宣泄出来……如果战争倾向源于毁灭本能，那我们也总能利用它的对立面，厄洛斯……一切能够造就连接人与人情感纽带的因素都可以作为战争的解毒剂”（1932 年）。

40 年后，美国哥伦比亚大学莫顿·多伊奇（1973 年）教授对建设性和破坏性冲突进行了区分，揭示了导致我们“一荣俱荣，一损俱损”的力量。心理学家史蒂芬·平克（2011 年）认为，暴力冲突是由五种“心魔”（掠夺或工具暴力、统治地位、复仇、虐待狂和意识形态）刺激产生的，而四大“善天使”（移情、自我控制、道德感和理性）则倡导和平共处。

在关系身份理论中，我把这些所谓的心魔和善天使之间的斗争看作一个动态的过程；因此，我将心魔称为“你部落心态的五大诱惑”，并将对抗五大诱惑的反作用力称为“合力作用”。合力作用可以通过本书描述的四步法来刺激产生。虽然平克的理论提出了重要的见解，但他的恶魔和天使在概念上是离散的、静态的。而我的理论以他的真知灼见为基础，更加强调化解冲突是一个动态和务实的过程；它要求争端双方在实践过程中不断摸索解决办法，最终实现持续和谐共处的状态。参见平克（2011 年）。

18. 五大诱惑可以被看作一个从意识中排除高度负面情绪的内部流程。如果有人触犯禁忌，或贬低神圣，或重演旧有模式（以及，根据保罗·罗素的概念化描述，“无感”），我们可以通过心理放逐容忍这些无法容忍的行为。弗洛伊德形成了一套抗拒和压制的结构性机制，以显示如何“将无法兼容的思想放逐到潜意识中，进而阻断其情感能量以最快的速度释放，确保该思想发挥其致病作用”（格林伯格和米切尔，1983 年，第 33 页）。

19.7 世纪佛教哲学家法称提出的心理法则认为，两种对立的状态不可能共存，结果必然是一种状态削弱另一种状态。他认为，一种状态越强，相反的状态就越弱。如果你感到热，你就不会冷；如果你是幸福的，你就不会悲伤。这可能表明，人们可以努力构建鼓舞积极情结的跨界交往，而不必在消除五大诱惑上花费太多的精力。不过，如果你的情感创伤比较严重，先让它们愈合往往是建立积极关系的先决条件。

## 第 5 章 及时停止眩晕

1. 我在哈佛谈判项目中心一篇题为《眩晕：强烈情绪对谈判产生的迷幻效果》的文章里介绍了眩晕的概念。在后来与瓦妮萨·刘合写的题为《稳定和平的心理学研究》的文章中又将这一概念用于对冲突后环境的分析。参见夏皮罗和刘（2005）。

眩晕扭曲我们的时间感和方位感，因此与一种被称为联觉（synesthesia）、会导致感觉相互交织的罕见病有一些共通之处。俄罗斯记者 S.V. 谢里斯舍夫斯基深受这种病症之苦，也曾向心理学家亚历山大·鲁利亚描述他的感受："如果我吃东西的时候在读书，我就会很难理解自己在读些什么——食物的味道淹没了我的感觉。"（弗尔，2006 年，第 9 页）。眩晕诱导我们陷入同样的感受，我们的对抗情绪压过了别人的感受；我们沉浸在一个让自己充满强烈情绪和感受的感情世界，影响了我们在与他人的关系中如何去看、去听、去感受。

2. 眩晕难以缓解，因为我们的眩晕感越强烈，我们要保持眩晕的情绪劲头就越大，我们对变化过程也就越抵触。这种感觉就像一个人喝了太多的酒，他醉意越深，就越要喝，谁不让他喝还会跟谁急。

3. 现代医学使用"眩晕"这个词作为"方位性眩晕"和"耳鸣性眩晕"等症状的诊断标志，每一种症状都描述了一种天旋地转的晕眩感。很多年前，威廉·詹姆斯曾对眩晕进行过研究——可能是因为他老是晕船。他发现在 200 名快速荡秋千的哈佛学生中，只有一个人没有出现头晕的感觉；在 519 名聋儿中，半数以上报告有点头晕。这强调了内耳对于眩晕的重要性。这也提出了一个问题，即在冲突的情况下，有些人可能会比其他人更容易陷入眩晕状态。据我猜想，那些自我身份意识更强的人，以及那些特别自我的人，不太容易陷入这种状态。欲了解更多关于詹姆斯眩晕研究的情况，请参见詹姆斯（1882 年）和米拉尔（2012 年）。

4. 关于眩晕有两点需要注意。首先，它不一定是坏事。爱到天昏地暗的两个少年沉浸在积极眩晕那种晕晕乎乎的控制中，什么力量也不能把他们从这种感觉中挣脱出来。描述这样一种经历的短语——爱意萌生、坠入情网、神魂颠倒——形象地勾勒出眩晕的动态特性。当然，眩晕也有黑暗的一面，它刺激商场里的夫妻失去控制，落入部落效应的魔掌。正如你可以坠入“情网”，你也可以陷入“仇网”。坠入情网的影响是一个自我强化的体验，而陷入仇网的影响则是一个自我威胁的体验，会刺激自我保护，以避免伤害到我们的身份认同。在这本书中，我使用“眩晕”这个词描述其消极的一面，但我也相信最佳的谈判过程会使争议双方进入一种强烈的积极互动关系中，即积极眩晕。

其次，眩晕有别于所谓的杏仁体劫持（amygdala hijacking），这个词是丹尼尔·戈尔曼在他的著作《情商》（*Emotional Intelligence*）中创造出来的。在杏仁体劫持时，你的大脑被情绪所支配，理智退居其次，从而导致愤怒的瞬间爆发。眩晕可以与杏仁体劫持并存，但它更多的是一种关系心态，而不是时间很短的情绪反应。你会沉浸在眩晕中无法自拔，它可以陪伴你数天乃至数月。这位教授和他的妻子可能已经解决了他们在商场里的冲突，但他们还会继续在相互仇恨中继续耗下去；同样，两个种族政治团体也可以在和平协议签署后继续在仇恨的相伴下过上几十年。

5. 虽然亚里士多德认为人有五种感觉——视觉、听觉、嗅觉、味觉和触觉，但其实还有一个第六感：平衡感。眩晕会使你陷入把一切都耗尽的消耗性关系中，让你失去情绪平衡感。

6. 如果你站起身在原地旋转，然后停下来，你会看到一个非常扭曲的现实世界，但这其实是你的主观感受，而不是周围世界的真实状态。

7. 五种感觉都能加剧眩晕感。以声音为例。战鼓声能够激发人们团结在一起对抗共同的敌人。在部落练习中，我通常会播放一些比较狂野的鼓乐来唤起学员的情绪，学员们变得非常专注于维护自己部落的优越感，以致他们往往意识不到声音对他们的狂热情绪和攻击行为所产生的巨大影响。

8. 虽然我们习惯于眩晕，但我们对于杏仁体劫持却并不习惯。离婚夫妇的关系可能会经历几个月的眩晕损害，因为他们需要厘清痛苦的离婚细节，但只会在时不时爆发的争吵中经受杏仁体劫持的考验。

9. 眩晕通过两种基本方式改变了我们对关系的认知。我们变得：（1）自私固执（self-absorbed），缩回到我们自己的壳里寻找安全感并对我们的自以为是坚信不疑；（2）他人的物化（other-objectifying），将他人视为客体（物）而非主体（人）。我们的眩晕症状越强，我们对对方主体性的感知能力就越弱。简而言之，我的主体性越强，你的客体化也就越强。这类似于心理医生克莱因所说的“分裂”（splitting），我们将冲突中所有好的内容全部投射在自己身上，把所有不好的内容全部投射到对方身上。

10. 眩晕与交配体验（experience of copulation）有现象上的相似之处。每次体验越强烈，你对除正在消耗你的关系体验之外的其他一切事物的意识能力就丧失得越多。

11. 参见菲斯克和纽伯格（1990 年）。

12. 社会心理学家戈登 · 奥尔波特明智地指出，“只有当新的知识都无法扭转预判时，预判才会成为偏见”（1954 年，第 9 页）。

13. 由于当事双方互相把对方归类为对手，他们会越来越多地关注自己的痛苦，同时削弱对对方人性的欣赏能力。社会心理学家苏珊 · 菲斯克和史蒂文 · 纽伯格（1990 年）的印象形成连续模型表明，当你看一个人时，你会从他或她的年龄、性别和种族等方面对其进行归类；这事儿做起来很快，也很容易。你会一直保持你对这个人的分类，前提是你的观察印象与你最初的分类一致，同时你没有动力去了解这个人的更多情况。如果属于后一种情况，那就会在印象的更新速度和准确性之间产生张力。你的认知越准确，它延续的时间就越长，改变它所需要耗费的功大就越大。用戈登 · 奥尔波特（1954 年）的术语来说，你可以尝试对分类“重新划界”（“我的一些最好的朋友是犹太人，但是……”）。菲斯克和纽伯格发现（1990 年），任务的相互依存性往往会鼓励对另一方独特属性的赞赏。例如你在工作中努力完成团队交给的任务，或者在游戏里与其他人竞争，或是试图更好地了解你的上司，都会出现上述倾向，因为所有这些活动都需要任务的相互依存性。

14. 由于自我反思的能力大大削弱，眩晕就造成了一种困境，我称之为“拒不承认的困境”。唯一的出路似乎是请对方承认你的痛苦和观点。但是，处于眩晕中的双方都不可能承认对方的痛苦，尤其是考虑到存在相互物化的可能。双方都处于拒不承认的困境之中，冲突升级似乎是唯一的出路。

15. 眩晕会影响你对时间的认知，而这种时间认知远远要比时钟时间灵活得多。地质学家迈克尔·西弗尔推测，时间有三个层次：生物时间（你的身体节奏）、感知时间（你的时间流逝感）和客观时间（时钟显示的时间）。在 23 岁那年，他在一个地下冰川洞穴里与世隔绝地生活了两个月，研究地质形态，培养自己对时间流逝的感知能力。当他两个月后从洞里出来时，他以为那天是 8 月 20 日，但实际上是 9 月 14 日。他的感知时间发生了扭曲。值得注意的是，由于他每天打电话给他的助手，由助手跟踪记录他报告的起床、吃饭和睡觉时间，因此他还能保留非常明显的生物时间。结论：生物时间往往相当刻板，感知时间则不固定得多，而且取决于周围的环境。

眩晕会导致情绪的外向聚焦——让你陶醉其中难以自拔的不是羞耻，而是愤怒——这会影响你对时间流逝的感觉。由于你的关注焦点集中在对方身上，你会失去你自己的时间流逝感，感觉不到时间的流逝。相反，诸如无聊、羞耻或抑郁等自我意识情绪则会放慢你的时间感。威廉·詹姆斯（1890 年）认为，在这样的环境中，感觉时间过得很慢，因为你“对时间本身的流逝变得更加在意”，就好像你闭上眼睛一分钟，而这段时间可能感觉长得多一样。根据克劳迪娅·哈蒙德的数据，“实验证实，抑郁症患者给出的时间估算平均是那些没有抑郁症的人的两倍。换句话说，时间流逝的速度只有其正常速度的一半。”（2012 年，第 34 页）。在一项比较迂回的研究中，研究人员先做一些准备，让部分志愿者感觉被排斥，另外一些则感到受欢迎。然后，一位研究人员把志愿者逐一带到一间密室里，开始用秒表计时，40 秒后停止，然后问志愿者过去了多长时间。觉得很受欢迎的那部分研究对象估计的时间推移平均为 42.5 秒，而感觉受排斥的那些人平均估计值是 63.6 秒（特文戈等，2003 年）。

16. 在眩晕中，争吵的教授和他的妻子感觉时间过得比实际还要快。时钟时间比感知时间长，如下所示：

时钟时间：-------------------------------------- 用时（20 分钟）

感知时间：---------- 用时（5 分钟）

17. 眩晕扭曲你正常的时间流逝感。时间有其固有的不对称性：它总是从过去走向未来。从这个意义上说，时间是有偏向性的。而眩晕可以打破这一不对称规则，把你的注意力从过去转到事件上去，然后再快进到令人恐惧的未来，而不是再回到过去，有时甚至还会凝固在情绪激动的时刻。欲了解更多有关时间不对称的内容，参见戴维斯（1974 年）。

眩晕似乎还会令神经学家安东尼奥 · 达马西奥所说的心理时间（mind time）失准。与地质学家迈克尔 · 西弗尔的时间理论相似，达马西奥描述了人类如何通过两种截然不同的方式来经历时间：身体时间和心理时间。身体时间支配着你的生物钟，被设定为黑暗与光明（你的生理节律）的交替节奏，它位于下丘脑。心理时间涉及“时间的推移，以及我们如何组织时序”，它所描述的也正是在时钟嘀嗒的过程中，我们那种似乎时快时慢、时短时长的时间体验。心理时间总是处于活动状态，帮助我们去感知一切，从两个音符之间刹那间的静默，到我们上次与朋友相聚之后漫长的等待。达马西奥注意到，失忆症患者有着完整的身体时间，但心理时间都不正常。

基于对脑损伤患者的研究，对于时间流逝的感知似乎有三个区域尤为重要：（1）海马体，有助于我们形成新的记忆。海马体受损会使人罹患顺行性遗忘症（anterograde amnesia），新记忆不能保持很长时间。（2）颞叶，这是形成记忆和回忆至关重要的区域，是负责给记忆加盖时间印戳的地方；颞叶损害似乎与逆行性遗忘症相关联，所谓逆行性遗忘症是指回忆在某个特定时间、地点和环境下发生的个人事件的能力受到损害。（3）基底前脑，这个区域在确定过往事件的时序方面发挥着关键作用。如果你基底前脑受伤，你会记得事件的经过，却忘记了它们发生的时序。参见达马西奥（2002 年，第 66~73 页）。

18. 当我们感觉生存受到威胁时，情绪会延缓我们对时间的感知。“一分钟被拉长了，感觉好像十五分钟。”克劳迪娅·哈蒙德指出（2002 年，第 25 页）。例如，新手跳伞时往往会低估其他跳伞员的下落时间，同时高估自己在天空中花费的时间。当我们的生存受到威胁时，感知时间就会变慢。这有助于解释为什么在战争地区和创伤性生活环境下生活的人们会觉得他们的苦日子永远没有尽头。

19. 恐惧和时间膨胀之间的这种关系已经在实验室实验中得以再现。在一项研究中，神经学家大卫·伊戈尔曼邀请受试者们去游乐园玩，在那里他们爬上一座 45 米高的塔，然后自由落体式下落——头朝下，而且没有安全带——落入下面的一张网里，纵身一跳到落地差不多需要三秒钟。毫无疑问，这样的体验令实验参与者大为恐惧，当他们重新踩在坚实的大地上时，有一个问题在等待他们回答：这次垂直下落用了多长时间？然后，在看着别人跳下后，他们又被问了另外一个问题：那个人跳下用了多久？平均来说，受试者估计自己下落的时间比他们从地面观察到的下落时间要长 36%。在他们跳落的过程中，受试者的恐惧感已经使时间看起来好像在放缓、延长。

关于时间延展性的研究有一批饶有趣味的文献资料，当然范围更加宽泛一些。适合初学者的部分文章是加德纳（1967 年）、惠特罗（1972 年）、麦克塔格特（1908 年）、丹尼特和金斯伯尼（1992 年）、约翰逊和尼什达（2001 年）、安格里利等（1997 年）。

20. 几乎任何情绪都可以扭曲你的时间感和空间感，甚至爱情也可以。理查德·怀斯曼曾在伦敦国王十字火车站待了一天（2009 年），接触独行客以及情侣或夫妻，拥抱并问他们：“对不起，请问是否愿意参加一个心理学实验？从我刚才说‘对不起’开始，过去了多少秒？”怀斯曼发现，在接受拥抱的对象中，那些成双入对的人显著低估了已经过去的时间。

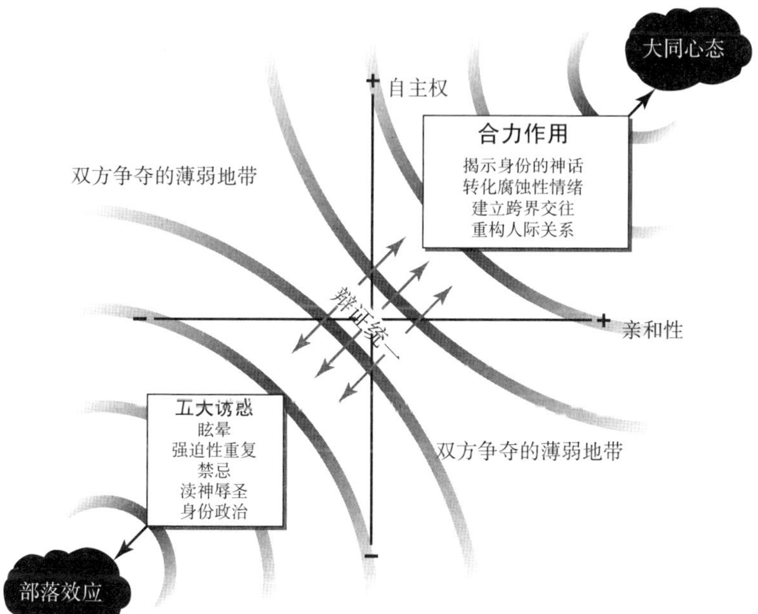


21. 我们可以通过对关系身份的具象化描述来理解眩晕的动态过程：

（1）你的关系身份存在于一个关系场之中。所谓关系场，是指你在一种交互关系之内的空间和时间体验。你在这个场内的位置始终与他人相对。在冲突中，你将从对你有利的角度体验时间和空间的变化，你的对手也一样。你可能会感觉时间过得飞快，而他们可能会觉得时间过得很慢很慢，这些都取决于你们对自己在场内位置的感知。

（2）每个关系场都会造成时间和空间的扭曲。你陷入其中任何一个，都会在眩晕的作用下迷失时间和空间。

（3）陷入其中的强度取决于“情感引力的局部强度”。身份的五大神圣支柱位于你关系场中的特定区域，而这些区域的情感引力的局部强度较高。如果有人冒犯任何一根支柱，他们就会遭受强烈情绪反应的打击，因为你很可能会很快陷入这一时间和空间扭曲的区域。受情感引力的强度影响，这些冲突会使你的情绪较为沉重，心理时间会感觉比时钟时间快得多。

（4）你的身份其他不重要的部分位于关系场的其他区域，这些区域的情感引力局部强度较低。所以，即使任何这样的区域发生扭曲，你也不会迅速陷入其中，强度也不那么大，因此你的冲突也不会让你觉得心情沉重。在心理时间和时钟时间之间几乎感觉不到差别。

（5）当你位于情感引力较高的区域，你对改变自己的行为模式将会抗拒得多。你会感觉“卡”在你的行为模式里，同时引力不断把你向下拉。当敏感问题出现，而你又觉得受到威胁时，你就处在关系场中情感引力局部强度较高的区域里了。

22. 大卫·伊戈尔曼教授进行的研究显示，反复刺激的持续时间显得比同等时长的新刺激要短，这表明新体验可能会延缓我们内部的时间感（伊戈尔曼和帕瑞亚达斯，2009 年）。

23. 在眩晕状态下，你会经历短暂的时间。

24. 参见赛贝纽斯和柯伦（2001 年）。

25. 同上。

26. 参见沃尔坎（2004 年）

27. 参见伊格纳季耶夫（1997 年）。

28. 我关于未来记忆的见解基于大脑中记忆的工作方式。虽然大多数人的生活时序是过去—现在—未来，但却没有充分的证据表明大脑一定要将这些经历按时间顺序归纳分类。事实上，大脑对生活经历有许多不同的分类方式：有些记忆更容易通过情感意义、创伤性影响或者同一事实的重复和熟悉来激发获取。同时，还有其他一些因素会扭曲信息存储的时间顺序。以源头性失忆为例，这种病症的患者不能回忆何时、何地或者如何获得具体的记忆。导致这种失忆症的机制有许多种，从阿尔茨海默病和额叶损伤到徒劳地尝试存储每次感知到的刺激。此外，伊丽莎白·洛夫特斯教授（2005 年）已经表明，记忆是可塑的：误导信息可以很容易地植入我们的思想中，使我们把不实之事当作真事“记住”。

因此，我们可以对未曾发生也绝无可能的结果形成确定记忆。而对未来形成这样的记忆可能要比过去的记忆更有害，因为可以很确定地说，它会威胁你生存的基本结构，推动你采取先发制人的行动助长冲突。因此，有关未来事件的记忆肯定会使未来的事件更有可能发生，而且这个事件会被你看作和感觉它就是既成事实。虽然未来事件永远不可能像过去事件那样看得一清二楚，但对可怕未来的根深蒂固的记忆能够提高该事件实际发生的可能性。从这个意义上说，过去可能并不是未来最好的预言者，我们对未来的回忆才能更好地指示冲突的行为模式。当我们认为自己受到了迫在眉睫的威胁时，对可怕未来的记忆就促使我们采取行动。

29. 正如电击震荡可以改变你的意识体验，关系上的震荡（当头棒喝）也能改变你的关系意识体验。这是必要的，因为眩晕会把你包裹进一个静态的情感僵局中：你在冲突中陷得越来越深，而且看不到出路。因此，关系上的当头棒喝是一种切换到元框架（meta-frame）的战术，可以拓展你对自身主体性的看法。对关系进行当头棒喝是一种切实可行的方法，可以实现社会心理学鼻祖库尔特·勒温认为的对化解冲突必不可少的目标："解冻"僵局。我的同事罗尼·海菲茨和比尔·尤里探讨了另一个切换到元框架的策略：想象自己站在一个阳台上，观察冲突中的自己。

30. 在谈判中搞突然袭击是有风险的。虽然萨达特的耶路撒冷之旅对埃以关系投下了一枚震撼弹，发挥了建设性的作用，但他的行为也为埃及和阿拉伯世界带来了巨大的消极后果，开罗的政治影响力以及阿拉伯国家的团结意识都受到了削弱。

31. 这一事例取自真实案例，细节已做更改以保护相关当事人的权益。

32. 这句话引自时任美国中东特使的丹尼斯·罗斯。更加完整的表述是："在这种时候，我通常关注的是，如果恶性循环已经形成，你必须要找到一条出路，给大家一个理由退后一步，停一停，想一想，这样才能避免事态继续螺旋式发展以致失控。这就是当时发生的事，所以我们大体上就产生了一个想法，我们应该把他们带到这里来。"参见罗斯（2002 年）。

33. 打破眩晕往往需要一个过渡环境，为双方提供空间和时间，让他们可以研究是哪些因素一直把他们笼罩在眩晕之中，以及克服它会有怎样的感觉。相关思路请参见皮泽（1998 年）。过渡环境不仅可以包容有毒情绪的宣泄（拜昂，1967 年），还为信任关系创造了基础。这正是营造一个以共同安全为基础且各利益相关方接受其合法性的过渡环境非常重要的原因。

34. 参见怀特（1998 年）。

35. 参见王尔德和埃尔曼（1969 年，第 389 页）。

36. 负面情绪具象化一个很好的例子来自心理治疗师罗莎蒙德·斯通·赞德。她为一对处于分手边缘的夫妇进行治疗。妻子对于丈夫遇事总往后缩的习惯愤怒不已，并指责丈夫不爱她。罗莎蒙德脱口而出："你这么干谁会爱你？"她被自己说的话吓了一跳，赶紧往回找补："不是说你说什么……是别的东西。报复。报复在用你的声音说话。它是一只怪兽，坐在你的肩膀上，不管怎样它都要把你丈夫打倒，哪怕在这个过程中把你毁掉也在所不惜。"罗莎蒙德注意到，那位妻子现在"尝到了恶性循环的苦果，她（妻子）不得不把自己粗暴的行为归咎于她的丈夫，只有这样才能让自己保持理智，而报复的怪兽在庆祝自己的胜利"。（赞德和赞德，2000 年，第 189 页）。

## 第 6 章　对强迫性重复说不

1. 节选自伯勒斯（1993 年）。

2. 引自卓别林的电影《摩登时代》（1936 年）。我是通过大卫·基特隆（David Kitron）（2003 年）有关强迫性重复的一篇期刊论文知道这段电影情节的。

3. 参见弗洛伊德（1920 年）。

4. 弗洛伊德着重介绍了强迫性重复的力量，它让"人们的所有人际关系都以相同的结果告终：例如在一段时间之后被他的每个门徒愤怒地抛弃的恩主，无论徒弟们相互之间会有多么大的不同……或者是遭到朋友背叛，友谊彻底告吹的人；又或者是在其一生中不时把其他某个人抬举到具有巨大私权力或公权力的位置，然后又经过一段时间，由他自己出面将那一权威颠覆，用新人取而代之的人；再不然是与每个女人都经历同样的火热情史又都以同样的结局收场的情人”（1920年，第16页）。

5. 弗洛伊德认为，重复不正常行为的强迫性受到渴望寻求释放的驱使（1920年）。这让人想起雅各布·莫雷诺的“饥饿行动”的概念，即患有精神疾病的人在心理剧治疗时感到一定要重演过去某个特定场景（莫雷诺和莫雷诺，1946年）。

6. 我认为，我们拒绝改变我们的冲突性行为有三大原因：习惯、功利性和身份识别。

（1）习惯。这是拒绝改变的首要原因。每次丈夫批评他的妻子，妻子都会用批判性反驳予以还击。夫妻俩对这种互动想都不用想，一切都是自然发生。习惯是单纯的刺激与反应关系。这种习惯可能会造成夫妻之间的敌意，但这不是习惯的责任。它的出现不是为了讨好你、奖励你或者惩罚你。它只是把刺激（丈夫的批评）和反应（妻子的反驳）结合在了一起。做的次数越多，习惯就越顽固。我们拒绝改变我们的行为、思想或感情，仅仅是因为“我们一直都这么做”，所以现在我们也要这么做。

习惯可以是有益的，也可以是有害的。刷牙是不错的习惯，吸烟则有害。你的一整套习惯把你的生活包装成现在这个样子，而整个社会也是习惯塑造的结果。威廉·詹姆斯认为，习惯是社会“最保守的作用力”，使我们保持在“传统习惯风俗的限度之内”。他指出，习惯“把富家孩子从饱含嫉妒之心的穷人的暴动之中拯救出来。仅凭一己之力，就使得最艰苦和最受人排斥的行业不至于被其所供养的人们所遗弃。它使渔夫和甲板水手一冬天都待在海上；它让矿工待在黑暗中，让农民在漫长的雪天固守自己的小木屋和寂寞的农场；它保护我们不受沙漠和严寒地带的原住民侵袭”（詹姆斯，1917年，第142页）。

（2）功利性。如果我们从目前的行为模式中获得好处，我们也会抵制变革。如果吸烟能够让我的祖母消除对于死亡的深深焦虑，为什么她还要戒烟？如果政治叛徒杀戮他眼里的“肮脏的虫子”能够维持其政权，为什么他要停止目前的杀戮行为？功利性意味着我们从行为、情感或思想的重复中得到实实在在的个人利益。可能会有道德的或健康方面的充足理由来停止这些行为，但是这不是功利主义者关注的重点，他们的算计是基于不道德的成本收益分析。短视的功利主义者——在高度情绪化冲突中，有许多人属于这类人——甚至都不会考虑拿我们目前的行为模式与可能更富有建设性的行为模式进行比较，权衡两种模式的成本和收益。我们问自己的问题不是“我是应该继续战斗还是谈判？”而是“战斗的收益是否大于成本？”如果是，我们继续战斗。

心理学家使用“功能分析”这个术语来描述让个人重复某种行为、思想或感情模式来寻求获得个人收益的过程。从本质上讲，功能分析评估了我们可以从乍一看不正常的行为中获得的个人收益。为什么一对夫妇会日复一日为一些琐事吵个不停？或许是丘比特的爱情之箭射错了人，但更有可能的是，他们的冲突能够提供更深层次的功能用途：每次他们吵架的时候，他们都能把心中的不满宣泄出来，然后感觉更加亲密。这可能是因为，对于某些夫妻来说，激烈的冲突提供了更大的合理效用。

（3）身份识别。我们隐藏最深的阻力，同时也是强迫性重复的动力源泉，就来自我们感知到的需要改变一部分真我的压力。强迫性重复可能孕育于习惯和功利性，但其核心却是对与他人交往的某一特殊方式的识别。对你身份的威胁促使你重复此前曾经保护过你的行为模式。你会通过典型的下意识努力一遍又一遍地上演这一模式，讲述这一情感驱动的故事，来保护你的身份免受伤害或毁灭，无论这种行为会对你的实际生存造成多么可怕的影响。

7. 参见拉塞尔（2006 年）。另外参见丹尼斯·沙尔，她提供了支持强迫性重复观点的神经生物学证据。她认为，童年的经历会对脑组织和化学产生影响——从突触的位置到基本程序记忆——为以后的学习、认知和行为提供了一层过滤保护。我们可以基于由此形成的大脑机制和杏仁核等组织之间的关系，并在肾上腺素、多巴胺和催产素的支持下重复早年的行为模式（沙尔，2003 年）。

8. 参见拉普兰彻等（1973 年，第 78 页）。

9. 保罗·拉塞尔指出："心理创伤与身体创伤一样，都会造成损害并且需要修复。联系的纽带，依恋的纽带，都必须重新创建。"（1998 年，第 45 页）

10. 我们的大脑安装着一套神经学家称为"自联想神经网络"的系统，在我们的大脑中存储着许多记忆模板，使我们能够只通过只言片语的信息就获得事件的全貌。现在，让我们假设我和邻居在房产的合法边界上陷入了冲突。我们坐下来"把它谈清楚"，但就在我们这么做的同时，我的脑海里不自觉地取出一块颇有年头的关系模板来，那是我和高中时代某个火气旺盛、目中无人的橄榄球明星的关系模板。这块模板——自联想神经网络——产生了两个强大的效果。首先，我会用这块旧模板自动填补我邻居的任何含糊之处。不管我的邻居是不是一个火气旺盛的家伙，我都会马上把他的每一句话和每一个行动贴上负面意图和傲慢的标签。如果他的开场白是"我很高兴我们能见面"，我可能就会想，"他明明在说，把我哄高兴了好来操纵我"。其次——这正是我们的心态变得非常扭曲的地方——我忽略现实的差异，并将其视为"噪声"。一旦自联想神经网络启动，我的头脑基本就对不属于这块模板的例外情况视而不见。我的邻居可能会接受我的要求，对我的委屈抱以同情，但我看不清他的意图。我满眼都是他的傲慢行为，而且因为我待之以傲慢，他就会变得傲慢。我把他看作对手，结果我就真的创造了一个对手。

弗洛伊德（1920 年）推测，强迫性重复可能并不源自生存本能，而是对死的抗拒性本能，是"有机生命恢复一种早前状态的冲动"。因此，重复的目的是控制死亡本能的破坏本能。

11. 参见拉塞尔（1998 年）。

12. 我的一个学生指出，《圣经》呼吁关注这一现象。《马太福音》7：3 所述："为什么看见你弟兄眼中有刺，却不想自己眼中有梁木呢？"

13. 保罗·拉塞尔指出，强迫性重复"让人感觉鬼气森森……似乎有一种强大的阻力在发挥作用，阻挠所有学习预见、避免或改变痛苦重复的努力。强迫性重复是阻挠教育的"（1998 年，第 2 页）。

14. 这与保罗·拉塞尔有关强制性重复的理论是一致的。强迫性重复是对情感伤害（创伤）的反应。创伤使我们面临两条路径。我们可以：（1）成长，并掌握住我们受伤的情感；（2）回避学习新的生活方式，继续卡在强迫性重复中。强迫性重复凭借其情感关联性，“刻画出的正是尚未解决的关系问题”，例如感觉被遗弃、不称职或毫无价值（1998年，第46页）。

15. 保罗·拉塞尔指出，当人们“从自身角度完全确信这是发生在当下，而且完全由当下所决定的一个新的事件”时，就出现了强迫性重复（2006年，第41页）。

16. 参见拉塞尔（1998年）。

17. 弗洛伊德认为重复是一种防御机制，是抗拒不满足、失望和被忽视等情感的方式。我们反复尝试改变自己来解决这种不足感。

18. 摆脱强迫性重复需要一次艰难的内部谈判。保罗·拉塞尔指出，“唯一能够起到（改变强制性重复）作用的就是谈判，即对于这一次事情是否一定要照老样子发生进行谈判”（拉塞尔，1998年，第111页）。换句话说，你是重复过去——再次付出全部代价——还是努力争取一个更加理想的未来？解决这个两难问题，需要进行一次艰难的内部谈判。

19. 正如拉塞尔指出的那样：“强迫性重复是一份危机邀请函。重复可以单独发生，但危机不会。”（1998年，第20页）我的TCI模型与阿尔伯特·艾利斯有关认知行为治疗的ABC模型具有很多的相似之处。ABC模型帮助人们处理情感困扰，识别激活事件、行为和后果。两个模型的一个主要区别是，艾利斯的模型专注于离散行为，而TCI模型注重纷争循环。

20. 欲了解更多关于躯体标记的信息，参见达马西奥（1994年）。

21. 摆脱强迫性重复的一个关键策略，是“掐灭点燃大火的火花”：要能够意识到在进入强迫性重复之前自己的行为意图。在你的行为表现出某种行为模式与你控制其显露出来之间，是有一个时间间隔的。这个时间间隔就是一个变量，我将其称为“间隔空间”，而这也正是你打破下意识重复模式最有力的时候。在一项著名的研究中，神经学家本杰明·利贝特（Benjamin Libet）要求受试者看着表，在自己想要移动手的时候移动自己的手，然后记录下他们决定移动手的准确时间。同时，受试者还使用脑电图测量脑电波的活动情况。利贝特确实发现，脑电波图形偏折发生的时间，要比受试者注意到他们决定移动手的报告时间提前大约0.5秒。

22. 强迫性重复是一种抗拒改变的情感力量。为了抵消它，你需要克服自己抗拒改变的阻力，而这会让你感觉很不自然。

23. 这个例子和下面的内容摘自拉塞尔（2006年，第39页）。滑雪例子改编自他的论文。

24. 同上。

25. 你需要自我力量来正视强迫性重复的诱惑，同时又不屈服于它。比较矛盾的是，你要在改变的同时保持不变；你要摆脱强迫性重复，同时又不能改变自己的核心身份。关于自我力量对于忍受这种悖论的重要意义，请参见拉塞尔（1998年，第12页）。

26. 这些问题都改编自拉塞尔（2006年，第39页）。

27. 参见詹姆斯（1899年）。

28. 同样，反酗酒专家约瑟夫·C. 马丁（Joseph C. Martin）神父警告说："小心防范任何不加防范的时刻。"

29. 罗纳德·费希尔教授和赫伯特·克尔曼教授描述了在促进塞浦路斯冲突双方对话过程中一次类似的经历。土族塞人拒绝向建设和平迈出一步，因为害怕过去的创伤事件会重演。费希尔和克尔曼促进了讨论，让双方都承认对方的历史创伤，并保证这样的行为永远不会重演。现在，参与各方已经开始讨论各种合作活动了（费希尔，2010年）。

## 第7章 正视禁忌

1. 参见索贝尔曼（2010年）。

2. 社群在规模上可以小到一个二人组合（如夫妻），大到一个庞大的群体（如一个社会）。

3. 拉德克利夫–布朗（1939年）对禁忌的概念进行了明确解释："在

波利尼西亚语中，这个词的意思很简单，就是‘禁止’‘被禁止’，可以用于描述任何类型的禁令。一套礼仪规则，由酋长下达的一项命令，一项禁止子女染指长辈财产的禁止令，都可能被使用‘tabu’这个单词来表示。”

虽然 R. D. 莱恩进一步描述了禁忌的社会困境，但是他没有明确地使用“禁忌”这个词。他描述了家庭如何让某些事情成为禁忌；甚至连谈论这项禁忌都成为禁忌，结果导致在一些推动家庭关系变化的事情上产生了一种双重困境：“整个家庭表现出一致的抗拒性，不愿意了解正在发生什么事情，而且还设计了复杂的计谋来让所有人处于懵懂无知之中，甚至让大家对于自己处于懵懂无知的状态也懵懂无知。如果我们不被禁止这么做，如果我们不被禁止意识到我们被禁止这么做，我们本可以对于正在发生的事情知道得更多。”（1969 年，第 77 页）

4. 禁忌的含义是一种社会性架构，而且一定要结合具体的环境背景来界定。换句话说，禁忌的边界究竟在哪里，不同类型的关系以及不同性质的手头问题给出的答案是不一样的。菲斯克和泰罗克总结了四种关系（社区共享、市场交换、权威排名以及平等匹配），并假设“人们会认为权衡取舍是自然的，可以理解的，只要不触及相关关系结构所定义的对社会有意义的关系和操作的限制即可”。超出这个限制，权衡就会触犯禁忌。他们提供了一个例子，某个情人说：“我想要更多的吻。如果你加倍吻我，我就会加倍抱你。”他们认为，这种权衡似乎是错误的，因为它用基于市场交换的关系来处理基于共同分享的关系。具体什么是禁忌，在不同类型的关系中，其规范也是不一样的。

菲斯克和泰罗克认为，不同类型的关系之间的冲突——比如服务社群的义务与服从权威的义务之间——尤其紧张：“如果你要去看望你病危的母亲，这要求你必须离开你的战斗岗位，让你所在的部队蒙羞，你还会去吗？如果你发现母亲在战争期间充当了敌人的间谍，你会把她的叛国行径报告给当局吗？你最好的朋友当年为了保护你不惜犯下滔天大罪，你也要这样做来保护他吗？”

菲斯克和泰罗克的困境具有很强的情感冲击力，因为他们质疑的就是我所说的“部落的根本禁忌”：背叛你自己的身份群体。这些困境迫使你厘清忠诚的界限以及你愿意为这些忠诚做出牺牲的程度。最终，这些问题都会摆在你的面前，迫使你做出决定，判断你到底将什么奉为最神圣的东西。参见菲斯克和泰罗克（1997 年）。

5. 著名社会心理学家李·罗斯和理查德·尼斯贝特强调了社会心理学鼻祖库尔特·勒温的一个重要观点：“当试图使人们改变做事的习惯方式时，反而是那些非正式的同辈群体施加的社会压力和约束力成为必须克服的最顽固的阻力，同时也是可以用来实现成功的最强大的诱导力。”（2011 年，第 9 页）

6. 我猜想，禁忌的情感监护人是恐惧和羞耻。我们对打破禁忌之后造成的政治、社会、物理或经济后果感到担心，我们也害怕受到社会排斥的耻辱感。

7. 斯坦利·沙克特教授发现，群体在重要问题上可以容忍一定程度的偏差，但超出这个范围的越轨行为就会遭到整个群体进行社会性的排斥或驱逐（沙克特，1951 年）。

8. 禁忌是一种保守的社会机制。没有人喜欢被自己所在的社群羞辱或视为异类，所以，禁忌就为可以接受的行为设置了社会底线。如果你触犯了禁忌的红线，你就要冒受到羞辱或被视为异类的风险。然而，禁忌所维护的并不总是那些服务于共同利益的价值观。在 2009 年 10 月 7 日与某个领导力培训班拜访美国国务院期间，我们与刘易斯·德巴卡大使会面，他谈到了禁忌往往把我们沟通的核心含义藏了起来，让我们找不到事情的真相。他指出，社会更喜欢使用性暴力这个词来代替强奸，用贩卖人口来代替奴隶，用家庭暴力来代替谋杀。他赞成对禁忌语言要敢于面对，不能受其左右，并认为这一点非常重要。

9. 精神分析学家 R. D. 莱恩对人们把自己陷进去的“死结”进行了描述，借此来说明什么是禁忌。“他们是在玩一种游戏，一种假装没在玩游戏的游戏。如果我告诉他们，我看穿他们了，我就打破了规则，他们就会惩罚我。我必须也跟他们一起玩，假装没有看穿这是一个游戏”（莱恩，第 1 页）。他的见解对解开加剧破坏性冲突的“死结”颇有帮助。

10. 泰罗克称此为“只想不做效应”。他的理论认为，人们相信，你在一项禁忌权衡上考虑的时间越长，他们就会对你产生越强的道德义愤。参见泰罗克等（2000 年）。

11. 这在阿富汗、索马里和巴基斯坦都确有其事。参见 BBC 的文章（2005 年 5 月 11 日）。

12. 朝鲜领导人金正恩在朝鲜一次篮球表演赛上首次见到丹尼斯 · 罗德曼，他们迅速建立起朋友关系，罗德曼后来将金正恩称为“一生的朋友”。参见西尔弗曼（2013）。许多美国人都听到了罗德曼的观点和想法，“罗德曼是傻子吗？他一定是！”甚至 CNN 也贴出一篇题为《朝鲜：丹尼斯 · 罗德曼眼里的现实与世界》的文章（列弗，2013 年）。但这恰恰表达了我的观点。禁忌限制了我们的思维，限制了我们对于在冲突中能够说什么或做什么的认识。

13. 这个故事取自丹 · 比莱弗斯凯于《纽约时报》上发表的一篇精彩报道（2007 年 11 月 11 日）。

14. 在刊登于《纽约时报》的一篇报道中，筹集资金委托竖立雕像的 28 岁的本地摄影师博扬 · 马尔切塔说：“20 世纪 90 年代的战争或前南斯拉夫的战争中没有人值得纪念，因为我们所有的领导人都阻止我们进步……我们这一代人找不到榜样，所以我们不得不去别处看看。好莱坞可以提供答案。”

15. 参见 *Metro* 文章“Rocky to knock out disaster news”（2007 年 2 月 7 日）。

16. 有关在接触禁忌之后自我净化的概念至少可以追溯到库克船长远航太平洋的时代。他指出：“向某位大人物致敬，就会产生禁忌，但它很容易洗掉。”参见库克（1785 年）。事实上，许多宗教都有净化仪式，如基督徒可向神父忏悔，神父会以上帝的名义赦免其罪。有关净化过程的心理分析，请参阅泰罗克等（2000 年）。

17. 这些问题均节选自斯坦福大学心理学家厄文 · 亚罗姆的著作（1985 年，第 147 页）。

18. 库尔特·勒温教授（1948 年）在其于 Maccoby 等的章节中强调了“掌门人”的重要性。掌门人拥有巨大的权力。例如，如果你想影响某个组织一把手的决定，明智的做法也许是与他最信任的知己讨论此事。

19. 曼德拉（1999 年）。

20. 同上。

21. 一项历史性的协议因何具有历史性的意义？因为它打破了禁忌。曼德拉证明了这一点。他鼓起勇气，打破了长期以来在促进种族平等方面的禁忌——他改变了历史。如果不打破禁忌，最后胜出的可能就是强迫性重复了。

22. 哈佛大学社会心理学家丹尼尔·吉尔伯特（2005 年）对情感预测的研究表明，我们并不擅长预测我们未来的幸福水平。为了对打破禁忌所产生的影响有更加丰富的认识，一种方法是征求值得信赖的朋友或同事的意见。

23. 这部分内容基于经济学家肯尼思·博尔丁的著作，他把这些默契的约定称为“消极社会契约”（1978 年，第 16~17 页）。他指出，“禁忌底线”界定了那些“在物理上可以做到，但是超过了我们心理承受极限的事情”。对有些事情来说，比如毒贩之间的交易活动，禁忌底线就很不幸地允许各种暴力行为。

24. 博尔丁主张将战争与和平之间的差异归结为禁忌。在和平时期，美国可以轰炸任何一个与其有争端的盟国，却克制自己不这么做，因为这是一条禁忌：“交战方和非交战方的本质区别是什么？这个问题的基本答案似乎可以在有关各方的禁忌体系的性质中找到……从交战方的观点来看，从和平向战争的过渡基本上就是禁忌底线位置的过渡。有一大批行动，在和平时期属于禁忌，但在战争中却不属于禁忌。”

博尔丁接着指出，各方的自我形象至关重要：“福特汽车公司可能会遇到来自通用汽车公司的激烈竞争，但福特汽车公司的董事们可能根本就没有想过暗杀通用汽车公司的董事并炸毁他们的工厂，而且在董事会会议上是否真的表达过这种想法，也是非常令人怀疑的，这完全是因为福特汽车公司的自我形象根本不会允许这种行为，即使它有实际上的可能性。”他最后警告说：“当然，自我形象会在压力下发生变化，而且在缺乏压力的情况下，它们同样会发生侵蚀乃至变化。”

同样，即便美国总统与教皇在许多重大政策上意见不一致，禁忌也会使美国轰炸梵蒂冈成为一件不可想象的事。不幸的是，许多悲剧性的暴力行为，例如还在上学的孩子遭到大规模屠杀或在战争中使用化学武器，会将禁忌底线向消极的方向拉伸，让禁忌失去其限制作用，让这类行为成为少数不稳定分子认为可能的选择。一种解决办法是重申建设性的禁忌底线（“我们不会容忍这种不人道的行为”），尽可能将这些底线落实下去，并通过掌门人将这些已经修改过的禁忌底线在肇事者所影响的社区内法律化。人类学的证据也确实记录下了反对暴力的禁忌对于那些致力于构建和平的社会所具有的重要意义。参见弗赖伊（2006 年）。

25. 禁忌往往能从那些在社群中拥有结构性权力的人或团体那里获得力量；禁令阻止了威胁社会权力结构的行为。

26. 参见博尔丁（1978，第 16~17 页）

27. 即使是国际关系的稳定也取决于禁忌。例如，国际法没有最终的强制执行机制——因为没有一个统一的全球政府，这意味着违犯国际法的禁忌，连同由此导致的全球社区内部的社会疏离，成了重要的执行机制。

禁忌也是身份政治的工具。如果一个国家的总统宣布任何对其军事干预的质疑都是“不爱国”，也就是规定了一项禁忌。当然，民间组织可以发起回击，宣布军事干预本身“不爱国”。现在，关于哪些应该视为禁忌就出现了冲突：军事干预，还是对它的质疑。

参见世界经济论坛关于 2008 年中东峰会的报告。

28. 同上。

## 第 8 章　尊重神圣，不要亵渎

1. 哲学家米尔恰 · 伊利亚德认为，神圣是具有特殊意义的，因为它包含了所有的“现实”：神圣是我们价值观的源泉。我们面对道德困境时，需要依靠神圣价值来决定我们前进的道路。如若有人攻击我们视为神圣的事物，就是威胁我们的现实基础。

渎神辱圣是对自主权最严重的侵犯。例如，政治心理专家罗伯特·杰伊·利夫顿探讨了在美国世界贸易中心遭受“9·11”恐怖袭击后不久，中东爆发了强烈的反美情绪，而部分原因竟然是向包括沙特阿拉伯在内的中东“各个圣地派驻”美军士兵。参见利夫顿（2001 年 9 月 17 日）。

2. 泰罗克和他的同事对神圣价值的定义是“一个道德共同体含蓄或明确地将其看作拥有无限或超凡意义的任何价值，任何既有或世俗价值都无法与之相比、权衡或实现任何其他形式的交融”（泰罗克等，2000 年，第 853 页）。与我的理论类似，泰罗克及其同事指出，神圣价值有着无限的效用，因而不能交易或损害。

神圣对我们的存在体验有着独特的影响。鲁道夫·奥托介绍尊崇神圣的心灵体验，称其为“超自然的意识”。这是一种“非理性的、非感官的体验或感受，其主要和直接对象都独立于自我而存在”。这种意识有两种截然不同的感受，一种是谜之向往（mysterium fascinans），令你被圣洁对象所吸引的迷恋感；另一种是谜之敬畏（mysterium tremendum），对对象的帝王权威产生的强大的恐惧感（1917 年）。

神圣有哪些功能？考虑以下几种可能性：

（1）在心理层面上，我们对于体验超凡情感都有一种天生的承蓄能力（innate reservoir）——一种基本的需求。神圣唤醒了这些情感，使我们能够超越平凡存在的边界，在面对一种更高的权力、一段极为重要的关系或者与我们信奉为神的任何事物的感情连接时，承认我们的谦卑。同样，神圣可以使信徒产生对全知全能（omnipotence）的下意识信仰；建立对身份、连续性和凝聚力的主体和主体间的意识；以及为处于焦虑期的人员和社群提供宽慰和安全感。（参见拉莫思，1998 年）

（2）在社会学层面，神圣可以源自无法解释的集体亢奋精神，涂尔干将其称为“欢腾”（effervescence）。

（3）在神学层面，有影响力的神学家保罗·蒂利希的理论是，神圣（特别是宗教）消除了人类对损失和灭绝的根深蒂固的焦虑感。他认为，没有任何治疗方法能够消除这些恐惧。

3. 涂尔干（1912 年）假定，“我们绝对不能简单地将神圣事物理解成那些被称为神或精灵的人格存在；一块岩石、一棵树、一枚卵石、一段木头、一所房子，简言之，任何事物都可以成为神圣的事物”（第 52 页）。他将神圣视为“一个用禁令将其与其他事物隔开的对象”。

4. 任何东西都可以被视为神圣的，这就是一个信徒们相信什么的问题。学者们把这一原则牢牢记在心里，对一些政治冲突进行研究，这些冲突涉及传统上被认为本质上合理的决定。相关示例参见德赫加尼教授等人对伊朗核计划谈判的分析（2009 年）。

5. 有一本古老的奥义书是这样描述神性（divine）的：“面对落日之美，山峦之秀，你停下来发出‘啊’的赞叹。这时，你就融入了神性之中。”（坎贝尔和莫耶斯，1988 年，第 258 页）。

6. 神圣事关整体的不可分割性，无论会得到什么样的后果。然而，神圣本身并非完全不可分割。人类在重塑意义和调解矛盾方面拥有非凡的能力。例如，一位精神领袖可以重新诠释神圣的经文，从而重新定义社群对不可侵犯的理解。

7. 爱米尔·涂尔干（1912 年）对两个世界进行了对比：（1）世俗世界，这是日常生活的平凡经历；（2）神圣世界，其中包括各种被分隔、被禁止的事物。他认为，宗教起到了将这两个世界分隔开来相互独立的作用。

8. 参见 the *Iran Data Portal* (2015) at Princeton University. Website: https:// www.princeton.edu/ irandataportal/ laws/supreme - leader/ khomeini/ rushdie- fatwa/.

9.《纽约时报》记者问拉什迪，如果其他作者遇到类似的威胁时他有什么建议。拉什迪回答说：“不要妥协。这是一个知道你是谁、为什么你做了你所做的问题。”

10. 当一方赋予冲突神圣的意义时，另一方也会有同样的倾向。例如，恐怖分子以神圣的语言构思了“9 · 11”事件，包括本 · 拉登向美国宣战；而美国领导人则用生命、自由和美国的神圣价值观来构思他们的反击。

11. 这个例子来源于迈克 · 图伊在 1999 年 5 月 31 日发表于《纽约客》的一幅经典漫画。一对夫妇参加一个聚会，进门后递给主人现金，说：“我们没时间去买酒，这是酒钱，是我们该花的。”

12. 巴伦和斯普兰卡是最早研究神圣价值观在人类决策中的作用的两位研究者。他们把神圣价值称为“保护价值”，并将其视为与经济价值背道而驰。他们发现了五个与权衡抵抗性相关的属性：数量不敏感、代理相对性、道德义务、对权衡的想法的愤怒，以及通过一厢情愿的想法否认权衡取舍的必要性。他们关于“数量不敏感”的观点与我在本章前面所提到的观点有关，即对神圣价值的一个小小的冒犯也会产生巨大的情感影响。参见巴伦和斯普兰卡（1997 年）以及斯科特 · 阿特朗和罗伯特 · 阿克塞尔罗德（2008 年），他们阐明了神圣的人数不敏感，他们注意到军队经常冒着生命危险去拯救一些士兵，并以此为神圣的职责。

菲利普 · 泰罗克认为，对神圣价值观的冲突更有可能导致艰难的讨价还价和僵局。泰罗克及其同事（2000 年）提供了经验证据，证明对神圣价值的威胁会激起道德愤慨和认知僵化。艰难的讨价还价策略变得更有可能。通过将冲突重新定义为不是为了神圣的价值观，而是为了“成本和利益”，人们可能能够改变或掩盖禁忌妥协中充满情感的本质。

为什么决议神圣不可抗拒？一个原因是，你不能使用传统的成本效益决策模型来衡量在神圣的价值冲突中的满意度。满意是随着时间的推移产生的，但在神圣的世界里时间是无限的。不存在短期或长期效用，价值永远是无限的。因为神圣被看作永恒的价值，对神圣的攻击往往会引起无情的、似乎不成比例的反应。

13. 图腾是我们视为神圣的事物，无论是一本书、一个物体还是神圣的文本。观察图腾可以深入了解人们在冲突中最为珍视的是哪些事物。

14. 有关你如何成为你自己的故事，我将其称为你的“起源神话”

（mythos of origin），因为它把你的身份之根与过去联系在一起。关于你的人生目标的故事，我将其称为你的“预言神话”（prophecy mythos），因为它将你的身份之根与未来联系在一起。

15. 以关于是否在学校教授进化论的争论为例。持不同意见的一拨人所坚持的起源神话认为，世界是由一个全能的神创造的；教授其他思想——哪怕是补充性的叙事——都会威胁到核心身份。但另一拨人认为，他们的起源神话基于这样一种观点，即人类并不一定是通过神的干预而以非常成熟的形态一下子出现在这个地球上的，而是随着时间的推移，在遗传生理和行为特征的作用下，经过优胜劣汰逐步进化到目前的结构和功能的。

16. 我创造了“身份的圣殿”这个术语，以此描述实际体现我们最珍视的信仰和价值观的神圣空间。

17. 约书亚·赫舍尔教授认为犹太人的安息日是对时间的神圣化，指出：“安息日是我们伟大的教堂。”

18. 巴泽曼、滕布伦塞尔以及韦德–本佐尼认为在谈判代表诉诸神圣时，有可能出现三种情形：（1）问题确实是神圣的。创造这个问题的人们声称问题本身不便公开讨论，也不能妥协。然而，在《渎神辱圣》这一章中，我认为即使是这类问题也是可以谈判的，你可以诉诸诠释学来试图重新诠释神圣的概念。你也可以用神圣的语言来表达自己的意见，并尝试调整你的信息使之符合它们的身份范围。（2）问题不是神圣的，而是包装成神圣的样子，以此作为达到目的的一种战术，一种手段。（3）问题是“虚圣”的——在某些情况下是神圣的，但并不是在所有情况下都是神圣的。详细内容，请参阅巴泽曼等（2008 年）。

在后续的研究中，滕布伦塞尔等人（2009 年）提供了证据，表明处在纠纷中的人们如果有特别好的退路，反而更有可能为神圣价值而斗争。因为在这种情况下，他们可以“承受得起”为了原则而采取行动。是捍卫神圣价值，还是弃之而去另谋出路，取决于当事各方对于争议问题的观点是温和还是极端。这些研究结果表明环境因素确实能够影响人们对于冲突形势是否涉及神圣价值的认知强度，尽管在我看来，也有一些问题是“神圣中的神圣”，与环境没有关系。

19. 伊利亚德认为，神圣不是构建出来的，它只向我们揭示它的本来面目（1958年，第7页）。他将神圣的这种展现称为“显圣”（hierophany）。一面旗帜对大家来说不过是一件织物，但民族主义者会将其作为神圣事物来对待。神话也是一个道理：对信徒来说，神话不仅仅是故事，还是显圣。

20. 菲利普·泰罗克和他的同事们提出了三种类型的权衡（2009年）：

（1）常规权衡：世俗价值与世俗价值的权衡。

（2）禁忌权衡：世俗价值与神圣价值的权衡。

（3）悲剧权衡：神圣价值与神圣价值的权衡。

在一篇饶有趣味的论文中，菲利普·泰罗克（2003年）研究了在面对禁忌权衡时如何避免损害道德界限而又能达成谈判解决的方法。例如，他指出，“有毒物质清理方面的效率专家可以将盈余专门用于通过其他方式来拯救生命，而不是归于一般性收入，从而免于禁忌权衡的责任”。于是，禁忌权衡就转变成为悲剧权衡。泰罗克还指出，并非所有禁忌都能接受修辞上的重新构造，“有些禁忌——堕胎权、种族主义，以及耶路撒冷或克什米尔的神圣国土——在某些历史关头会变得如此根深蒂固，以致提议妥协会让自己受到无法挽回的中伤”。（第323页）

当神圣事物面临危险时，象征性的让步（如一个毫无保留的、诚恳的道歉）可以提高妥协的机会。杰里米·金格斯、斯科特·阿特朗、道格拉斯·梅德林以及哈利勒·史加基等教授（2007年）进行了一项研究，显示当向就神圣问题进行谈判的人们提供实质性的奖励时，反而增加了对妥协的抗拒性；而如果只是提供给他们象征性的妥协，他们对妥协的反对则会降低。此项研究以巴以冲突为关注的焦点，研究对象均为直接受到冲突影响的人。

阿特朗和阿克塞尔罗德提出了涉及神圣价值的纠纷的应对策略，比如承认对方的神圣价值。这方面的一个范例就是，第二次世界大战结束后，人类学家鲁斯·本尼迪克特和玛格丽特·米德向美国政府建言，应该向日本天皇发出表示尊重的信号，从而降低崇敬天皇的日本人为了拯救天皇宁可战斗至死的可能性。

21. 参见拉兹（1986 年）。

22. 当冲突聚焦在神圣问题上时，人们往往不会进行具有指导意义的成本效益分析，而是以道德准则和直觉取而代之。金格斯等人（2007 年）对这一至关重要的区别做了进一步分析阐述。此外，研究人员还发现，象征性让步削弱了道德绝对主义者对和平协议的反对作用。

23. 再看两个禁忌权衡如何转换成悲剧权衡的例子。讲师莉莉·孔探讨了新加坡政府是如何收购并经常拆掉宗教中心（神圣机构），为建设公共住房、工业区和城市改造（世俗关切）提供空间的。政府通过将这种禁忌权衡（神圣关切与世俗关切的较量）重新定义为悲剧权衡（建筑的神圣性与公共利益的神圣性之间的取舍）来压制当地人的抗拒心理，主张收购宗教场所以及进行基础设施改建所创造的公共价值高于神圣建筑本身的价值。例如，孔曾经采访"一位卫理公会教徒，（他）认为，如果为了拓宽公路、缓解交通拥堵，不得不拆除一座宗教建筑，那这也是为了所有人的利益，正如一位基督徒所证：'我们应该为国家做些好事，不能总是先想到自己'。"（1993 年）

第二个例子则是关于以色列前总理阿里埃勒·沙龙的。正是他试图腾退以色列在加沙的定居点，将控制权交还巴勒斯坦人。国家安全委员会的一位高级成员后来对他的策略评论说："在（要被迫撤出加沙）定居者问题上，沙龙后来意识到他不应该指责他们浪费以色列的资金，让士兵冒生命危险，但那会儿已经太晚了。沙龙告诉我，他现在才知道，他本来应该进行象征性的让步，将他们称为需要再做一次牺牲的犹太复国主义的英雄。"（阿特朗等，第 1040 页）

24. 威廉·詹姆斯将神圣看作个体的属性，涂尔干则视其为"一种社会强制，是对社会的确认和维护并将个体与社会捆绑在一起"（科尔曼和怀特，2006 年）。换句话说，詹姆斯所侧重的是神圣"在个人的胸怀中成长壮大"的特点；涂尔干对神圣乃至宗教的看法则更为广泛，将其作为一项社会功能，为促使人们制定维护社会存续发展的共同价值观创造了一条强有力的纽带。

根据我的关系身份理论，共同的神圣信仰可以成为亲和性的源泉，将双方联系在一起。这与涂尔干有关神圣的公共职能的理论是一致的。然而，对神圣的信仰对你的自主权既有增强的效果，也有削弱的作用：当你对神圣顶礼膜拜时，你对它的神圣性的质疑自主权就受到了限制，但同时通过与神圣的无限价值建立联系，你又扩大了自主权。

25. 罗伯特·杰伊·利夫顿（1979 年）创造了“不朽象征”这个词，并提出了我们实现其意义的 5 种方式：生物不朽（我的肉体凡胎通过我的血脉后代得以延续不朽），创意（我的肉体凡胎通过我的作品得以延续不朽），神学不朽（我的肉体凡胎通过我的精神得以延续不朽），自然不朽（我的肉体凡胎通过自然得以延续不朽，“本是尘土，归于尘土”），以及超凡体验（我的体验带我超越了肉体凡胎的束缚）。

26. 有关成圣过程的详细描述，请参阅帕格门特和马奥尼（2002 年）。人们还普遍通过举办各种仪式、朝圣之类的活动创造神圣意义。

27. 参见萨达特（1978 年）。

28. 参见马奥尼等（1999 年）。

29. 当代全球社会也是一样，金钱诱导往往并不足以劝阻宗教极端分子的暴力行为。在某种程度上，我们其实更需要为那些被极端分子视为合法的宗教领袖搭建一个全球平台，由他们来谴责暴力，通过这种手段有效处理价值观导致的差异性。

30. 根据本·杜普雷的研究，原教旨主义的概念源自 20 世纪初兴起的美国基督教原教旨主义运动，其目的是回击“‘自由派’神学家的改革倾向……宗教原教旨主义有很多种，但都有一个统一的主题，即坚信在教导有关上帝（或诸神）及其与人类的关系的本质和基本真理方面，只存在唯一一套权威理论。神圣经文都是造物主的语录，绝对不能随意解释和批评。同样，包含在经文之中的道德禁令和法规也必须一字不改地遵照执行”。（2009 年，第 72~75 页）

我称之为“原教旨主义者”的身份范围涉及一种冲突解决模型，斯科特·阿特朗将这种模型称为“奉献行为者”模型。与理性行为者模型完全不同，这种模型描述的是那些愿意做出极端牺牲的人，这种牺牲并不在意成功的前景有多大，甚至牺牲之巨大与所获得的成功完全不成比例。这种奉献于某一集体的概念有助于解释那些参加我的部落练习的人的不理性行为，而这些行为用其他方式是解释不通的，例如，他们宁可为自己刚刚建立的族群而死，也不愿去拯救地球。有关奉献行为者模型的详细信息，请参阅阿特朗（2003年）。泰罗克等（2000年）提出了类似的神圣决策概念：直觉道德主义者—神学家（intuitive moralist-theologian）理论。

31. 引人注目的是，无论是宗教狂热分子还是严格的生物决定论者，最终都在身份范围上成为原教旨主义者，因为他们都认为自己的身份是通过不受其控制的外力形成的。宗教狂热分子相信有一种神圣的力量决定了他们身份的各项参数；生物决定论者则相信身份是在生物学、在DNA（脱氧核糖核酸）结构之类的基础上建立的。你之所以是你，不是根据神的旨意塑造而成，就是根据你身体里预先建立的生物基因编码孕育而成。

事实上，我们都可能是原教旨主义者。建构主义者对他们那一套身份理论也有着原教旨主义式的坚定信仰，而且就像宗教狂热分子一样，也不能用别的什么理论来劝服。事实上，神经心理学的证据表明，你不能仅通过辩论就让一个人放弃他们所坚信的，而且他们认为对自己的身份具有至关重要意义的信仰。研究人员发现，无论人们评估的是客观认定（2 + 2 = 4）还是主观认定（神是真实的），每个人都会在大脑里与情感、味道和气味有关的原始位置打上信或者不信的印记。参见哈里斯等（2008年）。

32. 我对“无我主义者”（anattist）这个词的使用是相当狭义的。在最近与宗教学者理查德·奥克森伯格博士的一次交谈中，他指出，“佛教有关无我的教义更具功能性，而并非只是一种形而上的学说；它的目的是让修行者停止将自己看作一个孤立实体，隔绝于众生万物之外并作为其对立面存在。但是，具有涅槃意识的人并不会认为自己没有身份，而是‘万法为识’（在某种意义上）。这是身份的延伸，而不是身份的消除。这是一种与众生‘一体’的存在感。因此，它是对二元意识的克服，这种二元意识与作为本我（孤立的自我）与非我世界相对立并受到后者威胁的存在感有关。正是在这个意义上，一行禅师（Thich Nhat Hanh）说，具有涅槃意识的人超越了对死亡的恐惧，因为他会将自己看作‘他’所有前世的延续，亦将在‘他’之后绵延后世”。

33. 我很感谢哈佛医学院精神病学讲师史蒂夫·尼森堡博士，他在一封私人电子邮件中强调了这一点。

34. 诠释学是有关文本解释的研究。对话可以看作是活的文本，可以有各种不同的解释。哲学家马丁·海德格尔对诠释学的含义做了很好的说明，他认为诠释学是一种途径，可以借此了解自我与文化之间千丝万缕的联系——他称之为“入世”。他举例说，工匠作为个体，不能完全独立于他的行当——他的工具、木材和作坊，而是要与之保持充分的联系。海德格尔指出，工匠不可能“凌驾于世界之上并与世界分庭抗礼”，而是积极参与各种充满文化意义的活动；它们是一个更广泛的整体的组成部分。换句话说，文化和自我不是相互独立的，而是具有内在相互联系的。这意味着，就解决冲突而言，人们可以改变文化理解来改变自我认知，就像人们可以改变自我认知来转变某个事件的文化框架一样。参见海德格尔（1962 年）。

35. 社会心理学家库尔特·勒温指出，为组织做出牺牲会增加对组织的忠诚度。我相信，在任何冲突中，我们做出牺牲，为“我们”这一方奋战，是会增加我们对己方的忠诚度的。但是，牺牲的力量同样也可以用来互惠互利：如果冲突双方为了达成一致共同做出据信是同等程度的牺牲，就会有助于把双方团结在一起。

## 第 9 章　运用身份政治达成一致

1. 亚里士多德认为，城邦（state）是自然形成的，于城邦中生活的人类则是天生的“政治动物”。这一概念直接影响了我的部落效应理论。亚里士多德指出，“凡人由于本性以及并非偶然的因素而不归属于任何城邦的，他如果不是一个鄙夫，那就是一位超人；这种‘出族、法外、无家无室’，为荷马所鄙视的流浪者，往往会成为好战之人；好比是独自飞翔的鸟”。这类个体是完全自主的，也不在乎任何亲和依附关系，完全不受道德秩序的约束，容易采取任何必要手段来满足内部需要。这为部落的积极价值提供了一个有力的论据。虽然部落效应可能会导致侵略，但它也具有保护那些与我们相互依附的人的功能。如果没有部落的连接作用，我们就有可能成为“无家无室的人”。

2. 参见哈罗德·拉斯韦尔，*Politics: Who Gets What, When, How*（纽约：Whittlesey House 出版社，1936 年）。

3. 我使用“身份政治”这个词来指代一种中性的心理影响机制。这与传统的、往往是自由派政治学者对这个词的使用截然不同。在后者看来，“身份政治”是指受压迫的少数族群争取增加政治权利，例如民权斗争和女权运动等；这些“身份群体”倡导改变政治体制，扩大他们的社会和法律权利。

4. 福柯认为，身份不是我们拥有的一件“东西”，而是人际交往的一种凸显特性（1984 年）。因此，身份成为界定权力关系的工具，在政府优先把资源分配给“这些人”而不是“那些人”时发挥作用。参见加尼翁（1994 年）。

5. 是民族分裂制造冲突，还是政治制造民族分裂？根据班顿教授的研究，政治增强了民族分裂的显著性，导致传统上的和平族群进入暴力时期。对于布隆迪和卢旺达的胡图族和图西族来说，社会变革导致了暴力并提高了民族认同的显著性。班顿教授总结说，“卢旺达和布隆迪的近期历史表明，民族意识没有制造冲突，恰恰相反，冲突对增强民族意识可是出力不小”（1997 年，第 76 页）。哈佛大学法学院院长玛莎·米诺教授也有类似的感悟：“正是遗忘和记忆的交替，勾勒出权力之路。”换句话说，政治决定了权力的博弈，而权力塑造了民族关系。参见米诺（1998 年，第 119 页）。

6. 马基雅维利那种玩弄权术的领导者可以利用历史作为政治操弄的工具。受到威胁的群体很容易出现维米克·沃尔坎所谓的选择性创伤和选择性荣耀：“这些都是对过去灾难或胜利的共同的心理表征，已经成为一个群体的身份标记……在选择性创伤的情况下，它们所涉及的屈辱和损失都没有得到适当的哀悼，虽然实际的事件可能已有百年历史，但其心理表征已经嵌入到这个群体的身份意识之中，而且可以在重新激活时，为现时的攻击性或受害感提供助力。”沃尔坎断言，许多领导者凭直觉就知道如何刺激选择性创伤和选择性荣耀，以此作为发挥政治影响力的工具。

7. 参见德瓦尔（1982 年，第 207 页）。

8. Utani 是部落或村落之间的联系，而联系在一起的个人则相互指对方为 watani——意思就是通过 utani 联系在一起的人。Utani 将友谊变成一种约定俗成，通过良好的幽默、慷慨的财政以及在困难时期施以援手，比如在某个 utani 部落成员的葬礼上帮助做做饭、搞搞卫生，来杜绝政治暴力。参见鹤田（2006 年）。

9. 参见布鲁贝克（2004 年，第 13 页）。

10. 参见普特南（1988 年）以及沃尔顿和麦克西（1965 年），他们揭示了在组织谈判背景下单一行为体假设的真相。另外参见拉克斯和塞本尼斯（2006 年），他们提供了一个有效框架，剖析各种内部和外部力量对决策过程的影响。

11. 幸运的是，我的邻居没有在爆炸案中受伤。

12. 我有关让北爱尔兰突出强调构建积极的身份认同的建议，其实也是其他一些政治领导人已经实现并坚持不懈的想法。

13. 英国和爱尔兰两国领导人试图通过许多场合对身份塑造进行积极引导。例如，2011 年 5 月，英国女王伊丽莎白对爱尔兰共和国进行了英国王室有史以来的首次访问，表示“我们现在要在公共事务的各个领域上展开全方位合作；实际上，今天为了赢得新的海外业务，已经没有（比我们）更加密切的工作关系了”。在女王的这次访问中，爱尔兰总统玛丽·麦卡利斯指出，爱尔兰和英国正在打造一个“新的未来，一个从与以往非常不一样的角度来看，与以往非常非常不一样的未来”。2014 年，爱尔兰总统对英国进行了国事访问，伊丽莎白女王在欢迎仪式上表示，“我们，居住在这些岛上的人，应该像邻居和朋友一样和睦相处。相互尊重对方的国家地位、主权和传统”。在这次访问中，爱尔兰总统迈克尔 · D. 希金斯指出：“我们这两座岛屿都进入了划时代的重要时期，我们能够而且必须思考对相互不同却深深交织在一起的叙事给予尊重在道德上所具有的重要意义。这样的反思将为我们提供一个机会，让我们能够共同分享广泛的共同点，而且即使我们对很多问题的解释并不一致，也能对彼此的观点给予尊重和理解，并在此基础上，塑造一个光明的未来。”

14. 本节内容得益于洞察战略协会（Insight Strategies）约翰 · 肯尼迪先生的敏锐观察，他不知疲倦地为促进北爱尔兰实现和平奔走努力。

15. 参见费希尔和夏皮罗（2005 年）。ECNI 法是对哈佛谈判项目高级顾问马克 · 戈登（Mark Gordon）开发的斗式系统（Bucket System）的改进版。有关决定如何决策的类似方法，参见弗罗姆和耶顿（1976 年）以及布拉德福德和艾伦 · 科恩（1998 年）。

16. 参见塞本尼斯和格林（2014 年）。

17. 该团体由利比里亚前总统露丝 · 桑多 · 佩里女士领导。根据迪奥普的说法，国际社会支持刚果人民的内部对话以结束危机，而她们由非洲女领导人组成的团队促成了这一目标。

18. 玛丽 · 帕克 · 芙丽特是冲突化解领域的先驱，对权力控制（胁迫）和权力合作（协力）进行了辨析。

19. 尼雷尔执政党的一项基本原则是“打击部落主义以及任何可能阻碍非洲人民团结发展的其他因素。”参见 M.H. Abdulaziz，“The Ecology of Tanzanian National Language Policy,” in *Language in Tanzania eds.* 埃德加 C. 波罗姆和 C. P. 希尔，(牛津大学出版社，1980 年)。

20. 这段有关尼雷尔总统领导力的描述源自与某位坦桑尼亚外交官在世界经济论坛非洲峰会上的交谈。坦桑尼亚达累斯萨拉姆，2010 年 5 月 6 日。

## 第 10 章 架起消弭分歧的桥梁之四步法

1. 超凡合一是和解的终极目标。艾林 · 戴利教授和杰里米 · 萨尔金教授将和解描述为“曾经统一但被分裂的事物最终走到一起——回归或是重建原状，无论是真实的还是想象的”（2007 年）。

我们的内心世界也会和解，我们可以化解冲突情感之间的紧张关系。巴肯教授借鉴了弗洛伊德的精神分析理论来描述神经官能症向情感和解的转变：（1）我们把我们喜欢的东西与我们不喜欢的东西分离，并压抑后者；（2）我们试图掌握我们的情感态势；（3）我们否认被压抑的感情；（4）我们正视已被否认的感受。因此，精神分析的最终任务是发现“分离和压抑背后的内在统一性”。在合力作用的影响下，我们的目标是寻找深层次的分裂因素，以求达到超凡合一。参见 D. 巴肯（1966 年）。

有一种发现压抑的方式是西格蒙德 · 弗洛伊德（1925 年）所谓的否定理论。一位患者对弗洛伊德说：“你问梦中的这个人可能是谁。那不是我的母亲。”听到这些话，弗洛伊德有信心认为那个人就是患者的母亲，“在否定的帮助下，压抑过程的结果中只有一种没有应验，也就是被压抑情感的观念性内容（ideational content）没有达到意识的程度。结果就产生了对被压抑情感的一种理智接受，但同时对压抑必不可少的因素也依然存在”。

2. 参见费希尔和尤里（1981 年）。

3. 橙子的例子来自费希尔和尤里（1981 年）。我于 1999 年在马萨诸塞大学阿姆赫斯特分校论文答辩中首次阐述了这一观点。除了一篇基于实证经验的论文，我还向我的论文答辩委员会提供了一幅自己绘制的漫画，描述两个女孩争夺一个橙子，最后把果肉和果皮分开，再过一会儿又会为某个不相干的问题爆发争吵。

4. 合作解决问题在面对强大的负面情绪时会变得极其困难。我建议读者参考其他一些研究成果，这些研究发现，当我们认为别人类似我们时，我们会对他们的心理特征进行反省，就像我们对自己的心理特征进行反省一样，但对那些认为不一样的人则不会这么做。参见詹金斯等

（2008年）。

厌恶可能进一步掩盖我们解决问题的努力。我的猜想是，随着部落效应的逐渐扎根，我们会对另一方的观点以及对方不能移情感受我方的观点产生厌恶感。厌恶感则会刺激产生将我们感到厌恶的东西弃若敝屣的倾向，这是一种强烈的、能够压制理性思考的负面反应。参见哈恩等人（2010年）。

5. 约瑟夫·坎贝尔教授将超凡描述为“任何神秘实现的一个必要体验。你的肉体死了，但你的精神会重生。你通过意识和生活完成对你自己的认同，而你的身体只不过是一个载体”（坎贝尔和莫耶斯，1988年）。

6. 和平学研究的先驱约翰·保罗·莱德里奇（1997年）对身份困境是这样描述的：如果争执双方陷入旷日持久的冲突，就可能会抵制和平，因为他们已经熟悉了身份上的相互敌对。

7. 在《宗教经验之种种》（*The Varieties of Religious Experience*）一书中，威廉·詹姆斯讨论了宗教皈依的心理，并引入了“情感能量的习惯中心”的概念（1958年，第165页）。本段内容即源自他的洞见。

8. 神经化学血清素被证明可以强化对伤害的厌恶感。参见克罗克特等（2010年）。

9. 哥伦比亚大学彼得·科尔曼教授率先使用动态系统理论，帮助争执双方更好地了解冲突的复杂原因和未来的道路选择。科尔曼教授和J. K. 罗威确定了对解决旷日持久的冲突有用的四个关键变量：（1）认知的复杂性：了解各方的复杂叙事；（2）容忍矛盾：容忍与你的叙事相抵触的信息，并抵制对问题或解决方案的简化；（3）开放性和不确定性：寻找矛盾的信息；（4）情绪恢复能力：参与情绪应对策略，对感情进行疏导，转变为建设性的行动。参见科尔曼和罗威（2007年）。

调解民族政治冲突尤其复杂，牵扯的因素较多，包括受害者、施害者以及用于愈合、行使公正、寻求真相和赔偿的多种方法。关于群体间和解的一个很好的资源，请参阅布卢姆菲尔德（2003年）。

10. 约翰·布鲁尔教授认为，“和平进程对未来构想的需要不亚于对包装过往情感的需要”（2010年，第127页）。

11. 艾林·戴利教授和杰里米·萨尔金教授注意到有关过去的一个关键问题："我们怀念过去是出于什么目的？可能是为了让愤怒或复仇之火不致熄灭，或者是为了证明受害者是无辜的。"（2007 年，第 134 页）

12. 理解创伤的能力——以及由此延及化解冲突的能力——需要政治上的支持。正如创伤专家朱迪斯·赫尔曼指出的，"在缺乏争取人权的强有力政治运动的情况下，积极的见证过程不可避免地会让位于积极的遗忘过程"（1992 年，第 9 页）。

## 第 11 章　揭示身份的神话

1. 杰罗姆·布鲁纳教授认为，叙事是我们"首选的，甚至可能是必选的媒介，用以表达无论是我们自己的还是别人的人性愿望及其兴衰变迁。我们的故事还会对我们所经历的一切施加一种架构，产生动人心弦的现实感，甚至赋予其一种哲学立场"（2002 年，第 89 页）。布鲁纳断言，叙事必然涉及对经历的观察视角，它不可能是"缄默无声的"（1990 年，第 77 页）。

2. 每个故事都是对一段情节的铺陈。叙事则为这个故事提供了观察的视角。人们可以把这个故事想象为一栋建筑物，叙事就是你观察那栋建筑物的视角。同一栋建筑物，10 个人看，就会有 10 种不同的解释。在冲突中，故事就是渐次展开的话剧，叙事则是剧中每个人的观点。叙事可以不依靠故事而存在。例如，当我欣赏蓝调音乐时，我所体验的是一种个人叙事的铺陈展开，但它缺乏故事的情节。合力作用的目的，就是帮助当事人发现并承认对方所界定的叙事——身份的神话——将构成贯穿始终的冲突故事的观点视角的分歧暴露出来。

3. "如果我们能读懂敌人的秘密历史，我们会发现悲伤和痛苦足以打消所有的敌意。"亨利·沃兹沃思·朗费罗评论说。

4. 迈克尔·惠勒教授于 2007 年 2 月 15 日在哈佛商学院组织了一个讨论会，情感研究人员保罗·埃克曼在会上评论说："对许多人来说，如果他们认为你能理解他们，他们就会不顾一切地向你讲述他们的故事。很少有人不希望被理解。不是说他们会怎样看待我的故事，而是为什么我要用我的生命去做我做过的事。能够打消这种想把我的故事讲给你听的愿望的唯一理由就是鄙视——我鄙视你。”通过了解各方的神话，我们就会理解，为什么我们的人生故事是这样的，为什么我们会这样演绎我们的人生故事。

5. 精英们可能已经借鉴了哲学家约翰·罗尔斯的思想，为资源分配制订了道德上合理的计划。罗尔斯提出，为资源或权利分配决定社会原则的各方，应该在“无知之幕”的遮挡下做出自己的决定——也就是说，不知道他们自己在这个社会中处于怎样一种环境里。这种方法最大限度地减少了个人偏见和成见，因为它以平等的道德价值对待全体社会成员。如果精英们在无知之幕背后决定资源分配，他们可能也会向更广泛的群体宣布他们的决策方法，从而可以平息至少一部分下层民众的愤怒。

6. 这一具体区分源自约瑟夫·坎贝尔对荣格原型及其在神话永恒性中的作用的讨论（1988 年，第 60~61 页）。坎贝尔启发了本章的几个关键概念，尤其是与神话在日常生活中的力量和目的有关的概念。

7. 参见荣格（1936 年）。

8. 荣格的理论认为，你的潜意识由两个主要部分组成：个人无意识和集体无意识。你的个人无意识是隐秘感受、秘密幻想和受到压抑的创伤的收藏之所。你的集体无意识则与此相反，存放的都是与你的个人经历无关并且是全人类共享的想法和意象。正如前面提到的，原型是你的集体无意识的内容。

9. 荣格对原型（永远存在于集体无意识之中）和原型意象（侵入意识并框定了我们对世界的直观了解）进行了技术上的区别。我现在使用术语“原型”来指代原型意象。我们永远不能看到原型本身，但我们可以通过原型意象看到它的表现形式。用荣格自己的话说，“‘原型’这个词因此只间接适用于‘集体表象’，因为它只能表明尚未提高到有意识阐述，因而还只是心理体验即时数据的心理内容。在这个意义上说，原型与历史公式的演变之间存在相当大的差异。特别是在更高水平的深奥教导（esoteric teaching）上，原型的出现形式对有意识阐述的关键和评估影响做了相当明白无误的揭示。其直接表现，例如我们在梦境和愿景中遇到的那种表现，要个人化得多，也更加难以理解，而且比神话中的表现更为天真。原型本质上是一种无意识内容，在成为有意识和被认知的过程中逐渐改变，它恰好出现的那种个体意识赋予了它的外在特征……原始人对于现象的客观解释并不是很感兴趣，但他有迫切需要——或者说，他的潜意识心理有着无法抗拒的冲动——要把所有外部感官体验都同化为内在的精神事件”（荣格，1936 年）。

10. 要“证明”原型是原始构建而不是社会构建是一件极为困难的事。如果摸不着也看不见，科学家如何才能验证某个潜在原型的真实性？事实上，原型存在于精神的哪一部分？从化解冲突的目的出发，我们没有必要过于执着于原型的真实性。冲突是以某种叙事的形式发生发展的，而任何叙事都具有根本性的主题。对原型的搜索最终是对在冲突中激发情感、认知和行为的核心关系主题的搜索。

11. 参见乔姆斯基（1972 年）和库克等（2007 年）。

12. 这需要“主动想象”，这个词由荣格提出，并将其作为一种可以揭示清醒状态下潜意识内容的技术（史蒂文斯，1990 年）。

13. 参见伊利亚德（1958 年）。

14. 创造性内省是揭示争议一方相对于另一方的原型关系身份的过程。

15. 布莱恩 · 奥罗和克里斯蒂 · 克莱门斯发展了“勇敢空间”的概念，并讨论了有关“和而不同”（disagreeing to disagree）的批判。参见“Chapter 8: From Safe Spaces to Brave Spaces”，The Art of Effective Facilitation，2013，Stylus Publishing。我对勇敢空间的许多想法都源自他们这本优秀的著作。此外也请参见 R. 博斯特伦（1998 年）, Safe spaces: Reflections on an educational metaphor，发表于 *Journal of Curriculum Studies*, 30(4), 397-408 页。

16. 参见奥罗和克莱门斯。

17. 维米克 · 沃尔坎阐述了一套需要在冲突中留心提防的情感动态：

（1）置换为一场小型冲突：双方可以在对话过程中制造一场小型危

机，为加剧紧张的重大关切提供一个浓缩的，具有丰富象征意义的阐释。

（2）回声现象：各方可以对近期牵涉到他们的对立身份的外部事件做出呼应。

（3）通过竞争来表达选择性创伤和荣耀：各方可以竞争一下，看看是哪一方的历史恩怨更糟，是谁在拒绝向对方的痛苦表示同情。

（4）手风琴现象：每一方可以更接近对方，然后退出，重复整个过程。

（5）投射：各方将其身份中不愉快的部分投射到别人身上。

（6）时间崩溃和创伤的代际传递：各方将过去的创伤与现在的体验相融合，恢复与创伤相关的情感。

（7）微小差异的自恋：各方赋予身份的微小差异以极高的重要性，从而标识清楚各方核心身份之间的边界，保护其免受损害或腐蚀。

详细内容请参见沃尔坎（1999 年）。

18. 情感研究专家 N. H. 弗里贾将关切定义为“或多或少地长期倾向于偏爱世界的某些特定状态”（1988 年）。

19. 参见费希尔和夏皮罗（2005 年）。

20. 参见费希尔等（1991 年）。

21. 我有关比较性提问的概念，可以部分追溯到 C. 斯鲁兹基，他认为“故事……都是自我调节的语义系统，包含情节（说的什么事）、人物（都有哪些人）和背景（发生在何时何地）。这些叙事成分，被整个故事的道德准则（意义或整体主题）连在一起，受其影响和控制，同时反过来也会影响故事的道德准则，从而有效地封堵了对整个故事的不同解读。要改变故事的性质，一个有效方法是将标签改成行为，提出诸如‘在什么情况下你觉得……？’这一类问题”（斯鲁兹基，1992 年）。

22. 大多数这些问题都选自萨拉·科布教授的一篇文章，她将这种调查形式称为“循环提问”，这是 20 世纪 80 年代由意大利米兰的系统家庭治疗师发展形成的一种技术。循环提问对问题进行设计和组织，从而从时间跨度、冲突各方或关系等角度进行比较。

23. 有时候调解人或协调人可能需要帮助每一方认真倾听对方的神话。

瑞辛格和雪夫争辩说："在冲突僵持不下时，阻挠谈判取得进展的最大障碍可能是一方或双方都感到他们的故事没有讲出来，或者讲出来了也没人听。当双方都深深觉得自己的主张对方听进去了，心情可能会调适到适合开始谈判的状态。在这种情况下，调解员的任务就是帮助双方用一种不会忽视情感诉求的方式表达他们的故事，并确保这些故事讲得出口，听得进去。"（2000 年）。

24. 正如菲利普·威尔金森和奈尔·菲利普指出的那样，"神话，像诗歌一样，都是借助隐喻发挥作用。它们把世界对折起来，直到相互距离遥远且截然不同的各个点触碰并融合在一起，而且这些对等关系向我们展示了我们的真正本质"（2007 年，第 15 页）。

25. 要了解一个人的神话，必须了解冲突的个人影响，以及政治、社会或经济影响等环境因素。社会心理学鼻祖库尔特·勒温曾经提出了一个概念上有些类似的公式来预测行为：行为 = 人 × 环境。他解释说："每一个心理事件都取决于人的状态，同时也取决于环境，尽管在不同情况下它们的相对重要性也有所不同。"这对和解也是有意义的。神话不是单纯的个人或环境的产物，而是共同影响的产物。

26. 历史学家约瑟夫·坎贝尔认为，神话使我们与自我的许多部分建立了联系，而这些部分已经超出了我们自己的意识。

27. 此次研讨会于 2013 年 5 月世界经济论坛中东峰会期间在伊斯坦布尔举办。

28. 参见诺伊和沃尔坎（1999 年）。

29. 人类体验的符号化表达可以帮助我们超越世俗分析，研究行为的深层精神驱动力。例如，对仪式进行分析，可以把关注焦点集中在满足对精神内涵的渴求的象征性实践上。

30. 这些权力的来源改编自 B. H. 瑞文的观点（1992 年）。A power interaction model on interpersonal influence: French and Raven thirty years later。载于 Journal of Social Behavior and Personality，Vol 7 (2)，217~244 页。瑞文于 1965 年又增加了第六种权力基础——信息。参见瑞文，Social

Influence and Power，载于 I.D. Steiner & M. Fishbein (Eds.)，*Current Studies in Social Psychology*（371~382 页），New York: Holt, Rinehart, Winston。

31. 在权力关系不对称的冲突中，双方可能都会抗拒讲故事。那些自认为更强大的人可能出于对失去权力的恐惧而抵制分享他们的故事。那些自认为自己不那么强大的人则可能会因为害怕遭到报复而抵制分享他们的故事。

然而，即使只有一方分享叙事，也会让双方都从中受益。著名社会心理学家厄文·斯托布在这方面做了一些工作，他曾在卢旺达从事心理干预，以促进胡图族和图西族在种族大屠杀之后的创伤愈合。那场冲突造成 200 多万人死亡，主要是胡图族人杀害图西族人和温和派胡图族人。当斯托布进入卢旺达时，掌权的是图西族人；但他的工作小组里既有胡图族人，也有图西族人。虽然胡图族人抑制了分享故事的冲动，但他观察到，让他们倾听图西族人的故事仍然促进了同情，推动了和解进程。参见赫尔米克和彼得森著作中有关斯托布和珀尔曼的章节（2001 年，第 203 页）。

## 第 12 章　平息内心痛苦

1. 参见约瑟夫·格拉特哈尔（2008 年，第 151 页）。

2. 报复可以是一种有用的战略举措，但尽管如此，它也应该是一个经过深思熟虑做出的明智决定，而不应是一时冲动的下意识反应。以 12 岁的尼克和他的弟弟乔之间的关系为例。如果尼克偷拿了乔的宝贵书籍，乔可以通过窃取尼克最喜欢的书以示报复，实际上发送的信息是“别惹我”。但是，如果乔回来照着尼克的脸来上一拳，那么原来的报复可能就没有实现它的预期效果。平息内心痛苦的目的，就是要确保你所追求的是一项最佳策略，而不是简单而盲目地对已经发生的冒犯行为进行报复。

3. 海伦·刘易斯指出，我们中的大部分人都宁可把世界搅得天翻地覆也不愿意把自己的内心世界坦露出来（1971 年）。

4. 我建议，作为一项普遍规则，治愈需要在与痛苦相同的身份层面进行：个人、社会或精神身份。如果新英格兰爱国者橄榄球队遭受到一次屈辱的失败（为你的社会身份带来痛苦），新英格兰人的集体心理就会觉得受到伤害；而个人接受心理治疗的疗效远远低于球队在接下来的一周里取胜所达到的治愈效果。相比之下，与你的兄弟打架导致的感情上的创伤，如果不通过与兄弟以心换心的交谈是不可能愈合的。治愈必须在与痛苦相同的层面上进行。

5. 确保争议双方对自己全部的情感切实负起责任来。社会心理学家詹姆斯·阿伟利尔观察发现，我们会将利他性情感假定为我们自己的情感，而且倾向于推卸对愤怒和烦恼情绪的责任。慈善家不会为一时兴起进行慷慨捐赠表示歉意，但会为他对批评自己工作方式的某人咆哮怒吼而寻求谅解（1982 年）。

6. 这种方法类似于认知行为疗法，建议人们在自我防御过程中注意消极的自我对话和反应。印度哲学家克里希那穆提认为把想法记录下来是捕捉这些想法的好办法，“这台扑朔迷离的机器必须放慢自己的运行速度以便观察，这样才能记下每一条可能有所帮助的想法感受。就像电影慢动作一样，你能够看清每一个动作，所以把思想飞快的速度降下来，你才能够观察到每个想法，不管是细枝末节还是极为重要”（1991 年，第 215 页）。

7. 分享感情痛苦可以促进自我意识的增强。我们可能害怕接受评判，然后对我们的耻辱感到羞愧。雪夫将其称为“耻辱螺旋”（1988 年）。在这种情况下，我们可能会对自己在别人眼中的形象极度敏感，就像查尔斯·霍顿·库利有关“镜中自我”的理论（1902 年，第 179~185 页）所表述的那样。他指出，“我们在想象中得知别人对我们的外表、风度、目的、行动……的想法，并受这些想法的影响。这种自我认识似乎有三个主要成分：对别人眼里他的形象的想象；对他对这一形象的判断的想象；以及某种自我感觉，如骄傲或耻辱等”（第 184 页）。耻辱往往是最难以承认并修通的情绪之一。愤怒针对的是你或其他什么人所做的事，耻辱所针对的则是你是谁。

8. 布莱恩·奥罗和克里斯蒂·克莱门斯发展了“勇敢空间”的概念。

参见 The Art of Effective Facilitation：Stories and Reflections from Social Justice Educators（斯特林，VA：stylus，2013 年，第 135~150 页）。

9. 调解人在帮助争议双方修通羞愧感和耻辱感方面能够发挥特别大的作用。这些情绪通常都是隐藏在心底的，谈论这些情绪有可能带来更大的耻辱。虽然传统的化解冲突的方法鼓励我们要“发泄”我们的情绪，但这样做会羞辱我们的对手，破坏业已恢复的纽带关系；但是，直接对话也存在与生俱来的漏洞，会导致每一方感到羞愧。因此，在高度情绪化冲突中，调解人可以建立一个勇敢空间，帮助当事人安全地相互承认对方的神话，正视各种排斥、疏离和羞辱的感觉。关于羞愧在冲突升级中发挥的作用，可以参见詹姆斯·吉利根（1996 年）的著作了解更多的内容。

10. 利夫顿（1979 年）认为，我们不能不进行哀悼就超越损失继续前进。沃尔坎（1981 年）则提出促进集体哀悼，例如在种族冲突后，各个族群可以创建一些客体，将现在的情况与过去的损失联系起来；纪念碑、纪念日和其他仪式可以达到这个目的。

11. 弗洛伊德认为，让潜意识变为有意识，对于精神治愈必不可少。在他的论文《回忆、重复和修通》（Remembering, Repeating, and Working-Through）中，他探讨了两种处理创伤记忆的方式：（1）宣泄，将我们在潜意识里留下的创伤记忆宣泄出来，再现功能性障碍行为模式；（2）通过有意识地记忆，正视创伤，从而修通创伤。在《哀恸与抑郁》（Mourning and Melancholia）这篇文章里，弗洛伊德认为对于损失有两种反应模式：（1）抑郁是对损失的一种无意识反应，是对损失客体让我们承受感情折磨的病态固定；（2）哀恸则是一种有意识的哀悼损失的过程；我们逐渐接受损失人或物的现实，并在情感上与之脱钩，将我们的情感重新投射到其他地方。

12. 参见赫尔曼（1997 年）和范德科尔克（1998 年）。

13. 我非常荣幸地请哈佛商学院谈判课程中心的波莉·海姆伦（Polly Hamlen）对礼仪以及我们这个星球上基本元素之间的关系发表深入见解。

14. 参见 C. S. 刘易斯，*Letters to Malcolm Chiefly on Prayer: Reflections on the Intimate Dialogue Between Man and God* (New York: Harvest Book,

1963), 106.

15. 参见格伯杜 · 马迪基泽拉（2003 年，第 117 页）。

16. 南非大主教德斯蒙德 · 图图和他的女儿默芙 · 图图更加强调，你需要决定是否延续或结束一段关系。延续这段关系，就是宽恕和继续前进，但一切都是在这段关系之内进行的；结束关系，也就是放手，离开。作者强调说，“人们通常更倾向于延续或和解，除非在安全成问题的情况下……延续我们的关系，关键在于我们如何收获宽恕之种结出的果实……将旧有关系的现实抛到一边，构建新的关系，也是可能的。甚至脱胎于暴力的关系也可以延续”（2014 年，第 148 页）。

17. 乔纳森 · 科恩教授就道歉的法律意义写过一篇优秀论文（1999 年）。他认为，“律师应该更加经常地与他们的客户讨论道歉，因为经常这样做会令他们的客户更开心……在许多情况下，道歉的潜在利益是巨大的，而且如果道歉经过了精心的筹划——在一个像调解一样的‘安全’的法律机制内进行，同时注意那些承认过错而不承担责任之类的细微差别，比如保险偿付出了问题——道歉的风险是很小的”。

18. 恩莱特和科尔将宽恕与赦免、纵容、原谅、忘记、否认以及和解进行了区分。参见沃辛顿（1988 年）相关章节。参见 C. S. 刘易斯，Letters to Malcolm Chiefly on Prayer：Reflections on the Intimate Dialogue Between Man and God（纽约：Harvest Book，1963 年，第 106 页）

## 第 13 章　建立跨界交往

1. 参见与罗杰 · 费希尔的访谈视频《获得同意的五大技巧》（*Five Skills for Getting to Yes*），1996 年。

2. 这个故事有三个来源：（1）我在坦桑尼亚举行世界经济论坛非洲峰会期间与罗尔夫 · 梅耶的个人谈话；（2）他于 2014 年 4 月 11 日在哈佛法学院谈判课程上的演讲；（3）由罗杰 · 费希尔教授对西里尔 · 拉马福萨和罗尔夫 · 梅耶有关他们的钓鱼经历及其对结束种族隔离的谈判进程的影响

所进行的访谈视频（见上）。

3. 根据哈佛大学教授戈登·奥尔波特的接触假设理论，仅仅是把两组人凑在一起并不足以改善他们之间的关系。接触的性质影响关系的性质。他指出，“偏见……可以通过在追求共同目标的过程中多数派和少数派之间进行地位平等的接触而减少。如果这种接触得到了制度支持的鼓励（如法律、风俗或当地的气氛），如果能够通过接触促成双方成员对共同利益和共同人性的理解，影响还会大大增强”（1954 年，第 267 页）。

4. 有关人际交往维度概念化总结的相关模型，请参见约塞尔森（1992 年）。

5. 亲和力是一个发挥作用的核心变量。正如包容的感觉很好，排斥的感觉很坏——我们经历的身体上的疼痛感，都会保存在大脑的同一个地方。来自加州大学的研究人员对躺在功能性磁共振成像（fMRI）里边玩投球电脑游戏的志愿者进行了检查。实验对象以为他们在与另外两位选手一起玩，但其实后两者都是电脑虚构出来的，是一伙的。开始的时候，每个人都会来回接球扔球。然后，电脑程序开始有条不紊、按部就班地排斥志愿者。事实证明，这种排斥激活了大脑的背侧前扣带皮层（dACC），而这正是当我们感觉身体疼痛时大脑被激活的一个重点区域。研究人员发现，即使志愿者意识到他们遭到排斥是计算机程序预先设计好的，他们还是会产生被抛弃被拒绝的感觉。（艾森伯格等，2003 年）。

神经回路的存在是为了减轻遭到排斥的痛苦。在一项研究中，研究人员向一半的志愿者提供为期三周的泰诺（Tylenol），另一半实验对象则服用安慰剂药片。两个小组都不知道他们服用的是哪种药物。每天晚上，志愿者要完成有关他们感受到的排斥体验的问卷调查。到了研究的第九天，泰诺组报告感受的社交痛苦要低于安慰剂组。随着时间的推移，社交痛苦的感受差距逐渐拉大。在后续研究中，已经服用泰诺三周的志愿者在投球电脑游戏中并没有产生被拒绝的感觉，即使没有人把球扔给他们（德瓦尔等，2010 年）。这些研究确认了排斥感会让人感到受伤但这种痛苦可以得到慰藉的常识，但同时也提出了一个棘手的问题：如何减轻痛苦。让正在打仗的两个国家去吃泰诺显然属于不着调。

6. 有些人会有意忽略你，借此在与你的交往中占据优势，获取更大利益。例如，一个实力强大的国家可以拒绝在政治上承认某个叛乱集团以避免让该集团合法化。

7. 参见亚柯博尼（2009 年）。

8. 塔尼亚·辛格教授和他的同事进行的这次里程碑式的研究显示了移情体验的映射作用，并提出了两个重要发现。首先，受到击打的不管是你自己还是你的伴侣，都会激活你的大脑疼痛矩阵的同一部位，包括双侧前脑岛、喙前扣带皮层、脑干和小脑。换句话说，当你对你的伴侣的痛苦感同身受时，你的神经网络就被激活了，让你确实感受到了你的伴侣的痛苦。其次，你并不会感受到与你的伴侣一模一样的痛苦体验。移情会复制伴侣的痛苦主调，但通常不是完整的感官体验。你可能会感受到伴侣的焦虑，但你并不会感觉肚子里翻江倒海或者胸口发紧喘不上气来。参见辛格等（2004 年）。另外参见德瓦因蒙特和辛格（2006 年）。

后续研究表明，在许多情况下，疼痛类移情会扩展到你所不知道的伙伴。观看针刺陌生人手背的视频，会令人惊讶地让你自己也在疼痛中畏缩。不过，你不可能感受到每个人的痛苦或者快乐，因为那样的话你的大脑里就没有感情空间容你感受自己的情绪了。只有那些你认为在感情上较为重要或突出的关系才会激活情感移情。例如，参见莫里森等（2004 年）。

9. 我对依恋的定义，与依恋理论的先驱、心理学家玛丽·安斯沃思提出的经典定义完全一致。她认为，依恋是“由人或动物在自身与另一个特定个体之间建立的一种情感上的纽带，这种纽带关系能够在空间上将他们捆绑在一起并能够经受岁月的考验一直维系下去”（1991 年）。这个定义比依恋理论的另一位先驱约翰·鲍比（John Bowlby）的定义要广泛得多，后者对依恋的定义是“对某一特定人士的连续性纽带，儿童在感到脆弱和需要保护时就会转向该特定人士”（1971 年）。

10. 参见 Malcolm X., *The Autobiography of Malcolm X: As Told to Alex*

*Haley* (New York: Ballantine Books, 1964), 346–47.

11. 技术上，我将其称为“必然未来的记忆”，因为纠纷双方希望创建一个未来的精神意象，其生动性之强，具体程度之高，使人甚至无法想象还有另一种未来存在的可能。

12. 这次研讨会于 2008 年在埃及沙姆沙依赫举行，后来我在中东举行的研讨会都使用了这种方法。

13. 跨界交往的一项关键好处是，每个利益相关方都会对这种关系进行感情投资。人们可以用婚姻来比喻这种关系：最少投资原则表明，在关系中利益最少的一方反而在其中拥有最大的权力。如果双方对关系进行相对平等的投资，那么他们双方就会保持相对平等的承诺，共同维系这种关系（沃勒，1938 年）。

14. 斯日达 · 波波维奇在一次交谈中把这个技巧告诉了我。

15. 马休 · 利伯曼发现，我们长到 10 岁的时候，我们的大脑已经花费了 10000 个小时来学习如何理解人和人群。即使大脑在休息时，我们也会思考社交世界（2013 年）。

16. 约翰 · 戈特曼教授创造了“求交往的信号”这个词（2002 年，第 229 页）。

17. 这段关于仪式的描述主要来自戈特曼的想法（2002 年，第 229 页）。

18. 参见奥尔波特（1958 年）。

19. M. 克里斯特尔，《伯利恒之围》（The Siege on Bethlehem）。哈佛法学院谈判课程讲座，马萨诸塞州剑桥市，2007 年 9 月 20 日。

20. 图图大主教在 2012 年瑞士达沃斯世界经济论坛年会的闭幕致辞中分享了这段有关人际交往的深刻感悟。

## 第 14 章　重构人际关系

1. Park51 事件基本属实。我只是对部分内容进行了一点艺术加工，以便强调本章的若干要点。例如，在现实中，布隆伯格市长本人强烈支持 Park51 有权将这处建筑作为社区中心和清真寺。

2. 在美国，一个孤立的严重种族歧视事件往往会引发有关种族关系的全国性大辩论，从而推动就相关问题展开更加广泛的对话。

3. 唐纳德·霍洛维茨教授阐述了民族裂变和融合几个阶段：统一体（amalgamation）、联合体（incorporation）、分裂（division）和扩散（proliferation）（在扩散阶段，集体还会在自身序列中产生新的集体）。参见霍洛维茨，1985，64~65 页。另外参见比曼（2000）。

4. 顺从也是有代价的：一些人批评美国前总统奥巴马的外交礼仪是错误的，贬低了美国的地位（参见 Obama Draws Fire for Bow to Japanese Emperor，2009 年 11 月 16 日）。

5. 根据威廉·詹姆斯的理论（1958 年，第 165 页），当你把围绕在你身边但并不属于你的一套理念转变为"个人能量的习惯中心"时，就是皈依。

6. 有些促进群际关系方法可能看起来有融合的作用，但最终却不能实现融合。没有共同治理和交往联系的大伞护佑，多元文化充其量是一场有关融合的猜谜游戏。熔炉理论可以说不是一种融合的方法，只是在一个共同的群体身份下的和解共存。融合需要每个部落在保持其独立身份的同时通过一个共同的群体身份与其他部落建立联系，进而建立一个由多个部落组成的社区。换句话说，其目的是实现自主权和亲和力两者的共同优化。有关共同群际身份的更多内容，参见盖特纳等（1993 年）。

7. 社会心理学家卡琳娜·克罗斯特丽娜（2007 年）介绍了摩洛哥国王如何弥合阿拉伯独立党（Arab Istiqlal）与柏柏尔部落之间关于身份认同的冲突。柏柏尔人在历史上一直受到政治和社会的排斥，1956—1958 年，独立党甚至规定所有政治职务均由阿拉伯人担任，禁止柏柏尔语广播。穆罕默德国王认识到，身份的融合是确保和平与安全的唯一途径。根据克罗斯特丽娜的叙述，"摩洛哥国王发明了'阿拉伯化的柏柏尔人'的概念，在一个统一的国家框架下同时解决了阿拉伯人和柏柏尔人最为关切的重要问题（例如，阿拉伯人要求所有学校使用阿拉伯语授课，柏柏尔人则要求承认其政党的合法地位)”。

政治学家唐纳德·霍洛维茨(1985年，第598页)提供了多种结构安排，以促进融合:(1)通过分散权力，减轻单一焦点的压力来稀释冲突，例如将权力分散给处于中心地位的多个机构，就像美国的制度安排一样;(2)强调族群内部的差异性，并转移对于族群之间差异性的关注;(3)制定激励族群间合作的政策;(4)制定鼓励利益一致而不是种族一致的政策;(5)减少群体之间的差距。

8. 参见邓巴(2012年)和Hong(2014年)。

9. 参见Hong(2014年，284页)。

10. 同上。

11. 参见东京都政府。(2012年)。

12. 这个结果并不能让所有人都满意。例如，有人批评那个盖向老市政厅的波浪设计是对日本的侮辱，因为日本刚刚遭受台风的袭击(巴塞尔，2013年)。

13. 参见哈斯拉姆，128页，以分类为基础化解群际冲突的相关模型(2004年)。

14. 社会身份理论使罗伯特·弗罗斯特(Robert Frost)有关“好墙睦邻”的建议变得更为复杂化。虽然围栏将你们和我们隔开，但也对你们和我们进行了标定，从而奠定了社会比较和潜在歧视的基础。参见塔杰菲尔和特纳(1979年)。

15. 参见博卡切尼科(2008年)。

16. 另一个考虑是，隔离会为重新融入社会带来挑战。例如，政府应该如何拆除和平墙?最明显的反应是:“拆了它们就行了!”但这个过程会将政府的意志强加在社区身上，而社区方面可能还没有做好迎接改变的准备。强制改变就要冒引发部落效应的风险。另一种方法，由北爱尔兰前司法部长大卫·福特提出。他主张推倒和平墙一定要得到社区的同意。虽然这可能会更好地安抚当地群众的情绪，但需要的时间更长，要进行更多的协调工作，调集更多的资源。

17. 例如，一项对大学的研究——一所基本都是白人学生，而另一所基本都是黑人学生——发现，多数派群体更愿意选择同化政策，少数派群体则更愿意选择多元化政策（赫尔曼等，2012 年）。

18. 参见罗德里格斯－比拉（2009 年 3 月 1 日，27 页）。

19. 同上。

20. 参见夏皮罗（2010 年 9 月 21 日）。

## 第 15 章　实现辩证统一

1. 哲学家黑格尔将正题—反题—合题模型的创建归功于康德，约翰·费希特完善并推广了这一理论（布依登狄耶克，2010 年，第 11 页）。

2. 黑格尔对辩证法的目的进行了概念性总结："（辩证法的出发点）是就事物本身的存在和过程加以客观的考察，借以揭示出片面的知性规定的有限性"（黑格尔，1874 年）。

3. 黑格尔的辩证法启发了马克思和恩格斯提出了"辩证唯物主义"，这一理论为苏联的共产主义制度奠定了科学和自然哲学的基础。马克思认为，资产阶级（资本家和地主）和无产阶级（体力劳动者）之间的辩证斗争造就了可以预测的革命周期。换句话说，掌握大部分利润的人享受他们的财富（正题），而体力劳动者为了相对较少的报酬却要从事让身体高度疲劳的工作（反题）。体力劳动者理所当然会感到沮丧并起来反抗。随着新的精英获得统治权，新的起义继续爆发，政治体制就越来越接近其最终的合题——共产主义——一个建立在公有制和按需分配的基础上，不受物质欲望左右的无阶级、无国家的社会。

4. "A bundle of contradictions" 是安妮·弗兰克（Anne Frank）在《安妮日记》（*The Diary of Anne Frank*）中使用过的句子。

5. 参见詹姆斯（1926 年，第 393~394 页）。

6. 参见贝克（1999 年）。另外参见伯恩斯（1980 年）。

7. 希腊神话里有三位复仇女神，在拉丁文里统称为"复仇三女神"（the

Furies）：阿勒克托（不安女神），提希丰（报仇女神）和墨纪拉（嫉妒女神）。根据鲍勃·贝利·马克尔（Bob Bailey Mucker）的描述，“古希腊人不敢得罪她们，害怕得连她们的名字都很少提及”（2014 年，第 16 页）。在冲突中，这三种关系体验——愤怒、报复和忌恨——造成了大量破坏性关系互动。

8. 如果我们觉得别人是故意要让我们承受苦难，往往会产生也要让他们承受痛苦的心理，而且痛苦程度至少与我们感觉自己所承受的一样强烈。这就是典型的“以眼还眼”。外人可能很难理解，为什么在他们看来可能是一次“微不足道”的行动，会招致我们那么强烈的报复。不过，了解内情的人同样也会认为这种行动是对身份的一次重大攻击，势必会导致激烈的报复。在《神曲·地狱篇》中，14 世纪意大利诗人但丁（Dante Alighieri）同样描述了人类的灵魂如何为了赎阳世的罪而在地狱遭受相称的惩罚。例如，但丁将通奸者的灵魂称为“肉欲的恶人”（carnal malefactors），他们要忍受狂风暴雨的吹打，这对他们可怜的、完全跟着情欲走的肉体判断力来说是一个合适的处罚。事实上，如果我们觉得自己受害了，我们可能会产生但丁式的向往，希望别人受到与之相称的惩罚——也就是说，在某种程度上与罪恶本身类似或相称的惩罚。

9.“宣泄”概念的发展历史在思想文化领域可谓故事多多。亚里士多德最初使用它作为一个比喻，用来描述悲剧背后的情感力量。在《罗密欧与朱丽叶》中，命运多舛的恋人选择自杀，为爱牺牲，宣泄表现为恋人家属化解世仇，握手言和。几个世纪以后，奥地利医生约瑟夫·布罗伊尔（Josef Breuer）（1925 年）将宣泄的概念引入心理学领域。他对受到心理创伤的患者进行催眠术治疗，鼓励他们表达与创伤有关的压抑情绪，声称要治愈他们的症状。布罗伊尔的门生弗洛伊德则将宣泄纳入精神分析中，认为情感在我们的心中积聚，很像一个水壶中的水蒸气，迫使我们要么释放它们，要么“爆炸”。这被称为情感的水力模型。

10. 参见德凯尔文等（2004 年）。

11. 参见卡尔史密斯等（2008 年）。在这项研究中，在经济交换游戏中惩罚了“免费搭车者”的研究对象本来预测他们在实施复仇行为之后会感觉好受一些，但实际上感觉更糟糕了。

12. 参见 C. 泰吾瑞斯，《愤怒：被误解的情绪》（*Anger: The Misunderstood Emotion*），纽约：Touchstone，1989 年。

13. “愤怒和攻击性的认知新联结理论”有助于解释为什么总想着生气的事情会让你更生气。参见伯科威茨（1993 年）。

14. 参见布什曼（2002 年）。

15. 一边打沙袋一边想象是在胖揍那位讨厌的对手的实验参与者，要比那些一边打沙袋一边想着锻炼身体的实验参与者更富有攻击性，尽管这种差异在统计上并不显著。

16. 如果一个人有同情的能力，他也就有救赎的能力。有确凿的证据证明同情是一种与生俱来的能力。加州大学伯克利分校的达彻尔·凯尔特纳教授提出，人类拥有一种同情的本能，这甚至可以在年幼的孩子身上观察到（2010 年）。还不会说话，或者正在牙牙学语的宝宝“在各种不同情况下都很容易去帮助他人实现他们的目标”（沃内肯和托马塞罗，2006 年）。

17. 参见巴特森（1998 年），他将同情称为“移情关切”（empathic concern）。

18. 参见 P. 瓦尔德奥罗和 D. A. 德斯迪诺，同步与同情的社会调整（Synchrony and the Social Tuning of Compassion），Emotion，2011 年第 11 期，第 262-266 页。

19. 参见鲁茨等（2008 年）。这些研究人员已经将定期练习 LKM——这是一种仪式养成，通过冥想练习培养对自己和他人的积极情绪——与涉及移情和视角选择的脑回路联系起来。

20. 参见弗雷德里克森等（2008 年）。同情冥想会使负责移情和计划行动的大脑区域活动更加活跃，这表明冥想可以让大脑和身体做好准备，减轻别人的痛苦。参见鲁茨等（2008 年）。

21. 参见沙伦·萨尔兹博格，《爱：幸福的革命艺术》（*Lovingkindness:*

*The Revolutionary Art of Happiness*)，（波士顿，MA: Shambhala, 2002 年）。

22. 社会契约是比社会合同更深层次的约定。社会合同是一种指导性的合同，规定了人们的权利和责任。社会契约则是一种道德约定，能够在信任已经荡然无存的不同群体之间构建积极的关系，无论是政府与公民之间，管理人员与工人之间，还是父母与子女之间。世界经济论坛的价值观全球议程委员会——我也是成员之一——已经发出倡议，鼓励商界和政府领导人创建属于自己的社会契约，促进以价值观为基础的领导力。构建社会契约会让你面对一些难以回答、难以选择的特征界定问题，例如你是什么样的人，你又想成为什么样的人。价值观并不会为你提供一条精准的未来之路，而只是一些基本原则，以便你在此基础上做出决策。

23. 与罗伯特 · 杰伊 · 利夫顿的私下交谈，2010 年 6 月。

24. 参见利夫顿（2011 年，第 276~277 页）。

25. 巴克斯特和蒙哥马利强调了自主权和依赖性的辩证关系性质，并提供了一些事例来说明，例如一对夫妇既有一体同心的愿望，又想保持一定程度的自主权，就会形成这样的互动关系（1996 年）。

## 第 16 章　培养和解精神

1. 诺曼 · 文森特 · 皮尔表示："成为一名可能主义者。不管事情显得或者真的有多么黑暗，你都要站得更高，看得更远，寻找可能性——你总能找到它们，因为它们总在那里。"

2. 可能主义者可以运用想象力行善，也可以作恶。纳粹花费数年时间不断改进大规模屠杀的手段，最开始是近距离枪决，然后是用毒气室和焚尸炉实现了高效杀人；最后，奥斯维辛集中营每天可以焚烧大约 4400 具尸体。当然，也有个体运用想象力改善人类生活的大量事例。

3. 米开朗琪罗将他雕刻大卫的过程描述为一次不断为雕像去除多余材料的努力过程。同样，我相信，建设性地化解冲突所带来的挑战，也会帮助人们去除关系中的杂质，发现他们共通的人性。

# 参考书目


Ainsworth, M., Bell, S. & Stayton, D. (1991). Infant-mother attachment and social development: "socialisation'"as a product of reciprocal responsiveness to signals. In M. Woodhead, R. Carr & P. Light (Eds.), *Becoming a Person*. London: Routledge.

Allport, G. (1954). *The nature of prejudice*. Cambridge, MA: Addison-Wesley.

Angrilli, A., Cherubini, P., Pavese, A., & Manfredini, S. (1997). The influence of affective factors on time perception. *Perception and Psychophysics, 59*(6), 972-982.

Atran, S. (2003). Genesis of Suicide Terrorism. *Science, 299*, 1534-1539.

Atran, S., & Axelrod, R. (2008). Reframing sacred values. *Negotiation Journal.*

Atran, S., Axelrod, R., Davis, R. (2007). Sacred Barriers to Conflict Resolution. *Science, 317.*

Averill, J. (1982). *Anger and Aggression: An Essay on Emotion*. New York, NY: Springer.

Bailey-Mucker, B. (2014). *Classical Mythology: Little books about big things*. Fall River Press.

Bakan, D. (1966). *The duality of human existence: An essay on psychology and religion*. Chicago: Rand McNally.

Banton, M. (1997). *Ethnic and racial consciousness* (2nd ed.). London: Longman.

Baron, J. & Spranca, M. (1997). Protected Values. *Organizational Behavior and Human Decision Processes, 70*(1), 1-16.

Barth, F. (1969). *Ethnic groups and boundaries - the social organization of culture difference.* Oslo: Universitetsforlaget.

Barth, F. (1981). *Guided and guarded: German war-corporal turns to Mormonism*. Salt Lake City: Barth Associates.

Bartlett, F. (1932). *Remembering; a study in experimental and social psychology*. New York, NY: Macmillan.

Basseel, C. (2013, November 7). The unfortunate implications of Seoul's tsunami-shaped City Hall. *Rocket News 24.*

Bateson, G., Jackson, D., Haley, J., & Weakland, J. (1956). Toward a theory of schizophrenia. *Behavioral Science, 1*(4), 251-264.

Batson, C. (1998). Altriusm and proscial behavior. In D. Gilbert, S. Fiske, & G. Lindzey (Eds.), *The Handbook of Social Psychology*, pp. 282-316. New York, NY: McGraw-Hill.

Baumeister, R., & Leary, M. (2000). The need to belong: Desire for interpersonal attachments as a fundamental human motivation. In E. Higgins & A. Kruglanski (Eds.), *Motivational science: Social and personality perspectives*. Philadelphia, PA: Psychology Press.

Baxter, L. & Montgomery, B. (1996). *Relating: Dialogues and dialectics.* New York, NY: Guilford.

Bazerman, M., Tenbrunsel, A., & Wade-Benzoni, K. (2008). When "Sacred" Issues are at Stake. *Negotiation Journal*.

Beck, A. (1999). *Prisoners of hate: The cognitive basis of anger, hostility, and violence*. New York, NY: HarperCollins.

Benjamin, L. (1984). Principles of prediction using Structural Analysis of Social Behavior. In A. Zucker, J. Aranoff, & J. Rubin (Eds.), *Personality and the prediction of behavior* (pp. 121-173). New York, NY: Academic Press.

Berkowitz, L. (1993). *Aggression: Its causes, consequences, and control.* New York, NY: McGraw-Hill.

Berreby, D. (2005). *Us and them: Understanding your tribal mind*. New York, NY: Little, Brown and Co.

Bilefsky, D. (2007, November 11). Balkans' Idolatry Delights Movie Fans and Pigeons. *New York Times*.

Blake, A. (2013, March 13). Dennis Rodman: Kim Jong-Eun is my "friend". *The Washington Post.*

Blakeslee, S. (2006, January 10). Cells that Read Minds. New York Times.

Bloomfield, D. (2003). *Reconciliation after violent conflict: A handbook*. Stockholm: International IDEA.

Boulding, K. (1978). *Stable Peace*. Austin, TX: University of Texas Press.

Bowlby, J. (1971). *Attachment and Loss Volume 1: Attachment*. New York, NY: Penguin Books.

Bowlby, J. (1973). *Separation: Anxiety and anger*. New York, NY: Basic Books.

Bradford, D. and Cohen, A. (1998). Power Up. John Wiley & Sons.

Brewer, J. (2010). *Peace processes: A sociological approach*. Cambridge: Polity Press.

Brewer, M. (1991). The Social Self: On Being the Same and Different At the Same Time. *Personality and Social Psychology Bulletin, 17*, 475-482.

Brewer, M. (2001). Ingroup identification and intergroup conflict: When does ingroup love become outgroup hate? In R. Ashmore, L. Jussim, & D. Wilder (Eds.), *Social identity, intergroup conflict, and conflict reduction*. Oxford: Oxford University Press.

Brubaker, R. (2004). *Ethnicity without Groups*. Cambridge: Harvard University

Press.

Bruner, J. (1990). *Acts of Meaning*. Cambridge, MA: Harvard University Press.

Bruner, J. (2002). *Making stories: Law, literature, life*. New York, NY: Farrar, Straus, and Giroux.

Burns, D. (1980). *Feeling Good: The new mood therapy*. New York, NY: Morrow.

Burroughs, E. (1993). *The beasts of Tarzan*. Charlottesville, VA: University of Virginia Library.

Bushman, B. (2002). Does venting anger feed or extinguish the flame? Catharsis, rumination, distraction, anger, and aggressive responding. *Personality and Social Psychology Bulletin, 28*(6), 724-731.

Buytendijk, F. (2010). *Dealing with Dilemmas: Where Business Analytics Fall Short.* New York, NY: John Wiley & Sons.

Byman, D. (2000). Forever enemies? The manipulation of ethnic identities to end ethnic wars. *Security Studies 9*(3), 149-190.

Campbell, D. (1965). Ethnocentric and Other Altruistic Motives. In D. Levine (Ed.), *Nebraska symposium on motivation, 1965, Current Theory and Research on Motivation* (Vol. 13, pp. 283-311). Lincoln, NE: University of Nebraska Press.

Campbell, J., & Moyers, B. (1988). *The power of myth*. New York, NY: Doubleday.

Carlsmith, K., Wilson, T., & Gilbert, D. (2008). The paradoxical consequences of revenge. *Journal of Personality and Social Psychology*, 95, 1316-1324.

Celani, D. (1994). *The illusion of love: Why the battered woman returns to her abuser*. New York, NY: Columbia University Press.

Chomsky, N. (1972). Studies on Semantics in Generative Grammar. The Hague: Mouton

Cobb, S. (2003). Fostering Coexistence within Identity-Based Conflicts: Toward a Narrative Approach. In A. Chayes (Ed.), *Imagine coexistence: Restoring humanity after violent ethnic conflict*. San Francisco, CA: Jossey-Bass.

Cohen, J. (1999). Advising Clients to Apologize. *Southern California Law Review, 72*(4).

Coleman, E. & White, K. (2006). Stretching the Sacred. In E. Coleman and K. White (Eds.), *Negotiating the Sacred: Blasphemy and Sacrilege in a Multicultural Society*. ANU E Press.

Coleman, P., & Lowe, J. (2007). Conflict, identity, and resilience: Negotiating collective identities within the Israeli and Palestinian Diasporas. *Conflict Resolution Quarterly, 24*(4), 377-412.

Cook, J. (1785). *A Voyage to the Pacific Ocean*. London: H. Hughes.

Cook, V. and Newson, M. (2007). Chomsky's Universal Grammar. 3rd ed. Malden: Wiley-Blackwell.

Cooley, C. (1902). *Human Nature and the Social Order*. New York, NY: Scribner's.

Coser, L. (1956). *The functions of social conflict*. Glencoe, IL: Free Press.

Crockett, M., Clark, L., Hauser, M., & Robbins, T. (2010). Serotonin Selectively Influences Moral Judgment And Behavior Through Effects On Harm Aversion. *Proceedings of the National Academy of Sciences, 107*(40), 17433-17438.

Dalai Lama. (2005). *The universe in a single atom: The convergence of science and spirituality*. New York, NY: Morgan Road Books.

Daly, E., & Hughes, J. (2007). *Reconciliation in divided societies: Finding common ground*. Philadelphia, PA: University of Pennsylvania Press.

Daly, E., & Hughes, J. (2007). *Reconciliation in divided societies: Finding common ground*. Philadelphia, PA: University of Pennsylvania Press.

Damasio, A. (1994). *Descartes' error: Emotion, reason, and the human brain*. New York, NY: Putnam.

Damasio, A. (2002, September 1). Remembering When. *Scientific American*, 66-73.

Darley, J., & Batson, C. (1973). "From Jerusalem to Jericho": A Study of Situational and Dispositional Variables in Helping Behavior. *Journal of Personality and Social Psychology,* 100-108.

Davies, P. (1974). *The physics of time asymmetry*. Berkeley, CA: University of California Press.

de Quervain, D., Fischbacher, U., Treyer, V., Schellhammer, M., Schnyder, U., Buck, A., & Fehr, E. (2004). The neural basis of altruistic punishment. *Science, 305*, 1254-1258.

de Vignemont, F., & Singer, T. (2006). The Empathic Brain: How, When and Why? *Trends in Cognitive Sciences, 10*(10), 435-441.

de Waal, F. (1982). *Chimpanzee politics: Power and sex among apes*. London: Cape.

Deci, E. (1980). *The psychology of self-determination*. Lexington, MA: Lexington Books.

Deci, E., & Ryan, R. (2000). The "What" And "Why" Of Goal Pursuits: Human Needs and the Self-Determination of Behavior. *Psychological Inquiry, 11*(4), 227-268.

Dehghani, M., Iliev, R., Sachdeva, S., Atran, S., Ginges, J., & Medin, D. (2009). Emerging sacred values: Iran's nuclear program. *Judgment and Decision making, 4*(7), 930-933.

Dennett, D. & Kinsbourne, M. (1992). Time and the Observer: The where and when of consciousness in the brain. *Behavioral and Brain Sciences, 15*(2), 183-247.

Deutsch, M. (1973). *The resolution of conflict: Constructive and destructive processes*. New Haven, CT: Yale University Press.

DeWall, C., MacDonald, G., Webster, G., Masten, C., Baumeister, R., Powell,

C., Combs, D., Schurtz, D., Stillman, T., Tice, D., & Eisenberger, N. (2010). Acetaminophen reduces social pain: Behavioral and neural evidence. *Psychological Science, 21*, 931-937.

Ditzen, B., Schaer, M., Gabriel, B., Bodenmann, G., Ehlert, U., & Heinrichs, M. (2009). Intranasal Oxytocin Increases Positive Communication and Reduces Cortisol Levels during Couple Conflict. *Biological Psychiatry, 65*(9), 728-731.

Dunbar, J. (2012, October 25). Seoul City Hall's metamorphosis pleases book lovers. *Korea.net*.

Dupre, B. (2009). *50 big ideas you really need to know*. London: Quercus.

Durkheim, E. (1912). *The elementary forms of religious life*. New York, NY. Free Press.

Eagleman, D., & Pariyadath, V. (2009). Is subjective duration a signature of coding efficiency? *Philosophical Transactions of the Royal Society B: Biological Sciences, 364*(1525), 1841-1851.

Einstein, A. and Freud, S. (1931-1932). *The Einstein-Freud Correspondence*.

Eisenberger, N., Lieberman, M., & Williams, K. (2003). Does Rejection Hurt? An FMRI Study of Social Exclusion. *Science, 302*, 290-292.

Eliade, M. (1958). *The Sacred and the Profane: The Nature of Religion*. Harvest/HBJ Publishers.

Enright, R. & Coyle, C. (1988). Researching the process model of forgiveness within psychological interventions. In E. Worthington (Ed.), *Dimensions of forgiveness: Psychological research and theological perspectives* (pp. 139-161). Philadelphia, PA. Templeton Foundation Press.

Enzensberger, H. (1994). *Civil wars: From L.A. to Bosnia*. New York, NY: New Press.

Erikson, E. (1956). The Problem of Ego Identity. *Journal of the American Psychoanalytic Association, 4*, 56-121.

Erikson, E. (1968). *Identity, youth, and crisis*. New York, NY: W.W. Norton.

Fisher, R. (2010). Commentary on Herbert Kelman's contribution to interactive problem solving. *Peace and Conflict: Journal of Peace Psychology, 16*(4), 415-423.

Fisher, R. (1996). *Five Skills for Getting to Yes* [Video]. Featuring Roger Fisher, Cyril Ramaphosa, & Roelf Meyer.

Fisher, R., & Shapiro, D. (2005). *Beyond reason: Using emotions as you negotiate*. New York, NY: Viking.

Fisher, R., & Ury, W. (1981). *Getting to YES: Negotiating Agreement without Giving In*. Boston, MA: Houghton Mifflin.

Fisher, R. (2010). Commentary no Herbert Kelman's contribution to interactive problem solving. *Peace and Conflict: Journal of Peace Psychology, 16*(4), 415-423.

Fiske, A., & Tetlock, P. (1997). Taboo Trade-offs: Reactions to transactions that transgress the spheres of justice. *Political Psychology, 18*(2).

Fiske, S. T., & Neuberg, S. L. (1990). A continuum of impression formation, from category-based to individuating processes: Influences of information and motivation on attention and interpretation. In M. P. Zanna (Ed.), *Advances in experimental social psychology* (Vol. 23, pp. 1–74). New York: Academic Press.

Foer, J. (2006, April 2). How to Win the World Memory Championships. *Discover: Mind & Brain*.

Foucault, M. (1984). *The Foucault Reader*. New York, NY: Pantheon.

Frederickson, B., Cohn, M., Coffey, K., Pek, J., & Finkel, S. (2008). Open hearts build lives: Positive emotions, induced through loving-kindness mediation, build consequential personal resources. *Journal of Personality and Social Psychology, 95*(5), 1045-1062.

Freedman, M., Leary, T., Ossorio, A., & Goffey, H. (1951). The Interpersonal

Dimension of Personality. *Journal of Personality, 20*(2), 143-161.

Freud, S. (1925). Negation. *Standard Ed. 19*, 235-239.

Freud, S., & Strachey, J. (1920). *Beyond the pleasure principle*. New York, NY: Norton.

Fridja, N. (1988). The Laws of Emotion. *American Psychologist, 43*, 349-358.

Fromm, E. (1941). *Escape from freedom*. New York, NY: Farrar & Rinehart.

Fry, D. (2006). *The human potential for peace: An anthropological challenge to assumptions about war and violence*. New York, NY: Oxford University Press.

Gaertner, S., Dovidio, J. Anastasio, P., Bachman, B., & Rust, M. (1993). The common ingroup identity model: Recategorization and the reduction of intergroup bias. *European Review of Social Psychology, 4*(1), 1-26.

Gagnon, V. (1994). Ethnic Nationalism and International Conflict: The Case of Serbia. *International Security, 19*(3), 130-166.

Gardner, M. (1967, January 1). Can Time go Backward? *Scientific American*, 98-108.

Geertz, R. (1965). Religion as a Cultural System. New York, NY: Fontana Press.

Gibson, J. (2006). Do Strong Group Identities Fuel Intolerance? Evidence from the South African Case. *Political Psychology, 27*(5), 665-705.

Gilbert, Daniel (2005). Stumbling on Happiness. New York, NY: Vintage Books

Gilligan, C. (1982). *In a different voice: Psychological theory and women's development*. Cambridge, MA: Harvard University Press.

Gilligan, J. (1996). *Violence: Reflections on a National Epidemic*. New York, NY: Vintage.

Glatthaar, J.T. (2008). *General Lee's Army: From Victory to Collapse.*New York, NY: Free Press.

Ginges, J., Atran, S., Medlin, D., Shikaki, K. (2007). Sacred bounds on rational resolution of violent political conflict. *Proceedings of the National Academy of Sciences (104*(18), 7357-7360.

Gobodo-Madikizela, P. (2003). *A human being died that night: A South African woman confronts the legacy of apartheid.* Boston, MA: Houghton Mifflin.

Gottman, J. & DeClaire, J. (2002). *The Relationship Cure: A 5 step guide to strengthening your marriage, family, and friendships.* New York, NY: Harmony.

Greenberg, J., & Mitchell, S. (1983). *Object relations in psychoanalytic theory.* Cambridge, MA: Harvard University Press.

Greenberg, J., Pyszczynski, T., Solomon, S., Rosenblatt, A., Veeder, M., Kirkland, S., & Lyon, D. (1990). Evidence For Terror Management Theory II: The Effects Of Mortality Salience On Reactions To Those Who Threaten Or Bolster The Cultural Worldview. *Journal of Personality and Social Psychology, 58*, 308-318.

Hackett, S. (1979). *Oriental philosophy: A westerner's guide to Eastern thought.* Madison, WI: University of Wisconsin Press.

Hammond, C. (2012). *Time warped: Unlocking the mysteries of time perception.* Toronto: House of Anansi Press.

Han, S., Lerner, J., & Zeckhauser, R. (2010). Disgust promotes disposal: Souring the status quo. *HKS Faculty Research Working Paper Series.*

Harris, S., Sheth, S., & Cohen, M. (2008). Functional Neuroimaging of Belief, Disbelief, and Uncertainty. *Annals of Neurology,* 141-147.

Haslam, S. (2004). *Psychology in Organizations: The Social Identity Approach,* 2nd edition. New York, NY: Sage.

Hegel, G. (1874). *The Logic (from the Encyclopaedia of the Philosophical Sciences).* London: Oxford University Press.

Hehman, E., Gaertner, S., Dovidio, J., Mania, E., Guerra, R., Wilson, D., & Friel, B. (2012). Group status drives majority and minority integration preferences. *Psychological Sciences, 23*(1), 46-52.

Heidegger, M. (1962). *Being and time*. New York, NY: Harper. (Orig. work pub. 1927).

Hendrix, H., & Hunt, H. (2013). *Making marriage simple: 10 truths for changing the relationship you have into the one you want*. New York, NY: Crown Archetype.

Herman, J. (1992). *Trauma and recovery*. New York, NY: BasicBooks.

Heschel, A.J. (2005). New York: Farrar Straus Giroux.

Higginson, J. (2007, February 7). Rocky to knock out disaster news. *Metro UK*.

Himmler, K., & Mitchell, M. (2007). *The Himmler Brothers: A German family history*. London: Macmillan

Hitler, A. (1925). *Mein Kampf*. Eher Verlag.

Hong, K. (2014). Soul Spectacle: The City Hall, the Plaza and the Public. In S. Chattopadhyay & J. White (Eds.), *City Halls and Civic Materialism: Towards a Global History of Urban Public Space*, pp. 276-295. New York, NY: Routledge.

Horowitz, D. (1985). *Ethnic groups in conflict*. Berkeley, CA: University of California Press.

Hurlbert, A. (2000). Learning to see through the noise. *Current Biology, 10*, R231-R233.

Iacoboni, M. (2009). Imitation, Empathy, and Mirror Neurons. *Annual Review of Psychology, 60*, 653-670.

Ignatieff, M. (1997). *The Warrior's Honor*. Toronto: Viking.

James, H. (1926). *The Letters of William James*. Boston, MA: Little, Brown.

James, W. (1882). The Sense of Dizziness in Deaf Mutes. *American Journal of Otology*, 4, 239-254.

James, W. (1890). *The principles of psychology*. New York, NY: Henry Holt & Co.

James, W. (1917). *Psychology, Briefer Course*. London: JM Dent & Sons.

James, W. (1902). *The varieties of religious experience: a study in human nature*. New York, NY: New American Library.

Jenkins, A., Macrae, C., & Mitchell, J. (2008). Repetition suppression of ventromedial prefrontal activity during judgments of self and others. *Proceedings of the National Academy of Sciences, 105*(11), 4507-4512.

Johnson, A. & Nishida, S. (2001). Time Perception: Brain time or event time? *Current Biology 11*(11), R427-R430.

Johnson, A. (2006). *Privilege, power, and difference* (2nd ed.). Boston, MA: McGraw-Hill.

Josselson, R. (1992). *The space between us: Exploring the dimensions of human relationships*. San Francisco, CA: Jossey-Bass.

Jung, C. (1936). *The Concept of the Collective Unconscious: a lecture delivered before the Analytical Psychology Club of New York City*. New York, NY.

Kaufman, S. (2001). *Modern hatreds: The symbolic politics of ethnic war*. New York, NY: Cornell University Press.

Kelman, H. (1956). Compliance, Identification, And Internalization Three Processes Of Attitude Change. *Journal of Conflict Resolution, 2*, 51-60.

Keltner, D. (2010). *The compassionate instinct: The science of human goodness*. New York, NY: W.W. Norton.

Kempny, M., & Jawlowska, A. (Eds.). (2002). *Identity in transformation: Postmodernity, postcommunism, and globalization*. Westport, CT: Praeger.

Kitron, D. (2003). Repetition compulsion and self-psychology: Towards a reconciliation. *International Journal of Psychoanalysis, 84*(2), 427-441.

Kolb, D., & Williams, J. (2000). *The shadow negotiation: How women can master the hidden agendas that determine bargaining success*. New York, NY: Simon & Schuster.

Kong, L. (1993). Negotiating conceptions of "sacred space": A case study of religious buildings in Singapore. *Transactions of the Institute of British Geographers, New Series, 18*(3), 342-358.

Korostelina, K. (2007). *Social identity and conflict structures, dynamics, and implications*. New York: Palgrave Macmillan.

Kosfeld, M., Heinrichs, M., Zak, P., Fischbacher, U., & Fehr, E. (2005). Oxytocin Increases Trust In Humans. *Nature, 435*, 673-676.

Krishnamurti, J. (1991). *The collected works of J. Krishnamurti*. Dubuque, IA: Kendall/Hunt.

Kundera, M., & Asher, L. (2002). *Ignorance*. New York, NY: HarperCollins.

Laing, R. (1969). *The Politics of the Family*. London: Tavistock Publications.

Laing, R. (1970). *Knots*. London: Routledge.

Laitin, D. (1983). The Ogaadeen Question and Changes in Somali Identity. In D. Rothchild & V. Olorunsola (Eds.), *State versus ethnic claims: African policy dilemmas*. Boulder, CO: Westview Press.

Lambert, K., & Kinsley, C. (2010). Disorders of Anxiety: Obsessive-Compulsive Disorder and Tourette's Syndrome. In *Clinical neuroscience* (2nd ed.). New York, NY: Worth.

Lamothe, R. (1998). Sacred objects as vital objects: Transitional objects reconsidered. *Journal of Psychology and Theology*, (2), 159-167.

Laplanche, J., Pontalis, J., & Nicholson-Smith, D. (1973). *The Language of Psychoanalysis*. New York, NY: Norton (Orig. work pub. 1967).

Lax, D., & Sebenius, J. (2006). *3-D negotiation: Powerful tools to change the game in your most important deals*. Boston, MA: Harvard Business School Press.

Lederach, J. (1997). *Building peace: Sustainable reconciliation in divided societies*. Washington, DC: United States Institute of Peace Press.

Lerner J.S., Li Y., Valdesolo P., & Kassam K. (2015). Emotion and decision making. *Annual Review of Psychology, 66*, 799–823.

LeVine, R., & Campbell, D. (1971). *Ethnocentrism: Theories of conflict, ethnic attitudes, and group behavior*. New York, NY: Wiley.

Levs, J. (2013, September 10). North Korea: Reality vs. the world according to Dennis Rodman. *CNN*.

Lewin, K. (1948). Group Decision and Social Change. In E. Maccoby, E. Newcomb, & E. Hartley (Eds.), *Readings in Social Psychology*. New York, NY: Holt, 265-284.

Lewin, K.(1948). *Resolving social conflicts: Selected papers on group dynamics*. New York, NY: Harper.

Lewis, H. (1971). *Shame and guilt in neurosis.* New York, NY: International Universities Press.

Liberman, V., Samuels, S., and Ross, L. (2004). The name of the game: Predictive power of reputations versus situational labels in determining prisoner's dilemma game moves. *Personality and Social Psychology Bulletin.* 30 (9).

Lieberman, M. (2013). *Social: Why our brains are wired to connect*. New York, NY: Crown/Archetype.

Lifton, R. (1979). *The broken connection: On death and the continuity of life.* New York, NY: Simon and Schuster.

Lifton, R. (2001, September 17). Transcript from PBS Interview by Bill Moyers.

Lifton, R. (2011). *Witness to an extreme century: A memoir*. New York, NY: Free Press.

Lindner, E. (2002). Healing the cycles of humiliation: How to attend to the emotional aspects of "unsolvable" conflicts and the use of "humiliation entrepreneurship". *Peace and Conflict: Journal of Peace Psychology, 8*(2), 125-138.

Loftus, E. (2005). Planting Misinformation In The Human Mind: A 30-year Investigation of the Malleability of Memory. *Learning & Memory, 12*, 361-

366.

Lorenz, K. (1966). *On aggression*. New York, NY: Harcourt, Brace & World.

Lutz, A., Brefczynski-Lewis, J., Johnstone, T., & Davidson, R. (2008). Regulation of the neural circuitry of emotion by compassion meditation: Effects of meditative expertise. *Public Library of Science (PLoS) One, 3*(3).

Maalouf, A. (2001). *In the name of identity: Violence and the need to belong*. New York, NY: Arcade.

Mack, J. (1990). The Enemy System. In V. Volkan, D. Julius, & J. Montville (Eds.), *The psychodynamics of international relationships volume I: Concepts and theories*. Lexington, MA: DC Heath.

Mahoney, A., Pargament, K., Ano, G., Lynn, Q., Magyar, G., McCarthy, S., Pristas, E., & Wachhotz, A. (2002). The devil made them do it? Demonization and the 9/11 attacks. *Paper presented at the Annual Meeting of the American Psychological Association.*

Mahoney, A., Pargament, K., Jewell, T., Swank, A., Scott, E., Emery, E., & Rye, M. (1999). Marriage and the spiritual realm: The role of proximal and distal religious constructs in marital functioning. *Journal of Family Psychology, 13*, 321-338.

Mandela, N. (1999, May 25). Transcript from Frontline Interview.

Marcia, J. (1988). Common processes underlying ego identity, cognitive/moral development, and individuation. In D. Lapsley & F. Power (Eds.), *Self, ego and identity: integrative approaches*. New York, NY: Springer-Verlag.

McCall, G., & Simmons, J. (1966). *Identities and interactions*. New York, NY: Free Press.

McTaggart, J. (1908). The Unreailty of Time. *Mind: A Quarterly Review of Psychology and Philosophy, 17*, 456-473.

Mead, G.H. (1934). *Mind, Self, and Society: From the Perspective of a Social Behaviorist*. Chicago: University of Chicago Press.

Milar, K. (2012). William James and the Sixth Sense. *Monitor on Psychology, 43*(8), 22-24.

Minow, M. (1998). *Between vengeance and forgiveness: Facing history after genocide and mass violence*. Boston, MA: Beacon Press.

Mlodinow, L. (2012). *Subliminal: How your unconscious mind rules your behavior*. New York, NY: Pantheon Books.

Mnookin, R., Peppet, S., & Tulumello, A. (1996). The tension between empathy and assertiveness. *Negotiation Journal, 12*, 217-230.

Mock, D. (2004). *More than kin and less than kind: The evolution of family conflict*. Cambridge, MA: Belknap Press of Harvard University Press.

*Modern Times* [Motion picture]. (1936).

Moreno, J., & Moreno, Z. (1946). *Psychodrama*. New York: Beacon House.

Morrison, I., Lloyd, D., di Pellegrino, G., &Roberts, N. (2004). Vicarious responses to pain in anterior cingulate cortex: is empathy a multisensory issue? *Cognitive, Affective, & Behavioral Neuroscience. 4*(2), 270-278.

Neu, J. and Volkan, V. (1999). Developing a methodology for conflict prevention: The case of Estonia. Special Report Series, 1999, Conflict Resolution Program, The Carter Center.

Niederhoffer, K., & Pennebaker, J. (2002). Sharing One's Story: On the benefits of writing or talking about an emotional experience. In C. Snyder, E. Wright, & S. Lopez (Eds.), *Handbook of positive psychology*. Oxford: Oxford University Press.

Northrup, T. (1989). The Dynamic of Identity in Personal and Social Conflict. In L. Kriesberg, S. Thorson, & T. Northrup (Eds.), *Intractable conflicts and their transformation*. Syracuse, NY: Syracuse University Press.

Obama Draws Fire for Bow to Japanese Emperor. (2009, November 16).

Otto, R. (1917). The Idea of the Holy. Oxford: Oxford University Press.

Packer, G. (2006, April 10). The Lesson of Tal Afar. *The New Yorker*.

Pargament, K., & Mahoney, A. (2002). Sacred Matters: Sanctification as a vital topic for the psychology of religion. *Working Paper Series (02-17) from Bowling Green State University, Center for Family and Demographic Research.*

Paulhus, D., & Lim, D. (1994). Arousal and evaluative extremity in social judgments: A dynamic complexity model. *European Journal of Social Psychology, 24*(1), 89-99.

Pinker, S. (2011). *The better angels of our nature: Why violence has declined.* New York, NY: Viking.

Pizer, S. (1998). Facing the nonnegotiable. In *Building Bridges the Negotiation of Paradox in Psychoanalysis.* Hillsdale, NJ: Analytic Press.

Pogatchnik, S. (2008, May 3). Despite peace, Belfast walls are growing in size and number. *USA Today.*

Putnam, R. (1988). Diplomacy And Domestic Politics: The Logic Of Two-level Games.*International Organization, 42*(3), 427-427.

Radcliffe-Brown, A. (1939). *Taboo: The Frazer Lecture 1939.* Cambridge: Cambridge University Press.

Raz, J. (1986) *The morality of freedom.* New York, NY: Clarendon Press, Oxford University Press.

Retzinger, S. and Scheff, T. (2000). Emotion, Alienation and Narratives: Resolving Intractable Conflict. *Mediation Quarterly, 18*, 1, 71-85.

Riots over US Koran "desecration" (2005, May 11). *BBC.*

Rodriguez-Vila, F. (2009, March 1). Why reconciliation? *Poder Enterprise.*

Rosenhan, D. (1973). On being sane in insane places. *Science.*

Ross, D. (2002). Transcript from PBS Interview by Will Lyman.

Ross, L., & Nisbett, R. (2011). *The Person and the Situation.* Padstow, Cornwall: Pinter & Martin.

Rouhana, N. (2004). Identity and Power in the Reconciliation of National

Conflict. In A. Eagly, R. Baron, & E. Hamilton (Eds.), *The social psychology of group identity and social conflict: Theory, application, and practice*. Washington, DC: American Psychological Association.

Russell, P. (1998). The Role of Paradox in the Repetition Compulsion. In J. Teicholz & D. Kriegman (Eds.), *Trauma, repetition, and affect regulation: The work of Paul Russell*. New York, NY: The Other Press.

Russell, P. (1998). Trauma and the Cognitive Function of Affects. In J. Teicholz & D. Kriegman (Eds.), *Trauma, repetition, and affect regulation: The work of Paul Russell*. New York, NY: The Other Press.

Russell, P. (2006). The Compulsion to Repeat. *Smith College Studies in Social Work, 76*(1-2), 33-49.

Sadat, A. (1978). *In search of identity: An autobiography*. New York, NY: Harper & Row.

Sander, D., Grafman, J., & Zalla, T. (2003). The Human Amygdala: An Evolved System for Relevance Detection. *Reviews in the Neurosciences, 14*, 303-316.

Sartre, J., & Becker, G. (1965). *Anti-Semite and Jew*. New York, NY: Schocken Books.

Schacter, S. (1951). Deviation, rejection and communication. *Journal of Abnormal and Social Psychology, 46*, 190-207.

Scheff, T. (1988). Shame and Conformity: The Deference-Emotion System. *American Sociological Review, 53*(3), 395-406.

Schwartz, R. (1995). *Internal family systems therapy*. New York, NY: Guilford Press.

Schwartz, S. (2001). The Evolution Of Eriksonian And, Neo-Eriksonian Identity Theory And Research: A Review And Integration. *Identity: An International Journal of Theory and Research, 1*(1), 7-58.

Sebenius, J., and Curran, D. (2001). "To hell with the future, let's get on with the past." George Mitchell in North Ireland. *Harvard Business School Case* 801-

393, (Rev. March 2008.)

Sebenius, J., and Green, L. (2014). Tommy Koh: Background and major accomplishments of the "Great Negotiator, 2014". *Harvard Business School Working Paper*.

Sen, A. (2006). *Identity and violence: The illusion of destiny*. New York, NY: W.W. Norton.

Seoul Metropolitan Government (2012, September 2014). Seouls' New City hall Opens. The Chosunilbo (English Edition).

Shapiro, D. & Liu, V. (2005). Psychology of a Stable Peace. In M. Fitzduff & C. Stout (Eds.), *The Psychology of Resolving Global Conflict: From War to Peace*. Westport, MA: Praeger.

Shapiro, D. (2004). Emotions in Negotiation: Peril or Promise? *Marquette Law Review, 87*(737), 737-745.

Shapiro, D. (2008, March 19). The Greatest Weapons in Iraq. *The Harvard Crimson*.

Shapiro, D. (2010). Relational Identity Theory: A Systematic Approach for Transforming the Emotional Dimension of Conflict. *American Psychologist, 65*(7), 634-645.

Shapiro, J. (2010, September 21). Bill Clinton endoreses Muslim center near Ground Zero. *DNAinfo*.

Sherif, M., Harvey, O., White, B., Hood, W., Sherif, C., & White, J. (1961). *Intergroup conflict and cooperation: The Robbers cave experiment* (Rev. ed.). Norman, OK: University Book Exchange.

Shull, D. (2003). The Neurobiology of Freud's Repetition Compulsion. *Annals of Modern Psychoanalysis, 2*(1), 21-46.

Silverman, J. (2013, May 29). "Vice" season finale on HBO gives fresh look at Dennis Rodman's meeting with North Korea's Kim Jong-Un. *New York Daily News*.

Singer, T., Seymour, B., O'Doherty, J., Kaube, H., Dolan, R., & Frith, C. (2004). Empathy For Pain Involves The Affective But Not Sensory Components Of Pain. *Science, 303*, 1157-1162.

Sluzki, C. (1992). Transformations: A blueprint for narrative changes in therapy. *Family Process, 31*(3), 217-230.

Sobelman, B. (2010, October 31). Israel: Officials find Morocco a tough room these days. *Los Angeles Times*.

Staub, E. (1993). Individual and Group Selves: Motivation, Morality, and Evolution. In G. Noam & T. Wren (Eds.), *The Moral self*. Cambridge, MA: MIT Press.

Staub, E., & Pearlman, L. (2001). Healing, reconciliation, and forgiving after genocide and other collective violence. In R. Helmick & R. Petersen (Eds.), *Forgiveness and reconciliation: Religion, public policy, & conflict transformation*. Philadelphia: Templeton Foundation Press.

Stets, J. (2006). Identity theory. In P. Burke (Ed.), *Contemporary social psychological theories*. Stanford, CA: Stanford Social Sciences.

Stevens, A. (1990). *On Jung*. London: Routledge.

Stewart, F., & Brown, G. (2007). Motivations for Conflict: Groups and Individuals. In C. Crocker, F. Olser Hampson, & P. Aall (Eds.), *Leashing the dogs of war: Conflict management in a divided world*. Washington, D.C.: United States Institute of Peace Press.

Stone, D., Patton, B., & Heen, S. (1999). *Difficult conversations: How to discuss what matters most*. New York, NY: Viking.

Stryker, S. (2004). Integrating emotion into identity theory. In J. Turner (Ed.), *Theory and Research on Human Emotions (Advances in Group Processes)* (Vol. 21, pp. 1-23). Emerald Group Publishing Limited.

Tajfel, H. (1970). Experiments in intergroup discrimination. *Scientific American, 223*(5), 96-103.

Tajfel, H. (1978). *Differentiation between social groups: Studies in the social psychology of intergroup relations*. London: Academic press.

Tajfel, H., & Turner, J. (1979). An integrative theory of intergroup conflict. In S. Worchel & W. Austin (Eds.), *The Psychology of Intergroup Relations* (pp. 33-47), Monterey, CA: Brooks/Cole.

Tavris, C. (1982). *Anger, the misunderstood emotion*. New York, NY: Simon and Schuster.

Tenbrunsel, A., Wade-Benzoni, K., Tost, L., Medvec, V., Thompson, L. & Bazerman, M. (2009). The reality and myth of sacred issues in negotiation. *Negotiation and Conflict Management Research, 2*(3), 263-284.

Tetlock, P. & McGraw, P. (2003). People as intuitive theologians: defending sacred values against secular encroachments. *Relational Theory*. Cambridge University Press.

Tetlock, P. (2003). Thinking the unthinkable: sacred values and taboo cognitions. *Trends in Cognitive Science,7*(7).

Tetlock, P., Kristel, O., Elson, S., Green, M., & Lerner, J. (2000). The psychology of the unthinkable: Taboo trade-offs, forbidden base rates, and heretical counterfactuals. *Journal of Personality and Social Psychology, 785*, 853-870.

Tillich, P. (1958). *Dynamics of faith*. New York, NY: Harper.

Tsuruta, T. (2006). African Imaginations of Moral Economy: Notes on Indigenous Economic Concepts and Practices in Tanzania. *African Studies Quarterly 9*(1-2), 103-121.

Turner, J. (2012). *Contemporary sociological theory*. SAGE Publications.

Turner, J., Oakes, P., Haslam, S., & Mcgarty, C. (1994). Self and Collective: Cognition and Social Context. *Personality and Social Psychology Bulletin,* 454-463.

Tutu, D., & Tutu, M. (2014). *The book of forgiving: The fourfold path for healing ourselves and our world*. New York, NY: HarperOne.

Twenge, J., Catanese, K., & Baumeister, R. (2003). Social Exclusion and the Deconstructed State: Time Perception, Meaninglessness, Lethargy, Lack of Emotion, And Self-Awareness. *Journal of Personality and Social Psychology, 85*(3), 409-423.

Van der Kolk, B. (1988). The interaction of biological and social events in the genesis of the trauma response. *Journal of traumatic stress, 1*, 273-290.

Volkan, V. (1966). Bosnia-Herzegovina: Ancient Fuel of a Modern Inferno. *Mind and Human Interaction, 7*, 110-127.

Volkan, V. (1981). *Linking objects and linking phenomena: A study of the forms, symptoms, metapsychology, and therapy of complicated mourning*. New York, NY: International Universities Press.

Volkan, V. (1987). Psychological concepts useful in the building of political foundations between nations: Track II diplomacy. *Journal of the American Psychoanalytic Association, 35*(4), 903-935.

Volkan, V. (1999). The Tree Model: A comprehensive psychopolitical approach to unofficial diplomacy and the reduction of ethnic tension. *Mind and Human Interaction, 10*, 142-206.

Volkan, V. (2001). September 11 and Societal Regression. *Group Analysis,* 456-483.

Volkan, V. (2004). *Chosen Trauma, the Political Ideology of Entitlement and Violence*, Berlin, Germany.

Volkan, V. (2006). *Killing in the name of identity: A study of bloody conflicts*. Charlottesville, VA: Pitchstone.

Vroom, V. and Yetton, P. (1976). Leadership and Decision-Making. University of Pittsburgh Press.

Waller, W. (1938). *The family, a dynamic interpretation*. New York, NY: The Cordon Company.

Walton, R., & McKersie, R. (1965). *Behavioral theory of labor negotiations: An analysis of a social interaction system*. New York, NY: McGraw-Hill.

Warneken, F. & Tomasello, M. (2006). Altruistic Helping in Human Infants and Young Chimpanzees. *Science, 311*(5765), 1301-1303.

Whitrow, G. (1972). *What is time?* London: Thames & Hudson.

Wiggins, J. (1991). Agency and Communion as Conceptual Coordinates for the Understanding and Measurement of Interpersonal Behavior. In D. Cicchetti & W. Grove (Eds.), *Thinking Clearly about Psychology: Personality and Psychopathology*. (Vol. 2). Minneapolis, MN: University of Minnesota Press.

Wilde, O., & Ellmann, R. (1969). *The artist as critic; critical writings of Oscar Wilde*. New York, NY: Random House.

Wilkinson, P., & Philip, N. (2007). *Mythology*. London: DK.

Winnicott, D. (1952). *What is psycho-analysis?* London and Hull: A. Brown and Sons.

Wiseman, R. Quirkology: The Curious Science of Everyday Lives. London: Pan Books.

Yalom, I. (1985). *The theory and practice of group psychotherapy*. New York, NY: Basic Books.

Zak, P., Kurzban, R., & Matzner, W. (2005). Oxytocin Is Associated With Human Trustworthiness. *Hormones and Behavior, 48*, 522-527.

Zaltman, G. & Coulter, R. (1995). Seeing the Voice of the Customer: Metaphor-based advertising research. *Journal of Advertising Research*.

Zander, R., & Zander, B. (2000). *The art of possibility*. Boston, MA: Harvard Business School Press.